作者简介

郑予捷 成都工业学院管理学教授、华中科技大学管理学博士学位、四川省有突出贡献的优秀专家。参与教育部社科基金和国家"十一五规划"等10余项重点课题的主持和主研工作（如《以社会主义核心价值体系引领高职高专校园文化建设研究》）；《高等院校品牌营销战略研究》、《基于新的办学导向 培养应用型人才》等30余篇文章发表在《管理世界》、《福建论坛》、《经济日报》等全国核心学术期报刊；由高等教育出版社、清华大学出版社等出版专著和教材8部；省部级各种学术奖励10余项。

思想政治教育研究文库
教育部思想政治工作司组编

学生特质评价及培养模式研究

以新常态下的需求导向为视角

XueSheng TeZhi PingJia Ji
PeiYang MoShi YanJiu

郑予捷／著

中国书籍出版社
China Book Press

图书在版编目（CIP）数据

学生特质评价及培养模式研究：以新常态下的需求导向为视角/郑予捷著.—北京：中国书籍出版社，2015.4

（思想政治教育研究文库）

ISBN 978-7-5068-4869-5

Ⅰ.①学… Ⅱ.①郑… Ⅲ.①高等职业教育—学生—教育评估—研究—中国②高等职业教育—学生—培养模式—研究—中国 Ⅳ.①G718.5

中国版本图书馆 CIP 数据核字（2015）第 076185 号

学生特质评价及培养模式研究：以新常态下的需求导向为视角

郑予捷 著

责任编辑	张翠萍 毕磊
责任印制	孙马飞 马芝
封面设计	中联华文
出版发行	中国书籍出版社
地 址	北京市丰台区三路居路 97 号（邮编：100073）
电 话	（010）52257143（总编室） （010）52257153（发行部）
电子邮箱	chinabp@vip.sina.com
经 销	全国新华书店
印 刷	北京彩虹伟业印刷有限公司
开 本	710 毫米×1000 毫米 1/16
字 数	296 千字
印 张	17
版 次	2015 年 6 月第 1 版 2015 年 6 月第 1 次印刷
书 号	ISBN 978-7-5068-4869-5
定 价	68.00 元

版权所有 翻印必究

总　序

为深入学习贯彻党的十八大和十八届三中、四中全会精神,落实立德树人根本任务,进一步提升大学生思想政治教育工作科学化水平,教育部思想政治工作司启动《思想政治教育研究文库》培育建设工作,旨在鼓励和引导广大思想政治教育理论研究和实际工作者聚焦大学生思想政治教育理论和实践领域的规律性前沿性问题,把经验提升为理论,增强工作与研究的科学化水平,切实提升大学生思想政治教育工作质量。

把握思想政治教育的时代特征。中央高度重视和关心大学生思想政治教育工作。党的十八大以来,习近平总书记发表系列重要讲话,对全面贯彻党的教育方针,为党和人民的事业培养合格建设者和可靠接班人作出重要指示,强调"青年一代有理想、有担当,国家就有前途,民族就有希望",强调"广大青年要从现在做起,从自己做起,要从勤学、修德、明辨、笃实四个方面下功夫,强调"广大青年要使社会主义核心价值观成为自己的基本遵循,并身体力行大力将其推广到全社会去"。中央在颁发2004年16号、2005年8号文件的基础上,2014年,中办、国办又印发《关于进一步加强和改进新形势下高校宣传思想教育工作的意见》,对加强高校宣传思想工作作出全面部署。围绕贯彻落实习近平总书记系列重要讲话精神和中央有关文件精神,教育系统各级党组织高度重视,大力推动,思想政治教育工作在改进中加强,在创新中发展,取得了重要进展。方法和途径深入拓展,队伍建设不断加强,育人环境不断优化,广大青年学生思想政治面貌主流积极健康向上。在肯定工作和成绩的同时,我们也要清醒的看到,高校作为各种思想文化交流交锋的前沿和阵地,所面临的形势仍然十分复杂和严峻。随着信息技术的日新月异和对外开放的不断扩大,思想政治教育对象、环境、方式、内容都发生了很大变化,新媒体技术对思想政治教育实践产生的影响越来越深远,社会新变革对思想政治教育理论创新的需要越来越迫切,青少年的成长特点对思想政治教育模式变革的诉求越来越强烈。受环境、个人成长经历、社会思潮的影响,青少年学生的独立性、选择性、差异性更为凸显。这些都是思想政治教育学科需要研究的新问题,需要应对的新挑战。广大思想政治教育工作者需要准确把握当前的这些时代特征,梳理总结新中国成立以来尤其是改革开放以来大学生思想政治教育取得的可喜成绩和宝贵经验,关注时代发展的特点和党的战略部署,不断丰富完善具有中国特色的大学生思想政治教育的工作体系和理论体系,树立思想政治教育理论自信,形成思想政治教育理论自觉。

聚焦思想政治教育的前沿问题。马克思指出"问题就是公开的、无畏的、左右一切个人的时代声音。问题就是时代的口号,是它表现自己精神状态的最实际的呼声。"思想政治教育的前沿问题是指在理论研究和实际工作中遇到的热点问题、难点问题和规律性问题,这些问题对大学生成长成才以及思想政治教育创新发展产生重要影响,具有普遍性、集中性和迫切性等特点,需要进行创造性的研究和破解。一是要树立问题意识。从理论研究角度说,没有问题意识就没有理论聚焦,没有理论聚焦就不能形成对问题的关注,思想政治教育理论和实践的创新发展过程,就是一个不断地提出问题、回应问题、解决问题的过程。从实际工作层面看,问题意识来自于现实生活的呼唤。现实生活中矛盾、问题的集中爆发,必然引起人们的普遍关注,成为当下迫切需要解决的社会热点和难点问题。二是要掌握正确的方式方法。思想政治教育规律所揭示的是思想政治教育发展过程中的内在本质联系。从受教育者的角度看,有效的思想政治教育必须遵循受教育者身心发展的一般规律,这就要求思想政治教育工作者必须正确掌握和运用科学的方式方法,坚持以理服人、以文化人。既要正确处理统一要求与因材施教的关系,也要根据受教育者身心发展规律,坚持和掌握反复教育与强化教育的原则和方法。反复和强化不是简单地重复某一原理或结论,而是从各个层面阐述基本原理,从而使受教育者在感受生动性、鲜明性和独特性、新颖性中理解基本原理。三是要有跨学科的视野。思想政治教育学科经过30余年的励精图治,学科发展渐成规模、学科体系不断完善、人才培养日趋优化,但相较于其它学科还显得年轻,基础也相对薄弱。所以,思想政治教育的创新发展要深入发展,走内涵式发展道路,其理论研究和实践探索就需要具备跨学科视野,在坚持独立性,遵循理论研究规律、思想工作规律、人才培养规律、课程设置规律和创新发展规律的基础上,借鉴其他学科的优秀理论成果和研究方法,丰富自身建设内容,建构自身发展体系,进而深化研究,推进实践。思想政治教育研究的跨学科实践,关键在于把握跨"度",与其他学科之间形成适度张力，形成符合实践需要的中国特色的思想政治教育内容、方法和理论体系。

推动理论与实践的相互促进。习近平总书记指出，"不论是新问题还是老问题，不论是长期存在的老问题还是改变了表现形式的老问题，要认识好、解决好，唯一的途径就是增强我们自己的本领。增强本领就要加强学习，既把学到的知识运用于实践，又在实践中增长解决问题的新本领。"正是因为抓住了"实践"这条生命线，思想政治教育理论研究才逐步从经验走向科学，形成了具有自身特色的研究领域、研究范式、研究方法和研究体系。实践是思想政治教育研究的源泉和动力，思想政治教育研究是实践的指导和依据，二者相互作用，互为依存。要实现思想政治研究与实践的相互促进，就要根植于中国特色社会主义思想政治教育的伟大实践，开展对实践中新问题、新情况的导向性研究，并通过实践不断丰富学科内涵，提高研究的质量。要坚持思想政治教育研究的现实取向，也就是要理论联系实际，坚持在实践中形成理论、发展理论、运用理论，把实际工作作为研究的"试验场"，促进研究的发展、实务工作的推进和研究者的成长。要探索研究成果的转化应用和实践检验模式，扎实推动研究成果在思想政治教育实践中的推广应用，形成有效的理论成果转化体系，用实践来检验成果的可用不可用，管用不管用。

入选《思想政治教育研究文库》培育建设计划的这些著作都是广大思想政治教育工作者长期研究和探索过程中心血和智慧的结晶，他们着眼于大学生思想政治教育领域的重要理论和现实问题，从立德树人、教育现代化、交叉学科、拔尖创新人才培养、提升思想政治教育针对性实效性等多元视角入手，研究规律，总结经验。这些作品从不同的角度反映了大学生思想政治教育理论研究与实践探索的丰硕成果，是大学生思想政治教育创新发展的宝贵财富。

希望在《思想政治教育文库》的引领和示范下，广大思想政治教育工作者坚持理论联系实际，以高度负责的态度、科学严谨的精神来做研究，既推出成果，又锻炼队伍，为落实立德树人根本任务，提高思想政治教育工作科学化水平，推动教育事业科学发展做出新的更大贡献。

编委会

2015年5月

目 录
CONTENTS

第一章 新常态下对高职学生的新要求 …………………………… 1
  一 新常态的内涵与特征 1
    （一）新常态的内涵 1
    （二）新常态的特征 3
  二 新常态下的需求导向的相关研究 3
    （一）新常态下对高职学生特质的新要求 3
    （二）社会主义核心价值体系对高职学生的新要求 7
    （三）新的经济形势对高职学生的新要求 14
    （四）依法治国对高职学生的新要求 16
    （五）信息技术对高职学生的新要求 19
  三 高职学生特质的研究 24
    （一）国外相关研究回顾 25
    （二）国内高职学生特质研究 27

第二章 研究方法和研究视角 …………………………… 37
  一 相关概念的界定 37
    （一）高职教育 37
    （二）需求导向 38
    （三）高职学生特质、素质、能力 38
    （四）评价 39
  二 研究方法和研究视角的选择 40

（一）研究方法　40
　　（二）研究视角　42
　三　研究范畴的建立　42

第三章　高职学生特质评价与培养的借鉴 …………………………… 44
　一　评价指标体系　45
　　（一）国外高职学生评价体系的借鉴　45
　　（二）国内高职学生评价体系　53
　　（三）文献评述　60
　二　培养模式　69
　　（一）国外高等职业教育培养模式综述　69
　　（二）国内高等职业教育培养模式综述　71
　　（三）文献评述　75

第四章　高职学生特质培养理论分析 ………………………………… 77
　一　基础层理论　77
　　（一）特质需求理论　77
　　（二）一般管理理论　78
　　（三）结构性失业理论　78
　二　方法层理论　81
　　（一）均衡理论　81
　　（二）非零和合作博弈理论　83
　　（三）教学评价理论　84
　三　操作层理论　86
　　（一）目标市场营销理论　86
　　（二）产品组合理论　90
　　（三）关系营销理念　91

第五章　高职学生特质的概念模型与动态分析模型构建 ……………… 94
　一　基于需求导向的高职学生特质的概念模型　94
　　（一）概念模型的逻辑结构　94

（二）特质的内容结构　97
　二　基于需求导向的高职学生特质的动态分析模型　98
　　（一）高职学生特质类型的分析模型　98
　　（二）动态变化趋势的分析模型　100

第六章　高职学生特质评价数学模型构建 …………………… 103
　一　评价模型构建的思路和方法　103
　　（一）评价的机理　103
　　（二）评价模型构建的思路　104
　　（三）评价模型构建的基本方法　106
　二　构建基于需求导向的高职学生特质评价模型　108
　　（一）评价步骤　109
　　（二）评价模型的构建　111

第七章　高职学生特质评价指标体系设计 …………………… 118
　一　高职学生特质评价指标体系设计的思想和原则　118
　　（一）评价指标体系设计的原则　119
　　（二）评价指标体系设计的思想　124
　二　调查方案的设计　126
　　（一）问卷的设计　126
　　（二）样本选择与调研过程设计　127
　三　指标的筛选与形成　127
　　（一）高职学生特质的特征　127
　　（二）特质要素筛选过程　128
　四　高职学生特质评价指标体系　132
　　（一）一级指标　132
　　（二）二级指标　135
　　（三）三级指标　137
　五　高职院校与普通高校学生特质比较分析　138
　　（一）发展能力比较　139
　　（二）职业能力比较　140

(三)知识结构比较　141
　　(四)基本素质比较　141

第八章　高职学生特质评价的实证分析 …………………………………………… **145**
　一　变量设计与假设提出　145
　　(一)模型构建及理论假设　145
　　(二)变量设计　149
　二　数据收集与统计描述　150
　　(一)数据收集及录入　150
　　(二)数据统计分析软件　150
　　(三)样本特征　150
　三　探索性因子分析　152
　　(一)研究数据的描述性统计分析　152
　　(二)探索性因子分析　153
　　(三)信度分析　157
　　(四)效度分析　158
　四　证实性因子分析　160
　　(一)测量关系参数检验　160
　　(二)结构关系参数检验　163
　五　模型参数假设及检验结论　167
　六　讨论及建议　170

第九章　适应新常态,培养高职学生的特质 ………………………………………… **173**
　一　准确定位,实现高职院校的可持续发展　173
　　(一)新常态下高职教育定位　174
　　(二)新常态下高职院校的科学定位　177
　　(三)新常态下高职学生职业生涯定位　180
　二　互惠双赢,探索新常态背景下校企合作机制　184
　　(一)企业在高职教育发展中的角色定位　184
　　(二)构建"跨界"的校企合作组织　186
　　(三)打造利益捆绑的校企发展共同体　187

（四）构建校企人员双向流通渠道　189

（五）促进企业文化与校园文化的对接　191

三　加强引导,发挥政府在高职教育发展中的主导作用　193

（一）思想引领,保证高职教育的发展方向　193

（二）引进外援,缓解高职院校经费紧张局面　195

（三）角色转换,实现政府从管理到服务的角色转换　195

第十章　高职院校学生特质培养模式 ················ 198

一　高职学生特质培养的新理念　199

（一）全面发展教育理念　200

（二）以人为本教育理念　200

（三）生态和谐教育理念　201

（四）主体性教育理念　201

（五）创造性教育理念　202

（六）开放性教育理念　202

二　新常态下高职学生特质培养的目标定位　203

三　高职学生特质培养的师资队伍建设　205

（一）拓宽高职院校师资队伍来源渠道,选聘合格的高职教育教师　205

（二）完善高职教育师资队伍培训体系,培养优秀的高职教育教师　205

（三）构建科学的评价体系,形成高职教育师资队伍建设的长效
　　激励机制　206

（四）打造"双师型"教师队伍,提高教师素质　208

第十一章　搭建实践平台,构建实践育人的多元化体系 ·········· 209

一　高职学生特质培养的教学实施　209

（一）创新教学理念,探索高职学生特质培养教学模式　210

（二）开发适应市场需求的专业和课程体系,提高培养实效性　210

（三）围绕学生特质培养的需要,调整课程体系,完善教学环节　211

（四）适应新常态人才培养需求,加强高职学生相关素质和能力培养　212

二　高职学生特质培养综合实践平台构建　215

（一）加强实训基地建设,促进学生职业技能提高　215

（二）搭建产学研一体化平台，开展技术应用研究　215
　　（三）构建综合素质教育实践平台，促进高职学生综合发展　216
三　构建实践育人的多元化体系　217
　　（一）构建特色校园文化，促进学生特质培养　217
　　（二）优化学习环境，促进学生特质形成　220
　　（三）学校、家庭、社区结合，培养学生特质　221
　　（四）构建多元化的高职人才培养评价机制　222

参考文献　225

附录1　高职高专学生特质需求调查问卷　239

附录2　高职高专学生特质比较调查问卷　244

附录3　高职高专毕业生特质评价调查问卷　252

后　记　255

第一章

新常态下对高职学生的新要求

党的十八大特别是十八届四中全会召开以来,"新常态"成了流行语,始终是我们政治生活中人们热议的话题。"新常态"的提出,具有极其重要的战略意义和作用,新常态将会引领中国走向新的未来。

一 新常态的内涵与特征

2014年5月,"新常态"第一次出现在习近平总书记在河南考察时的表述中。习近平总书记指出,我国发展仍处于重要战略机遇期,我们要增强信心,从当前我国经济发展的阶段性特征出发,适应新常态,保持战略上的平常心态。[①] 在战术上要高度重视和防范各种风险,早作谋划,未雨绸缪,及时采取应对措施,尽可能减少其负面影响。

2014年7月29日,习近平总书记在和党外人士的座谈会上又一次提出,要正确认识中国经济发展的阶段性特征,进一步增强信心,适应新常态。

2014年11月9日的亚太经合组织(APEC)工商领导人峰会上,习近平在主旨演讲《谋求持久发展 共筑亚太梦想》中,系统地阐述了"新常态",并表示新常态将会给中国和世界带来新的发展机遇。

(一)新常态的内涵

何为"新常态","新"在何处,为何又被称为"常态",该"常态"会给我国经济、政治、文化、社会带来怎样的变化,这都是我们必须认真研究的问题。毋庸置疑,新常态将在未来一段时间内引领和指导国家的各项工作。教育事业作为国家很重要的一项工作,必然也要适应新常态的变化。要加强教育教学改革,用新常态下的新思维,指导和引领我国的教育事业不断向前发展,从而适应国家未来的

[①] 《人民日报》2014年8月4日。

需要。

1."新"的内涵和产生的原因

所谓"新",首先意味着与"旧"的不同。在改革开放以来的30多年中,我国经济始终保持着令世界瞩目的高速度。GDP增速只有三次连续2—3年低于8%:第一次是1979—1981年,第二次是1989—1990年,第三次是1998—1999年。[①] 除了这三次短暂的减速,高速增长是我国经济发展的"常态"。在高速发展的背后,我们应该看到,经济发展以投资拉动为主要方式,体现得更为充分的是数量的扩张,相当一部分的经济增长是以牺牲环境和资源为代价的。

"新"意味着这种带有较强粗放增长色彩的增长方式正在逐步退出中国经济发展舞台,新的增长特征得以逐步显现。经济学中把理想状态下的增长率称为"潜在增长率",这种增长率建立在各种资源得到最优配置并得到充分利用的基础上。事实上,各种资源的配置只可能接近最优,其利用程度也只可能接近最佳。从我国经济的发展态势来看,潜在增长率已经进入下行通道,经济保持高速发展的要素基础已经发生了广泛而深刻的变化。

潜在增长率的实现主要由劳动投入、资本投入和全要素生产率等因素决定。随着我国老龄化社会的到来,劳动力供给的下降趋势已经越来越明显,2012年,我国劳动年龄人口第一次出现绝对下降,随着这个拐点的到来,在相当长的一个历史时期内,此趋势不可逆转。从资本投入的变化趋势来看,社会财富的生产比例和消耗比例也因人口结构的变化而变化,被抚养的人口比例将逐渐增大,储蓄率将逐渐下降,可用于投资的比例也会相应下降。全要素生产率是指生产活动在一定时间内的效率,即总产量与全部要素投入量之比。全要素生产率的增长率常常被视为科技进步的指标。全要素生产率的来源包括技术进步、组织创新、专业化和生产创新等。从全要素生产率的角度来看,虽然在互联互通时代的背景下具备一定的上升空间,但对整个经济要素的结合和运转方式而言,难以在短期内实现大的飞跃。

2."常态"的内涵

所谓"常态",意味着较为稳定的状态。在改革开放以来的30多年中,三次增速低于8%的情况都在三年之内得到改变,也都可以分析出较为典型的短期扰动因素。三次减速以后都很快回到高速增长的轨道上。2012年、2013年,我国GDP

[①] 《人民日报》2014年8月4日。

均以7.7%的速度增长,2014年上半年为7.4%。据多方分析,我国经济将难以回到过去的高速增长。这是因为推动经济长期高速发展的基础环境发生了变化,可以做出判断,我国经济将由高速发展转为中高速发展,这不是一个短期的变化,而是整个国际国内环境加之经济运行规律共同作用的结果,这种状态将在一个较长的时期内存在。这种改变不仅体现在经济增长速度上,在经济增长方式、经济结构等方面也有所体现,这些改变将会日益深入地影响到社会的各个领域,因此,称这种改变为"常态"。

(二)新常态的特征

习近平总书记概括了中国经济进入新常态的特征:一是经济增速是适度的,与潜在经济增长率相适应,具有可持续性;二是经济结构是优化的,第三产业、高附加值产业、绿色低碳产业比重稳步提高;三是经济质量是较高的,经济动力主要来自生产率的提高;四是经济制度环境是有利的,市场在资源配置中日益发挥决定性作用。

二 新常态下的需求导向的相关研究

高职人才是面向市场培养的高级专门人才,高职学生的特质和能力直接影响他们在人才市场的适应能力和表现,也影响他们适应新常态。因此,必须掌握高职人才的特质需求导向,从而有针对性地开展培养。

(一)新常态下对高职学生特质的新要求

"新常态"虽然阐述的是经济领域,但可以外延到其他领域,如高等教育领域,尤其是高职院校领域。新常态下,中国经济是中高速增长,但蕴含着生产率提高和多元创新驱动的新机遇,这些目标的实现必须依赖于技能型人才和高素质的劳动者。因此,对作为培养高素质人才和技能型人才的高职教育提出了更高要求。

1. 新常态的外延

经济新常态是一个含义丰富、具有深意的重要表述。新常态给予我们的启示是一定要保持定力,保持一颗平常心,用平常心做平常事,遵循规律,不唯速度,着眼长远,顺势而为。

高职教育要适应新常态,用新常态引领高职教育的发展。高职教育是培养高素质技能人才的摇篮,必须适应新常态,保持新定力,用一颗平常心办好高职教育。在人才培养中要始终遵循教育规律,不能一味地扩招,不能只追求速度和数量,而是要将高职人才的培养质量作为高职教育的主要使命和任务。

2. 高职院校适应新常态的紧迫性和重要性

在新常态的视野下，必须高度认识高职院校适应新常态的重要性和紧迫性。高职院校高职人才的培养要着眼于国家和行业发展的长远角度，专心专注地做好教育工作，服务国家经济发展和行业需求。

第一，国家的经济增速换挡和结构调整需要高职院校适应新常态。国家经济发展不能盲目追求速度和GDP，而是需要创新驱动带来高质量的发展，需要由"中国制造"向"中国创造"过渡，需要提高第三产业特别是服务业在国家经济中的比重，更需要国家价值链优化升级，回归经济活力，促进技术转移和转化：这些都需要高职院校不断培养高素质和技能型的人才作为保障。

第二，推动就业民生工程需要高职院校适应新常态。就业是民生之首，高职院校培养学生要对接行业和市场，促进高职院校培养学生的针对性，促进更多高职人才高质量就业。随着经济结构的调整和国家政策的变化，就业形势将会更加严峻，培养市场需要的人才非常关键。因此，高职院校在人才培养中，必须坚持服务行业的自我意识，响应国家大众创新和万民创业的号召，重点提升高职学生的创新和创业能力，以创业带动就业，促进经济发展；以创业推动国家经济转型和升级，激活创业者的激情，大力助推国家改善民生的计划，提高高职人才的质量，保持教育的巨大定力，专注做好高职人才培养工作，适应新常态。

第三，未来高素质人力资本的市场需求需要高职院校适应新常态。高素质的人力资本是未来经济增长的智力保障。未来的竞争归根到底是人力资本的竞争，谁掌握了人力资本，谁就掌握了市场经济的主动权和经济增长的动力源。不管是响应国家创新创业号召还是适应国家经济转型升级，都需要人的参与，特别是高素质的人力资本的参与。因此，培养高素质人才就成为高职院校适应新常态的关键。

3. 新常态对高职学生特质的要求

高职院校是培养高级职业人才的机构，高职院校要适应新常态，着力点就在高职学生的培养上。因此，高职学生的特质培养就是高职院校适应新常态的有力抓手。适应新常态，就是要满足新常态对学生特质的要求。

（1）具备较强的职业技术技能和职业素养

高职学生最首要的基本特质是较强的职业技术技能和职业素养。现代社会分工越来越细化，每一个职业都有其职业技术技能和职业素养，掌握职业的技术技能既是对高职学生的最基本要求，也是对高职学生的最高要求。行业和职业的细分,要求每个职业者必须专注做好自己的事情,用平常心,做好平常事。所以,较高的职业技术技能和职业素养是高职学生的新常态,只有掌握自己职业的技术技能,才能适应市场的变化和需求,才有就业的针对性,否则很难适应市场的变化。每个劳动者的技术技能都提高了,国家的经济就自然会提质增效了。

(2) 具备较高的文化修养和道德境界

高职学生除了具备较高的职业技能和职业素养之外,还要有基本的文化素养。文化素养是高职学生必不可少的特质。人类发展至今,文化的作用越来越凸显。如果说职业技术技能是高职学生的物质保障,那么,文化素养便是高职学生的精神力量源泉。特别是当今社会,文化已经成为一种软实力,国家如此,个人更是如此。所以,文化素养的培养必须融入高职学生的教育全过程。提高高职学生的文化素养,提升他们的人生境界和道德涵养,汲取工作生活的力量,有助于高职学生更快成长。同时,文化素养也是每个普通人都应该具备的基本素质,高职学生也不例外。

(3) 具备创新的意识和创业的能力

2014年5月下旬,习近平总书记在上海考察时强调:"谁牵住了科技创新这个牛鼻子,谁走好了科技创新这步先手棋,谁就能占领先机、赢得优势。"随后不久,在面向两院院士发表讲话时,习近平总书记指出:"我国科技发展的方向就是创新、创新、再创新。"

创新创业教育是以培养具有创业基本素质和开创型个性的人才为目标,以培育学生的创业意识、创业精神、创新创业能力为主的教育。国内高校创新创业教育的实施始于20世纪末。1998年,清华大学举办首届清华大学创业计划大赛,成为第一所将大学生创业计划竞赛引入亚洲的高校。2002年,高校创业教育在我国正式启动,国家教育部将清华大学、中国人民大学、北京航空航天大学等9所院校确定为开展创业教育的试点院校。近年来,创新创业教育逐渐引起了各高等职业院校的重视,在国家有关部门和地方政府的积极引导下,许多高等职业院校都对创新创业教育进行了有益的探索与实践。

新常态下,高职学生创新创业迎来了前所未有的大好时机,同时,也是国家和社会对高职院校提出的希望和要求。从高职院校来看,实施创新创业教育是增强学生就业竞争力的有效途径;从学生的层面来看,创新创业在目前的形势下是一种充满挑战的选择。

习近平总书记强调,新常态下,必须以创新驱动国家的发展,用创业带动就业,促进我国经济质量和效益提升,激发市场活力。未来经济是中高速增长,就业机会就会减少,竞争就会更加激烈,就业将会更加困难。经济增速对就业的影响将是深远的。从目前情况来看,原来普遍认为的GDP与就业率之间的必然关系是不全面的。经济结构的调整在很大程度上可以减缓经济增速放缓对就业产生的冲击和影响,但这种缓冲能够在多大程度和多长时间内起作用,现在仍然难以预计。这也就意味着如果经济增速在较长的周期内放缓,就业方面存在的潜在风险依然巨大。如果造成就业问题的严峻,首当其冲的就是应届毕业生,在这种就业环境下,学生的政治立场和法制观念将会受到考验。因此,为了更好地适应新常态和国家经济结构调整,高职学生必须具备创新创业的能力。

创新的意识要求高职学生不能因循守旧,故步自封,而应具备理性思维和科学精神,认识事物发展的规律,用科学的态度对待一切。掌握规律,运用规律,推动创新。创业能力是未来生存的法宝,创业也是就业的一种重要方式。通过创业可以最大限度地实现高职学生的自我价值,实现个人的美好梦想。未来中高速经济发展和就业机会的紧缺,使得大量的就业机会只有依靠创业者自己才能够创造。

创新的意识和创业的能力是高职学生培养的主要素质之一,国家已经出台了很多鼓励创业的政策和措施,成立了创业孵化园,为创业者提供贷款和政策支持。同时,国家也积极培训潜在创业者,提高他们创业的成功率。国家鼓励大学生创业,是高职学生实现自我梦想的最佳时机。

(4)具备法治精神和敬畏之心

新常态对法制化的要求会越来越高。十八届四中全会上,以习近平为核心的党中央明确提出依法治国的原则。会议提出:全面推进依法治国,总目标是建设中国特色社会主义法治体系,建设社会主义法治国家。这就是,在中国共产党领导下,坚持中国特色社会主义制度,贯彻中国特色社会主义法治理论,形成完备的法律规范体系、高效的法治实施体系、严密的法治监督体系、有力的法治保障体系,形成完善的党内法规体系,坚持依法治国、依法执政、依法行政共同推进,坚持法治国家、法治政府、法治社会一体建设,实现科学立法、严格执法、公正司法、全民守法,促进国家治理体系和治理能力现代化。

高职学生作为将来社会主义事业的建设者和接班人,无论是职业生涯还是作为社会公民参与公共生活,抑或是个人生活,都必须具备强烈的法制观念。而从目前的状况来看,高职学生的法制观念以及对于法律的运用能力,都还不能够满足将来社会的要求。

法治将是中国今后经济生活的主基调。无规矩,不成方圆,任何社会都有制度,都有法律约束。法律是社会良好运行的保证。作为社会主义事业的建设者和可靠接班人的高职学生更应该主动学习法律、遵守法律、敬畏法律。依法治国要求高职学生必须树立法治意识和法律思维,用法律的武器解决问题,遵纪守法,在法律的框架内为人处事。

(5) 具备适应市场变化的心理素质

新常态下,经济制度环境是有利的,市场在资源配置中日益发挥决定性作用。随着中国经济的持续发展和改革的深入,中国市场经济将会更加发达。未来的就业市场也会发生变化,在实际工作中需要表现出更主动的创新能力。因为在新常态的背景下,楼市风险、地方债务风险、金融风险有可能在一定范围内长期存在,在某种特定条件下还有可能被激化,因此,高职毕业生必须具备更强的风险判断和风险规避能力,当风险发生时,要具备更强的风险化解与应对能力。

随着国家西部大开发的推进,很多的就业岗位将会在西部地区和基层边缘地区,高职学生必须做好服务西部、服务基层的心理准备,调整自己的就业期望值。市场是充满变化的,作为未来就业市场的主体要素,劳动者特别是高素质劳动者更应该具备应对市场变化的能力和心理素质,认清就业市场形势变化,及时了解市场供求关系和就业市场变化,做好应对工作。

(6) 掌握应用网络新思维的能力

随着网络新媒体的发展,特别是移动互联网的发展,人们的生活越来越离不开网络了。网络改变了人们的生活方式,给人们的生活带来了极大便利。目前,互联网技术迅猛发展,网络时代的到来,直接改变了人们的生产方式和生产关系。高职学生不管是就业、创业还是生活,都应该掌握并依靠网络新媒体,运用网络新思维。移动互联网是网络发展的主流,很多新的技术和知识都是通过移动互联网进行传播的。另外,网络已经成为很重要的虚拟社会,高职学生必须融入虚拟社会,尽快地成长发展。

(二) 社会主义核心价值体系对高职学生的新要求

任何社会都有自己的核心价值体系,社会主义的核心价值体系是社会主义制度的内在精神之魂,集中体现了社会主义意识形态的性质和方向。传承和学习社会主义核心价值体系具有极其重要的意义和作用。

1. 社会主义核心价值体系的科学内涵和重要意义

核心价值体系为人们提供了一整套观察世界和判断事物的基本标准。社会主义核心价值体系，代表的是中国特色社会主义社会的主流价值，它提供了建设社会主义社会自我发展和完善所需要的文化认同和价值追求，具有高度的凝聚力和感召力，是其他任何价值体系无法替代的。

(1) 社会主义核心价值体系的科学内涵

社会主义核心价值体系，听起来好像很深奥、很玄妙。其实，它的内容很明确、很具体，体现在社会成员的具体行为和现实生活里，和我们每个人都息息相关。它包括四个方面的基本内容，即马克思主义指导思想、中国特色社会主义共同理想、以爱国主义为核心的民族精神和以改革创新为核心的时代精神、社会主义荣辱观。

归纳起来，把握社会主义核心价值体系，就是坚持一个指导思想——马克思主义指导思想，确立一个共同理想——中国特色社会主义共同理想，弘扬两种精神——以爱国主义为核心的民族精神和以改革创新为核心的时代精神，坚持社会主义荣辱观。

马克思主义指导思想，是社会主义核心价值体系的灵魂。我们是社会主义国家，马克思主义是我们立党立国的根本指导思想，是社会主义意识形态的旗帜。它为我们提供了科学的世界观和方法论，决定着社会主义核心价值体系的性质和方向。中国共产党坚持马克思主义基本原理同中国实际相结合，先后形成了毛泽东思想、邓小平理论、"三个代表"重要思想这三大理论成果，提出了科学发展观等一系列重大战略思想，不断赋予马克思主义以勃勃生机。正是在中国化马克思主义的指导下，我们党不断从胜利走向胜利，把一个贫穷落后的中国，变成一个初步繁荣昌盛、欣欣向荣的中国。

中国特色社会主义共同理想，是社会主义核心价值体系的主题。这一共同理想，就是在中国共产党的领导下，走中国特色社会主义道路，实现中华民族的伟大复兴。回顾近代以来100多年的历史，实现民族复兴是中华儿女世世代代的追求和梦想。新中国成立后，我们党在领导人民建设社会主义的过程中，找到了建设中国特色社会主义的正确道路。这条道路既坚持了科学社会主义的基本原则，又根据我国实际赋予其鲜明的中国特色，赋予民族复兴新的强大生机。改革开放以来，社会主义制度自我完善和发展，经济社会发展取得了举世瞩目的伟大成就，更加坚定了全国各族人民实现共同理想的信念。

民族精神和时代精神,是社会主义核心价值体系的精髓。它是一个民族赖以生存和发展的精神支撑。在五千年历史演进中,中华民族形成了以爱国主义为核心的团结统一、爱好和平、勤劳勇敢、自强不息的伟大民族精神;在改革开放新时期,中华民族形成了勇于改革、敢于创新的时代精神。二者相辅相成、相互交融,已深深熔铸在中华民族的生命力、创造力和凝聚力之中,共同构成中华民族自立自强的精神品格,成为推动中华民族伟大复兴的精神动力。

社会主义荣辱观,是社会主义核心价值体系的基础。一个社会是否和谐,一个国家能否实现长治久安,很大程度上取决于全体社会成员的思想道德素质。只有分清荣辱,明辨善恶,一个人才能形成正确的价值判断,一个社会才能形成良好的道德风尚。在我们这样一个有13亿多人口、56个民族的发展中大国,需要人人树立正确的理想信念,需要倡导伟大的民族精神和时代精神,也需要确立起人人皆知、普遍奉行的价值准则和行为规范。

社会主义核心价值体系结构严谨,定位明确,层次清晰,是完整的、系统的,它坚持了社会主义又颇具中国特色,总结了成功经验又有新的提升概括,反映了现实的迫切需要又是能够通过努力实现的,可以最大限度地促进和形成中国特色的共同精神家园。

(2)社会主义核心价值体系的重要意义

2015年1月,中共中央办公厅、国务院办公厅印发《关于进一步加强和改进新形势下高校宣传思想工作的意见》。《意见》强调指出,意识形态工作是党和国家一项极端重要的工作,高校作为意识形态工作前沿阵地,肩负着学习、研究、宣传马克思主义,培育和弘扬社会主义核心价值观,为实现中华民族伟大复兴的中国梦提供人才保障和智力支持的重要任务。做好高校思想宣传工作,加强高校意识形态阵地建设,是一项战略工程、固本工程、铸魂工程,事关党对高校的领导,事关全面贯彻党的教育方针,事关中国特色社会主义事业后继有人,对于巩固马克思主义在意识形态领域的指导地位,巩固全党全国人民团结奋斗的共同思想基础,具有十分重要而深远的意义。

青年大学生正处于人生观、价值观形成的关键时期,他们思想观念趋于成型,但仍具有较大的可塑性;他们接受新鲜事物的能力很强,但鉴别力明显欠缺。赢得青年就赢得未来,所以,以社会主义核心价值观加强引领大学生的成长之路,具有鲜明的时代意义和现实意义。

从目前的情况来看,高校思想政治工作起到了宣传的主阵地作用,高职院校在校生总的来说能够时刻与党中央保持一致,在大是大非的原则问题上能够有清醒的认识,对建设有中国特色的社会主义道路充满信心,对中国共产党的领导高度认同,对一些具体的社会事件,如"台独""反服贸"、香港"占中"、钓鱼岛主权、新疆反恐、西藏问题等都能保持客观理性的认识和正确的态度倾向,这跟我们宣传主阵地所发挥的作用是分不开的。在保持正确政治立场的同时,绝大多数高职学生能够认同并践行社会主义核心价值观,继承传统美德,坚持爱国主义与集体主义,弘扬社会正能量,表现出当代中国青年良好的精神面貌和积极向上的人生态度。

在总体形势良好的同时,也不难发现,在高职的思想政治工作领域也存在着一些问题,有的还较为突出。与其他层次的高校学生相比,高职学生存在着其特殊性,如学习和生活习惯相对不好,对社会政治生活的关心程度较低,部分学生沉溺于网络游戏,等等。部分高职学生不能够正确理解个性,简单地认为个性就是特立独行、桀骜不驯。在这种认知背景下,思想政治教育如果缺乏艺术性,必然难以取得良好效果。同时,许多问题也并非高职院校独有,而是在高校范围内普遍存在的,主要表现在以下方面:①集体主义与个人主义的冲突。高校学生普遍认同集体主义精神,愿意更好地融入集体。但是,当今时代的青年以独生子女为主要群体,在成长的过程中,他们备受呵护,成为家庭的焦点,而当进入集体生活以后,部分学生缺乏适应能力,如果在沟通心态和技巧方面再存在问题,容易引发心理障碍或疾病,也容易对社会和人生产生不良认知。②社会责任感与消极厌世并存。多数同学对实现自我的人生价值存在强烈渴望,希望通过努力学习增长知识和技能,进而得到一份满意的工作,通过工作获得财富和社会认可,与此同时为社会创造价值,从而实现自己的人生价值。这种思维逻辑是普遍存在的,也是人生责任和社会责任的体现。同时,也有一部分学生对自己和人生、家庭以及社会缺乏责任感,这部分学生态度消极、浑浑噩噩,没有远大理想和人生目标,或经常旷课,沉溺于网络游戏的世界,或在课堂上神游四海,只与手机为伴。③对社会复杂性产生的困惑。随着我国社会特别是经济的快速发展,学生能够感受到生活水平的提高;随着社会政治环境的进步,特别是近年来大力度的反腐斗争,学生也能够感受到民众对党和政府的拥戴。但与此同时,学生从各种渠道得到对社会负面现象的认知,这是很多学生在以前中学阶段没有接触到的,因此,部分学生陷入对社会复杂性的困惑之中,这也给思想政治工作带来了一定的难度。

每一个社会制度或同一社会制度下的不同发展时期,都有相应的核心价值观。一个国家、一个社会，如果没有一种为大多数人所认同的核心价值观，那么这个国家、这个社会就难以形成一种统一的精神力量，就会丧失凝聚力和战斗力，就不可能健康、快速和持续地发展。只有用社会主义核心价值体系教育广大学生，才能使其明辨是非、正确区分马克思主义世界观人生观价值观；才能使其排除干扰、驱除杂念，坚定信仰，为党和国家的教育事业做出应有的贡献。

　　社会转型给青年大学生价值观塑造带来客观要求。目前我们正处于社会转型期，市场存在的一些负面影响给大学生的价值观带来冲击。一些大学生政治信仰模糊，功利意识严重；一些大学生价值取向扭曲，重物质利益轻无私奉献，重等价交换轻爱心付出；一些大学生知行脱节，对社会主义道德的一些基本内容有所了解，但实际行动又是另外一种表现；更有不少学生把注意力转向自我，忽视社会发展需要，缺乏强烈的社会责任感。社会转型期，迫切需要以社会主义核心价值观加以强有力的引导。社会主义核心价值体系在我国整体社会价值体系中居于核心地位，发挥着主导作用，决定着整个价值体系的基本特征和基本方向。

2. 社会主义核心价值体系在高职学生培养中的作用

　　正所谓青年就是未来，要使我们国家以社会主义强国的地位屹立于国际社会，在很大程度上取决于年轻一代成为具有高素质的人才群体，而思想理论素质是人才素质的灵魂。因此，年轻的一代要适应社会主义现代化建设的需要，就必须努力学习并实践社会主义核心价值体系，提高自身的思想理论素质，提高自身的思想境界。

（1）社会主义核心价值体系的落实有助于高职学生成才

　　社会主义核心价值体系是马列主义在中国的丰富和发展，是中国化了的马克思主义科学真理。社会主义核心价值体系的落实，有助于高职学生理解和贯彻执行党和国家的路线、方针、政策；有助于高职学生提高马列主义理论水平，进一步了解近现代中国社会发展的规律，增强坚持中国共产党的领导和走社会主义道路的信念；有助于高职学生认识中国走上社会主义道路的历史必然性，坚定建设有中国特色社会主义的信心。认真学习和研究社会主义核心价值体系，有助于高职学生树立爱国主义、集体主义、社会主义思想，树立科学的世界观、人生观、价值观。可以说社会主义核心价值体系的构建在新常态下是社会发展的主流，它对社会生活环境的改善有导向作用，而在它指导下创造的各种有利的客观因素为高职学生成才提供了成长的土壤和活动的舞台创造了更多的机遇。

(2)社会主义核心价值体系可以系统地武装高职学生的头脑

社会主义核心价值体系内涵丰富,系统性和指导性都很强,是大学生人生规划的根本指导。通过学习掌握马克思主义理论和方法,可以提升高职学生的思维能力,特别是理性思维能力,从而提高他们的思想政治素质,增强他们分辨是非善恶的能力、认识和抵御各种错误思潮的能力以及在继承和发扬中华民族优秀传统文化的基础上的改革创新能力。

中国特色社会主义共同理想对培养高职学生的社会责任感具有决定性的作用。高职学生学习的目的是实现自身价值与服务祖国。这又能使这一群体主动将个人理想与社会主义共同理想有机融合,主动担当,主动作为,促进个人职业的发展。

时代精神和民族精神可以坚定高职学生的理想信念,丰富学生的精神世界。以改革创新为内涵的时代精神将会鼓励青年学生艰苦奋斗,努力开拓,开创属于自己的事业;以爱国主义为内涵的民族精神可以丰富学生的道德情怀和精神世界,使之找到人生奋斗的价值归宿,提高为国家奉献的自觉意识。

社会主义荣辱观是提高高职学生职业道德、责任感、职业精神的有效良方。通过荣辱观的学习,将善恶是非的根本标准种植在个人内心中,有意识地提高个人对职业要求的认识;同时高职学生会主动提升个人的职业道德、职业意识和职业精神,促进个人职业生涯的有效发展。

3. 社会主义核心价值体系对高职学生的新要求

当代青年学生是一个国家的精英,担负着未来领导和实现中华民族伟大复兴的重任。他们的理想信念、思想道德水平和人生境界,学识、能力、作风和综合素质直接关系着国家和民族兴旺。高职学生更是如此,因此,一定要牢记使命重托,加强修养历练,牢固树立正确的人生观、价值观。社会主义核心价值体系蕴含着对高职学生的新要求。

(1)坚定正确的政治方向和理想信念

经济的新常态下,以往单一的唯 GDP 论被逐渐打破,经济发展标准的多元化倾向对人们的思维方式会产生深刻的影响。而在政治领域,这种多元化是必须予以警惕的。对于高职学生而言,虽然形成了初步的世界观、人生观和价值观,但由于社会阅历和思维深度的限制,他们对于社会政治生活的认识还不够成熟和稳固,如果关注的负面信息过多,或被不正当地引导,加之因为处于青春期,本来就极易对主流思想和教育产生抵触,在几方面的共同影响下,极易成为高校思想政治工作的难点。

高校青年学生是未来国家的主人,高职学生是社会主义的可靠建设者和合格接班人。因此,就高职学生群体而言,最为基本的要求是要坚定正确的政治方向,拥护党的领导,坚持拥护社会主义制度,弘扬社会主义文化的精髓。在社会主义核心价值体系的引领下,用马克思主义的科学理论武装头脑,树立正确的世界观、人生观、价值观,充分认识中国特色社会主义共同理想的科学性。就高职学生个人而言,坚定的政治信仰是关键,要落实社会主义核心价值体系,就必须理论联系实际,努力学习、解放思想、锐意创新。

(2)高职学生积极投身于"中国梦"的伟大共同理想

中国特色社会主义共同理想,是实现社会主义制度优越性的精神动力;是实现共同富裕的具体体现;是实现国家富强,民族复兴伟大"中国梦"的共同意志。高职学生必须主动将个人梦想和"中国梦"有机结合起来,积极发挥个人的才华和能力,推动国家发展、民族复兴和经济发展。高职学生有才华、有能力,是国家建设的可靠力量,因此,高职学生只有将个人的梦想和抱负与国家的战略紧密联系起来,才能更好地建设国家,发挥社会主义主人翁意识,共同推动社会主义制度在中国开花结果。

(3)高职学生大胆创新创业,实干爱国

以改革创新为核心的时代精神和以爱国主义为核心的民族精神,是我们国家不断进步和持续发展的不竭动力,也是我们国家不断繁荣富强的精神支柱。中华民族历来勤劳朴实,勇往直前,不断开拓新的征程,得益于时代精神和民族精神的激励。如今,我们国家比历史上任何时期都容易实现伟大复兴,因此,作为新一代的大学生,更应该继承前人的传统,继续发挥改革创新的能力和胆量,不断开拓新的领域,用创新创业的实际行动,表达自己的爱国主义情怀。处身于现如今快速变化发展的时代,高职学生更应该大胆创新创业,推动民族和国家大踏步前进,提升国家的综合实力。高职学生更注重培养专业和职业精神,更加了解行业和职业,创业意识浓厚。因此,高职学生应该敢为人先,实干爱国。

(4)高职学生学好专业知识,提升道德境界和职业精神

社会主义荣辱观要求我们一定要具有判断善恶、美丑、正义与邪恶、阳光与黑暗的能力,在是非曲直面前,有清晰的价值判断标准,能够知道什么事情可以做,什么事情不能做。社会主义核心价值观就是一个非常系统的判断依据。作为新时代的大学生,学好专业知识是基础和根本,只有学习好专业知识,才会有能力担

当重任,履行未来国家建设者的责任。但是,学好专业知识还不够,还要在具体的情境中实践社会主义的价值观,特别是在工作岗位和为人处世中,要实践荣辱观的精神,提升个人的道德精神,增强职业精神。社会主义荣辱观不能只停留在口头,流于形式,而应该是个人生活和工作的准则。在职业环境中,增强职业精神,强化个人的道德自律,内化个人修养,不断提升自我,做一个社会的道德引领者和守护者。

（三）新的经济形势对高职学生的新要求

1. 主动调整自己的知识结构和素质,适应新的经济形势

从现实情况看,我国高职教育面临的主要矛盾是高职学生的知识结构和能力结构与信息技术的发展要求不相适应。从近年来社会需要的人才数量以及高校就业情况可知,社会需求旺盛;从高校就业的情况来看,却是供大于求。是培养的人的知识结构与能力结构不能满足社会的需求,还是实际培养的人已经多于社会的需求了?这就需要分析这种矛盾存在的内在因素。为此,分析高职学生的知识结构,从而带动高职学生能力结构的变革是社会和时代对高职教育的呼唤。

在新的经济形势下,企业要求人才具备合理的知识结构,具体来说,就是基础知识宽厚扎实,专业知识精深实用。这是因为,随着行业结构的不断调整,职业岗位的变动概率增大,大学生的职业生涯可能发生更多的变化,要在快速的发展变化之中生存和发展,就必须掌握宽口径的基础知识,因此,对高职院校而言,必须强调基础知识的深厚广博,这样才能使学生具备较好的知识基础,为将来可能发生的岗位变动奠定基础。

高职学生在学校除了学习外,还要主动了解就业政策和就业过程,明确掌握国家的就业形势变化,从而有针对性地调整自我期望和自身的职业发展方向。高职学生要主动调整知识结构,突出高职特色,自觉努力学习,以符合行业和企业的用人标准和需求。知识结构中,不能只重视应用,还要重视理论学习,提高自身理论能力。同时,要根据自己的需要、能力、兴趣和爱好,扬长避短,做出合理的就业决策和自我选择,保证顺利就业。

2. 做好生涯规划,增强自己的职业发展能力,以适应岗位要求

人是社会的基础,一切能力结构的设计和能力结构过程的推进,如果离开了一定素质的人,都将成为一句空话。实现中华民族的伟大复兴,一定要通过提高国民素质来实现。高职学生知识结构和能力结构的设计和推进,就是要以培养高素质的能力结构技术装备人才为目的。

对于高职毕业生而言,广义的职业能力主要由三个方面构成,即职业道德、职业知识和职业技能。职业道德主要指职业品质,职业知识主要包括基础知识和专业知识。在这里重点分析职业技能。职业技能是高职院校学生能够适应工作岗位的实际能力,是高职院校学生对所学的职业知识进行消化吸收、交叉融合、拓展创新的能力,是高职院校学生素质的外在表现。近年来,社会经济发展要求高职院校大学生应该具备以下几个方面的能力:不断学习的能力、知识描述的能力、职业规划的能力、知识运用的能力、职业转换能力以及核心竞争能力。

目前,国家提倡协同创新,鼓励校企合作培养人才的模式。因此,高职学生要做好自身的职业规划,增强自己的职业素质和职业精神,以适应岗位的需求。首先,要了解职业和职位的要求。其次,根据职业和岗位要求,做好职业和生涯规划。最后,不断聚焦自己的生涯规划和个人能力,主动使个人能力和岗位要求相匹配。高职学生要利用假期实习机会,自觉去了解岗位和职业特点,了解岗位所需要的知识和能力,从而有针对性地弥补自己的短板,增强职业发展能力。

3. 转变就业观念,适应新角色,以低姿态进入就业市场

大学阶段是价值观成型的时期,也是就业观形成的时期。就业观是高职学生开启未来道路的风向标。大学生就业要注意两个方面的问题:一是外部环境的需求;二是个人能力的现状。这两个是成功就业必备的条件。很多毕业生宁愿留在大城市做"啃老族"和"城市蚁族",不愿意去西部和边缘地区就业,这就是明显不了解外部环境的情况,忽略了社会的需求。高职学生初入社会,一方面要注重个人利益,但是另一方面也要重视职业的发展前景,要兼顾这两个方面,积极调整好自己的角色。

许多毕业生初入职场,工作经验和实际操作能力不足,就无理要求用人单位高薪聘请,抱怨所学专业与岗位不对口,这是没有转变角色,调整姿态,就盲目进入就业市场的缘故。所以,高职学生要以一个学习者的角色低姿态进入职场,摆正自己的位置,虚心学习,冷静处理个人与社会、个人与集体、个人与他人的关系,以适应就业市场。

4. 要树立"终身学习"的理念,提高自己的职业生活技巧

学习是一个渐进和长期的过程,学习并不只是在学校里。社会是一个更大的学习舞台。俗话说,"活到老,学到老",高职学生也要树立"终身学习"的理念。毕业不等于告别学习,而是一种开始新的学习状态。初入岗位,必须要继续学习,储备更多知识,学习新方法、新信息和新理论,以备工作不时之需。学习知识很重

要,但是职业生活的技巧不能缺乏。职业生活技巧包括职业状态和精神、人际关系处理的技巧、科学的工作方式和有效的沟通技巧。总之,高职学生要具备为人处事的技巧、掌握沟通的技巧和有计划地安排工作的技巧等。

(四)依法治国对高职学生的新要求

亚里士多德指出,"法治应当优于一人之治"。法治的根本价值在于保障人权,追求公平正义。建设法治社会是现代国家的基本趋向。2014年10月,党的十八届四中全会专题讨论了依法治国问题,审议通过了全面推进依法治国的纲领性文件《中共中央关于全面推进依法治国若干重大问题的决定》。会议的召开,标志着中国共产党治国理政驶入制度化、规范化的道路,以法治方式治国理政将成为中国政治的新常态。会议提出"深入开展法制宣传教育,把法治教育纳入国民教育体系"。法律权威源自人的内心拥护和真诚信仰,因此,建设法治国家,要唤起社会公众的主体意识、公民意识和权利意识,使其内心对法治信赖、尊重、信仰。"大学生既是法制宣传教育的对象,又是国民教育体系法治教育的对象"[1],高等教育对国家法治建设推进影响重大。高等职业教育目前已占据我国高等教育"半壁江山",2012—2014年连续三年的《中国高等职业教育质量年度报告》(上海市教科院和麦可思研究院编写)显示,国家经济转型升级进一步突出了职业教育的重要性,高等职业教育已经成为我国高教改革发展最活跃的部分。加强高职学生法治教育是我国依法治国新常态下的一项基本要求。当前,高等职业教育院校要正确、全面、深刻理解"法治中国"命题,落实立德树人根本要求,提升学生法律意识和素养,使其自觉养成依法办事的习惯,将法的价值诉求内化为行动。

1. 高职学生法治教育的内涵

法治的本质是限制权力,保护权利,保障人权。依法治国要依靠法治思维和法治方式推进。"法治思维,关键在于引导公民树立社会主义法治理念,养成遵纪守法的良好习惯,法律至上、良法之治、人权保障、司法公正是其基本的内涵。"[2] 法治方式是运用法治思维处理和解决问题的行为方式。依法治国需要培育具有法治素养的公民,当今世界各国都普遍重视大学生法治教育的人格塑造作用。与普通高校学生相比,在我国现行高考招录体系下,高职学生中家庭经济和学习困难学生相对较多,不少学生存在缺乏自信、学习动力较弱、目标不明确的状况。

---

[1] 王英杰、王柏棣:《大学生的法治教育》,《中国教育报》,2014年11月21日。
[2] 王利明:《中国为什么要建设法治国家》,《中国人民大学学报》2011年第6期。

对高职学生开展法治教育,要针对其群体特点,给予更多的关爱和关注,开展以法治观念、法律知识传授为基础的教育。教育手段要注重灵活性和个体性,通过有序且循序渐进的方式,系统地将"依法治国"方略作为指导,以普及法律知识为基础,以增强法律意识和法律思维能力为核心载体,使高职学生正确认识党的领导与依法治国的关系,基本具备履行法律义务、依法行使法律权利的能力。党的十八届四中全会提出要坚决维护宪法权威,坚持依法治国首先要坚持依宪治国,坚持依法执政首先要坚持依宪执政。加强宪法精神教育,要正确认识依法治国和依宪治国的关系。因此,开展高职学生法治教育,要以宪法和法律为行为准则,将其培育成社会主义法治的忠实崇尚者、自觉遵守者和坚定捍卫者。

2. 高职学生法治教育的新要求

(1)注重法律知识学习,遵规守法

"法治国家既是一种先进的法律理念,也是一套科学的制度设计,更是一场自觉的社会实践。"[1]法治国家要求全民学习、信仰、践行法律。《中共中央关于全面推进依法治国若干重大问题的决定》提出了"增强全民法治观念,推进法治社会建设"的目标,做好青少年法治教育是其重要举措之一。作为国家青年群体的重要力量,高职学生要深刻领会十八届四中全会的精神实质,除了要掌握专业学科知识、技能之外,还应当学习、掌握法律知识。法律知识,是指教育主体通过理论和实践的学习,从而获得法律经验和法律认知。"国民教育体系具有系统性和完整性"[2],高职学生应该通过高等职业院校这一国民教育体系平台和自我教育途径,习得法律知识。具体内容包括以下几个方面:一是我国社会主义法律的本质及含义。了解法律的强制性和规范性,法律促进和保障国家政治、经济、文化、外交等建设。二是我国社会主义法律体系内容。了解掌握我国现行法律规范按照一定的标准和原则划分为不同的法律部门,从而构成内在联系的法律整体。体系由宪法、法律、行政法规、地方性法规、民族自治法规和单行条例、特别行政区制定的法律文件及成文法律解释组成。三是我国社会主义法律的运行。法的运行是创制、实施、实现的过程,由立法、守法、执法、司法各环节构成。高等职业院校要系统指导学生掌握我国法律的基本内容和法治理念,了解国家宪法和一般法律法规的基

---

[1] 刘俊海:《依法治国是大国崛起的必要前提》,《中国青年报》,2014 年 10 月 27 日。
[2] 中国教育报评论员:《法治教育从娃娃抓起从课堂——抓起五论学习贯彻十八届四中全会精神全面推进依法治教》,《中国教育报》,2014 年 12 月 29 日。

本规定和精神,从而为参加法律实践奠定基础。除掌握与日常生活息息相关的法律知识点外,高职学生还应该结合专业和未来的职业规划,突出法律知识学习的层次性和趋向性。

(2)形成法治思维,全面提升法律意识

青年阶段,是人的观念和习惯养成的重要时期。十八届四中全会提出"建设中国特色社会主义法治体系,建设社会主义法治国家",就是要求青年学生将法治由外在影响转为内心信念,实现法治情怀和权利意识的内心渗透,以法治思维、法律意识来思考、解决问题,指导行为。当前,高等职业院校法治教育是全民法治教育的重要一环。"法治思维的养成,就个人而言,是社会主义公民的基本修养;对一个民族而言,则是一项十分艰巨的系统工程和历史性任务。"①法律意识是指人们对法律制度的一种心理反应和总体评价,是一种法治认知。法律意识不同于法律知识,意识是对法律的主观认知。机械地熟知法律法规并不能必然地提升法律意识。法律意识是对自由、正义、平等、法律权威至上等基本原则和精神的理解和认知,是对法治这种社会治理模式价值和意义的肯定。法律意识体现在适时、有效地将法律知识付诸实践。法律意识教育是一种观念和意识教育。提升高职学生法律思维意识,就是要使其内心遵从法律信仰。法律意识建立在对法治的本质和终极目标理解的基础之上,只有建立对法治的认知链接,才能由内心产生忠诚的热情和信仰,认知法律规范的指引作用、标准作用、强制作用,全面了解中国特色社会主义法治道路和法治体系的本质特征。

(3)养成法的实际应用能力,强化青年使命感

法的实际应用能力是指以法律约束自身行为,解决冲突,维护合法权益所体现的能力总和。该项能力通过知识的积累和实践的参与而逐渐形成。法律知识和法律意识要通过法治行为转化为法的实际应用能力。法治行为是法治信仰的归宿和最高表现形式。"青年学生法律素养的高低,是建设法治中国的基础性工程。"②作为实现中华民族伟大复兴的生力军,高职学生应积极践行社会主义核心价值观,拥护法治理念和信仰,勇于担当,履行建设社会主义法治国家的时代使命。对高职学生来说,一方面,要掌握守法能力,在国家法律框架之下,做社会主义法治的忠实崇尚者,依法办事、遵纪守法,以法律规范行为;另一方面,要掌握用

---

① 郭树勇:《加强法治思维的养成》,《人民日报》,2013年5月29日。
② 冯刚:《着力提升大学生思想政治教育工作质量》,《中国教育报》,2015年1月3日。

法能力,做社会主义法治的坚定捍卫者,充分运用法律的预防机制,避免纷争和违法行为的产生,能够运用法律寻求正当途径解决现实中的矛盾和问题,维护自己和他人的合法权益免于受到侵害。高职学生要积极参与法治社会和法治文化建设,做法治理念的积极传播者,传递法治正能量。

(五)信息技术对高职学生的新要求

20世纪下半叶,随着计算机的出现和逐步普及,全球揭开了第三次科技革命的序幕。新科技革命以电子信息业的突破与迅猛发展为标志,随着信息量、信息传播速度、信息处理速度以及应用信息的程度等以几何级数的方式在增长,信息的重要性前所未有地增加了,人类社会由此进入了信息时代。

信息技术(Information Technology,IT)通常是指以信息为主要研究对象的所有科学和技术,主要涉及信息获取、信息传播、信息处理、信息存储与管理和信息利用。① 其内涵包括两个方面:一方面是手段,即各种信息媒体;另一方面是方法,即对各种信息进行采集、加工、存储、交流、应用的方法。

世界主要发达国家历来将信息技术作为国家核心竞争力和国民经济发展的支柱来加以扶持。当前,我国伴随着三网融合和移动互联网应用的开发,互联网在广度和规模上取得了长足的发展。现代信息技术广泛地应用于人类社会,带来了新技术革命的快速发展,推动了各行各业的技术进步,更新了人们的思维模式,改变了人们的生活方式。

1. 信息技术要与高职教育"深度应用与融合"

随着我国素质教育的全面实施和教育信息化的快速推进,现代信息技术已逐渐成为服务于教育事业的一项重要科学技术。信息技术的发展,既向教育提出了严峻挑战,也为教育创造了良好机遇。身处信息时代,教育工作者必须认真思考和探索如何教育学生正确学习、掌握和运用知识。教育工作者必须自觉地运用当代信息技术,对传统的教育思想、培养模式、教学体制、教学内容、教学方法和教学管理等进行一次全面的革新。

2012年3月,我国教育部发布了《关于印发〈教育信息化十年发展规划(2011—2020年)〉的通知》(以下简称为《规划》)。《规划》引用了《国家中长期教育改革和发展规划纲要(2010—2020年)》中提出的"信息技术对教育发展具有革

---

① 刘捷:《大学信息技术概论》,中国水利水电出版社2005年第1版。

命性影响,必须予以高度重视"①,并以此作为《规划》制定与实施的总纲。《规划》中将我国高等教育信息化的发展目标定位为:"实现信息技术在人才培养、科学研究、社会服务与文化传承创新方面的深度应用与融合,构建有利于高素质创新人才培养的数字化学习环境、有利于科研质量提高和高水平重大科研成果形成的数字化科研环境、有利于增强高校社会服务能力和文化传承创新影响力的数字化文化传播环境,为高等教育提高质量和内涵、达到国际先进水平提供有力支撑。"②

2014 年 5 月 2 日,国务院下发了《关于加快发展现代职业教育的决定》(以下简称《决定》)。《决定》提出了职业院校办学水平普遍提高需要现代信息技术广泛应用,要求"构建利用信息化手段扩大优质教育资源覆盖面的有效机制,推进职业教育资源跨区域、跨行业共建共享,逐步实现所有专业的优质数字教育资源全覆盖。支持与专业课程配套的虚拟仿真实训系统开发与应用。推广教学过程与生产过程实时互动的远程教学。加快信息化管理平台建设,加强现代信息技术应用能力培训,将现代信息技术应用能力作为教师评聘考核的重要依据"③。

从当前高等教育信息化的整体进程来看,国内部分高校对教育信息化的理解还停留在如何更好地使用多媒体技术层面上,传统课堂教学的信息化水平和发展速度还相对落后。只有将现代信息技术与高职教育在教学信息化、科研信息化和管理信息化等方面,全方位地深度应用和融合,才能形成具有中国特色、世界水平的现代高等职业教育。

2. 信息技术对高职学生的影响

21 世纪初,信息技术领域的移动通信技术和互联网技术发展迅猛,由此催生出移动互联网技术。移动互联网是用一种技术将互联网和移动通信网络有机地连接起来,搭建起一个移动互联系统平台。④ 它是互联网的技术、平台、商业模式

---

① 中华人民共和国中央人民政府:《国家中长期教育改革和发展规划纲要(2010—2020 年)》(http://www.gov.cn/jrzg/2010-07/29/content_1667143.html)(访问时间:2015 年 3 月 13 日)。

② 中华人民共和国教育部:《关于印发〈教育信息化十年发展规划(2011—2020 年)〉的通知》,(http://www.moe.edu.cn/publicfiles/business/htmlfiles/moe/s3342/201203/xxgk_133322.html)(访问时间:2015 年 3 月 13 日)。

③ 中华人民共和国中央人民政府:《国务院关于加快发展现代职业教育的决定》(http://www.moe.edu.cn/publicfiles/business/htmlfiles/moe/moe_1778/201406/170691.html)(访问时间:2015 年 3 月 13 日)。

④ 赵英:《移动互联网技术及移动电子商务》,《情报科学》2002 年第 6 期。

和应用与移动通信技术结合并实践的活动的总称。当前,4G 时代的开启以及移动终端设备的凸显,为全球移动互联网的发展注入更为巨大的能量。

中国互联网络信息中心(CNNIC)于 2014 年 7 月发表的统计报告表明,[①]截至 2014 年 6 月底,我国网民规模达 6.32 亿人,互联网普及率为 46.9%。中国网民规模已经于 2008 年 6 月超过美国成为全球第一,互联网普及率也于 2008 年超过了全球平均水平。

在我国互联网的发展过程中,PC 互联网已日趋饱和,伴随着移动终端价格的下降及 Wi-Fi 的广泛铺设,移动互联网却呈现井喷式发展。另据 CNNIC 统计,截至 2014 年 6 月,我国手机网民规模达 5.27 亿,手机使用率达 83.4%,首次超越传统 PC 整体使用率(80.9%),手机作为第一大上网终端设备的地位更加巩固。[②] 同时,网民对手机电子商务类、休闲娱乐类、信息获取类、交流沟通类等应用的使用率都在快速增长,移动互联网带动整体互联网各类应用发展。

研究表明,移动互联网中用户典型的行为特点包括:①上网时间碎片化;②获取信息表面化;③应用指向明确;④对移动互联网产品的较强黏性;⑤使用行为的即时性和随机性等。[③] 大学生是受到高等教育的对象,对新鲜事物容易好奇并接受。移动互联网因为自身的便捷性、实时性和高效性,得到了大学生的广泛认可和追捧。

调查显示,大学生群体信任的媒体前三名依次是互联网(28.5%)、电视(22.5%)、报纸(20.5%),有 82.1% 的大学生首先选择使用 Wi-Fi、3G、2G 等移动网络上网。[④] 由此可以看出,大学生最常接触的媒体和最信任的媒体都是互联网,对移动互联网的依赖已经超过了其他的媒体产品和信息化产物。

(1)对高职学生学习生活的影响

以移动互联网为代表的现代信息技术的发展改变了大学生传统的学习方式。第一,电子读物和数字化媒体的出现,改变了人们传统的阅读和文档存储习惯。第二,移动互联网使任何时间、任何地点学习成为可能,体现出便利性,大学生在

---

① 中国互联网络信息中心:《第 34 次中国互联网络发展状况统计报告》,《互联网天地》2014 年第 7 期。
② 同上。
③ 张薇,朱磊:《基于用户行为的移动互联网服务运营商业务营销模式研究》,《江苏商论》2011 年第 9 期。
④ 沈虹等:《移动中的 90 后——90 后大学生媒介接触行为、生活形态与价值观研究》,机械工业出版社 2014 年版。

学习之余、排队或者等公交车的空闲时间都可以通过移动终端设备连接互联网，搜索需要的专业知识和解决方案。第三，移动互联网将教学资源进行了数字化整合，提升了用户体验，智能手机移动终端设备等成为"百宝箱"，教育资源通过网络可以按需获取和使用，教与学可以按需开展，真正实现因材施教。正是由于以上优点，移动互联网得到大学生的广泛喜爱。

信息技术的应用，让高校从传统的课堂教学发展到在线课程、普通高校的精品课程和精品视频公开课，再发展到大规模开放式网络课程（Massive Open Online Course,MOOC），进而发展到智慧教育。将先进的信息技术与学科教学进行深度的应用和融合，通过网络使得全球教育资源无缝整合共享，形成将学校、家庭、社区、博物馆、图书馆、公园等各种场所连接起来的教育生态系统。学习需求无处不在、学习无时无刻不在发生，云计算、物联网、移动通信等信息技术的发展为人类的学习提供了无限的可能。这一路的革新，对高等教育评价方式、课堂教学模式、大众化发展以及师资建设等方面都产生了极为重大的影响。

（2）对高职学生生活的影响

移动互联网改变了人们特别是年轻一代的生活方式，更加符合日常生活中高职学生对信息获取的需求。移动互联网的专家认为，智能手机最大的应用就是通过移动互联网满足了用户的生活需求。移动互联网的发展和智能终端的普及，完善了移动互联网的生活体验。只要有可以连接移动网络的智能终端，就可以在任何时候和地点享受音乐、视频、游戏、购物和支付等生活服务。

由于学习任务较重，高职学生通常没有足够的时间去逛商场挑选自己需要的物品。淘宝、京东和当当等大型电子商务网站移动购物应用（App）的推出，为高职学生提供了极大的便利。根据调查数据显示，我国46%的大学生都有过手机购物的体验，食品饮料、日常用品、衣服、化妆品、充值卡和书籍是大学生最常网购的商品。①

学生在学习之余，为缓解紧张的学习压力，可以利用移动互联网的娱乐性，通过音乐、视频、电子书籍、游戏等娱乐方式调节心情，缓解状态。随着移动互联网的出现，网络游戏可以直接通过移动终端设备进行应用，不受到时间和地点的限制。例如，"植物大战僵尸""愤怒的小鸟""水果忍者"等游戏推出后迅速风靡全

---

① 沈虹等：《移动中的90后——90后大学生媒介接触行为、生活形态与价值观研究》，机械工业出版社2014年版。

球,带动了很多青年学生开始接触和使用移动互联网终端设备。

(3)对高职学生交流的影响

交流沟通促进了人与人之间的互相了解,有助于缓解学习压力,增加生活乐趣,是大学生实现自身发展的一个重要的方法和途径。利用移动互联网技术搭建的即时通信和社交网络平台,为高职学生之间的交流沟通提供了便利、拓宽了渠道,成为高职学生最基础的需要。

大学生使用不同的移动终端设备在这些即时通信和社交网站平台上发布信息、展示自我、沟通交友。截至2014年6月,我国即时通信网民规模达5.64亿,比2013年底增长了3208万,半年增长率为6.0%。QQ、微信等即时通信应用软件使用率为89.3%,较2013年底增长了3.1个百分点,使用率仍高居第一位。[1] 另据数据统计,大学生最常使用的社交网站依次是QQ、人人网、新浪微博、腾讯微博、豆瓣和朋友网。挂QQ、写微博、刷朋友圈已成为大学生每天上网时髦的"三部曲"。[2]

3. 信息技术对高职学生的新要求

随着信息技术的发展,提高当代大学生的信息技术素养就显得尤为重要。信息技术素养是人对信息进行合理利用的基本能力,是现代社会人们应该具备的基本生存素养。

(1)高职学生需要提高信息技术素养

开展信息技术教育,一方面要通过学习软硬件知识,培养高职学生了解和掌握现代信息技术知识。当前,信息技术日新月异,大学生作为现代信息技术的使用者,对现代信息技术的认识,对现代信息技术的选择和使用,都对大学生的身心健康和全面发展有直接或者间接的影响。高职学生应该分析生活中和网络中的现代信息技术事件,培养自己获取信息、识别信息、加工信息、传播信息和批判信息的能力。

更重要的一方面是要提高高职学生的信息技术素养。现代信息技术的开放性和互动性,使得每一位大学生成为信息的传播者,通过培养高职学生的处理、创新信息的能力,使其真正成为现代信息技术的主人,为将来在社会生活中正确认

---

[1] 中国互联网络信息中心:《第34次中国互联网络发展状况统计报告》,《互联网天地》2014年第7期。
[2] 沈虹等:《移动中的90后——90后大学生媒介接触行为、生活形态与价值观研究》,机械工业出版社2014年版。

识和利用现代信息技术奠定基础,以适应信息社会对人才培养标准的要求。

(2)高职学生需要培养自主学习能力

语言学家 Henri Holec1981 年在其著作《自主性与外语学习》中提出:"自主学习是一个在一定的教学环境下,学习者基本上不依赖作为教学管理者与方法提供者的教师而独立完成学习任务与学习活动的过程。"

传统教学中,学生因为条件与环境的制约不能发挥其自主性,不能进行自主学习。而今,信息技术为自主学习提供了条件与机会,还给学生学习的自主权,学生将成为大学教学的主体,老师的主要任务是引导学生进行自主学习。利用以移动互联网为代表的信息技术将图像、声音、视频、动画等多种媒体融合在一起,形成图文并茂、音像结合的多媒体情境,引导学生的多感官参与,激发学生的好奇心和求知欲,引起学生主动参与的愿望,使学生真正积极主动地探索知识,而不是被动地接受信息。通过对大学生自主学习能力的培养,让大学生成为知识信息的主动建构者,为培养学生终身学习的意识和能力打下坚实的基础。

(3)高职学生需要加强网络道德和法律规范教育

移动互联网正以极快的速度走进高职学生的日常生活,成为大学生获取知识和各种信息的主渠道。大学时期正是青年学生的世界观、人生观和价值观形成的重要阶段,移动互联网对学生的道德观念和思维方式具有巨大的冲击力,对学生的学习、生活和交流等行为方式也同样具有深刻影响力。因此,高职学生必须重视加强自身的伦理道德教育,积极参与网络道德和法律的宣传和教育活动。

高职学生在面对由现代信息技术构建的虚拟网络时,往往容易放纵自己的行为,淡化甚至忘掉自己的社会责任,其法律意识、价值观念和行为规范会被扭曲和破坏,因此高职学生需要从道德和法律两个层面上加强自身规范教育。首先,高职学生要树立正确的网络道德观,提高自身的道德修养,自觉抵制有害信息,防止庸俗、反动的信息侵蚀思想。其次,高职学生要认真学习网络法规,增强法律意识和法制观念,自觉约束自己的网络行为,切实履行维护网络空间秩序的社会责任和义务。最后,高职学生要善于进行自我教育,自我教育是一种崇高的道德境界,一定要做到自省和"慎独"。

三 高职学生特质的研究

纵览相关文献,高职学生素质首先反映整个社会对高职学生的要求,而更重要的是要反映企业对高职学生的要求。也就是说,高职学生特质培养要以企业需求为导向,这是由我国职业教育的性质所决定的。目前,国内外对于高职学生应具备的能力或素质等相关内容研究较多,但是尚未提到高职学生特质的高度,鲜见"特质"的研究文献。

(一)国外相关研究回顾

国外对高职学生特质的研究,主要集中于总体研究职业教育学生与一般大学生、研究生的差异,职业教育学生的地位和作用;在具体的细化研究方面,国外主要研究涉及了高职学生某一方面的能力或素质。

1. 整体研究职业教育学生与一般大学生、研究生的素质差异

学者 Gary Echternacht 在《Characteristics distinguishing vocational education students from general and academic students》一文中通过问卷调查测试区别出高等职业教育学生和一般大学生、研究生的不同[1]。他选择了16409位学生作为样本并分为5组,然后进行测试和分析。最后对得出的结果进行交叉验证。这些结果显示,职业教育学生在学术能力方面比研究生低,尽管职业教育学生的学术能力和一般大学生一样低,但职业教育学生获得了更高的技能等级,更多地关注实际工作方面的问题。Gary Echternacht 详细地分析了职业教育学生与一般大学生、研究生的特质差异,这些差异主要体现在心理素质、价值观、社会实践能力、动手能力等方面。此项研究认为,为了更好地促进经济社会的发展,培养具有独特特质的职业教育学生是必需的。

2. 整体研究高职学生的地位和作用

学者 Hans Heitke,Mieke Koeslag 等比较了荷兰教育两种类型(高等职业教育和大学教育)的毕业生的劳动力市场地位。他们认为,在劳动力市场上,高职学生不同于大学生,前者主要是职业技能的学习,后者更多的是人力资本的聚集。[2]学者 Harkin, Joe 等通过对1996年10月在德国召开的"经济全球化背景下培训和

---

[1] Gary Echternacht, "Characteristics distinguishing vocational education students from general and academic students", *Multivariate Behavioral Research*, Vol. 11, Issue 4, 1976, pp. 477–491.

[2] Hans Heitke&Mieke Koeslag, "The Labor-market Position of University Education and Higher Vocational Education in Economics and Business Administration: a comparison", *Education Economics*, Vol. 7, No. 3, 1999, pp. 259–276.

职业教育的前景"研讨会的介绍,阐述了职业教育学生对技术变革等会产生影响。①

3. 具体研究职业教育学生某一方面的素质或能力

学者 Betsy Stevens 研究了学生应该拥有的交流技巧和能力。他认为,学生的口语表达和写作交流能力(包括使用词汇和自我表达)应该改进,因为学生的交流技巧和能力并不是总能与工作中所执行的任务相适应。学生需要加强写作能力,需要更多关于专业使用电子邮件的培训、更多关于自我表达的教育,以及加强形象管理。② 学者 Diarmuid De Faoite, Colette Henry, Kate Johnston, Peter van der Sijde 等阐述了职业教育和培训应该注重对培训企业家的研究,关注企业家教育和培训的特殊价值。③

Bennell, Paul, Mukyanuzi, Faustin, Kasogela, Maurice, Mutashubirwa, Francis, Klim 等对坦桑尼亚两个培训中心进行了跟踪调研。他们的调研结果的主要结论是:两个培训中心所提供的五门核心工匠培训课程中,没有一门是节约成本的。所以此项研究认为,依据坦桑尼亚的具体情况,培训和教育职业学生应充分考虑成本等问题。④ 学者 Hans Heitke, Mieke Koeslag 等提出了荷兰教育和培训职业教育学生应有的措施。⑤ 学者 Chich – Jen Shieh 在其博士论文《The study of the role and effects of vocational education on the local economic and social development in china》中也对中国教育和培训职业教育学生提出了建议和对策。

以上这几个方面是国外在"高职学生特质"方面的研究概况。通过这些文献我们可以发现,国外对高职教育及高职学生研究成果虽然丰富,但是对高职学生

---

① Harkin, Joe ,"Technological change, employment and the responsiveness of education and training providers", Compare: A Journal of Comparative Education; Vol. 27 Issue 1, March1997, p95, 99.

② Betsy Stevens, "What communication skills do employers? Silicon valley recruiters respond", Journal of Employment Counseling; Vol. 42, March 2005, pp. 2 – 9.

③ Diarmuid De Faoite, Colette Henry, Kate Johnston, Peter van der Sijde, Education and training for entrepreneurs: a consideration of initiatives in Ireland and The Netherlands, Education + Training, Vol. 45, No. 8/9, 2003, pp. 430 – 438.

④ Bennell, Paul, Mukyanuzi, Faustin, Kasogela, Maurice, Mutashubirwa, Francis, Klim, Mikkel, "Artisan training and employment outcomes in Tanzania", Compare: A Journal of Comparative Education; Vol. 36, Issue 1, March2006, pp. 73 – 84.

⑤ Hans Heitke&Mieke Koeslag, The Labor – market Position of University Education and Higher Vocational Education in Economics and Business Administration: a comparison, Education Economics, Vol. 7, No. 3, 1999, pp. 259 – 276.

应该具备哪些特质、如何提高高职学生社会适应性等方面,在我们所查到的文献中并没有完全论述清楚。

(二) 国内高职学生特质研究

国内虽没有明确提出高职学生特质这一概念,但"高职学生特质"是本文研究的核心概念。特质、要素和能力等词都源于心理学术语。为了聚焦研究的核心思想和特色本书将"特质"的一般含义移植到高职学生质量的研究当中,探索高职学生独特性、稳定性、有别于普通高校学生的特殊素养。同时,高职学生特质的内涵必须通过高职学生的素质和能力来表征和体现,因而在这个意义上说它们之间是关联的、相通的,也是必须涉及的。

1. 高职学生特质的内涵方面

关于人才素质的内涵,许多国家是从高科技发展的角度来进行定位的。他们看重高度的社会责任感、创新意识和创新能力以及综合能力。"它涵盖学习能力、做事和继续发展的能力、对不断变化的世界形势及时反映和适应的能力。"[①]显见,这种观点是人才素质结构的内在与外在的统一,内在素质与外在能力相统一,而能力本位思想具有重要地位。这对构建我国高职学生的素质结构有重要的借鉴意义。

而高职学生素质结构的特色,是以职业素质为核心。高职教育制订教学计划的重要依据是职业岗位群的内在要求,基于职业能力分析,科学构建高职学生知识、能力和素质结构。与经济发展紧密联系,着眼于产业结构和产品结构的调整,针对性更新教学内容和手段,使高职学生职业适应性不断增强。

赵阿华(2008)指出:"高职学生的素质包括:对人的全面发展终身起作用的基本素质,与人职业生涯息息相关并对人职业发展终生起作用的基本素质,所学专业必须具备的专业素质。"[②]

金雁(2014)指出:"职业素质是指从业者在一定的生理与心理条件下,通过教育培训、职业化实践和自我修炼等途径,形成与发展起来的、相对稳定的、在职业

[①] 金雁:《职业发展素质的解析与建构》,《湖州职业技术学院学报》2014年第3期,第17 – 21页。
郑克才:《论高职学生的素质结构及能力培养》,《山东省经济管理干部学院学报》2002年第2期。

[②] 赵阿华:《高职学生素质教育内容体系构建及实施途径》,《职业技术教育》2008年第8期,第59页。

活动过程中起决定性作用的内在品质,是从事特定工作或完成特定职责所具备的道德操守与专业技能的集合。"

高美萍(2014)在《国外高职人文素质教育经验探析》中介绍:在西方,"人文"一词来源于拉丁文 Humanitas,意为人性与教养;在中国,"人文"一词最早出现在《易·贲·象辞》中:"刚柔交错,天文也;文明以止,人文也。"意指人类所创造的诗书礼乐在内的人世间的典章制度、伦理道德、风俗习惯等人类文明和文化。总而言之,人文素质是一个人的内在精神品格,是国民文化素质的集中体现。

这些对本研究中特质的构成选择具有重要的指导和借鉴作用。

2. 高职学生特质的基本构成方面

大量文献从不同能力或素质方面进行了阐述,纵览相关文献,学者们认为高职学生素质或者能力主要包括思想道德素质、身心素质、专业知识和技能以及创新素质等方面,这为本书对高职学生特质的提出和筛选提供了有益借鉴。

(1) 思想道德素质

思想道德素质是规范学生个人行为,正确处理个人与他人、与社会之间关系、促进学生成长成才的重要条件,包括良好的品德素养、坚定的政治方向、健康向上的道德情操和远大的理想等。现在许多用人单位越来越看重学生的个人品质,甚至将其看作首要条件,要求做事之前先做人,认为只有会做人才能真正做事,才能正确发挥自己的职业水平和能力。这是会对职业生涯产生重要影响但在日后工作培训中又难以短时间形成的基础品质。因此,楼锡锦等(2005)认为"良好的个人思想道德品质是大学毕业生择业的基本条件"[①]。

刘俊杰(2010)认为"随着我国高等教育大众化进程的深入推进,国家经济的发展速度远低于毕业生人数的增长幅度,大学生就业压力越来越大,就业竞争越来越激烈。大学生就业过程中表现出的道德素质,对其成功就业起到的作用越来越大,已成为决定大学生能否成功就业的关键因素之一。"

如苏国晖(2007)认为思想政治素质对于高职学生最为重要。它要求高职学生具有正确的政治取向,拥护社会主义道路、拥护中国共产党的领导,切实维护祖

[①] 刘俊杰:《试论当代大学生的道德素质对就业的影响》,《襄樊学院学报》2010年第7期,第79–84页。
罗福周、钟燕辉、李再强:《加强高职生职业道德教育的探讨》,《芜湖职业技术学院学报》2010年第1期,第77–80页。
楼锡锦:《大学生就业竞争力分析》,《教育发展研究》2005年第13期。

国和集体的荣誉。另外"思想政治素质对高职学生的法律常识和遵纪守法等方面也有相应的要求"①。

如罗福周、钟燕辉、李再强(2010)认为在当今社会环境中,职业道德是用人单位衡量人才的重要标准。无论什么行业在招贤纳才时都讲究德才兼备、以德为先。国家机关公务员年度考核标准——"德、能、勤、绩、廉",就是以"德"为先。企事业单位更强调诚信敬业、团队协作和创新进取等要素,而这些都是职业道德的重要范畴。职业道德是指从事一定职业的人们在职业活动中所应遵循的道德规范以及该职业所要求的道德准则、道德情操和道德品质的总和。职业道德、社会公德和家庭美德也是我国社会主义道德建设的重点。

道德素质是高职学生非常重要的素质之一。

张成武(2006)认为道德有低层和高层之分。从较低层次说,它包括"人才的个性心理品质和一般的伦理道德,具体表现为热情专注、认真坦诚、坚韧勇敢、不怕失败、敬业自强,对社会有较强的责任感;从较高层次说,它主要是指人才的政治品德,包括理想信念、政治敏锐性、政治立场和思想作风,是世界观、人生观和价值观的反映"②。

董宜彦(2012)认为对于什么是思想道德素质,目前理论界并没有统一的界定,一些学者在研究过程中对其进行了归纳,有学者指出:"思想道德素质是人们从事社会实践活动和为人处世所必需的基本要求和品质素养,它包括思想修养和道德品质两个基本方面。"有的学者把思想道德素质表述为:"人们在一定社会一定阶级的思想体系指导下,按照一定的言行规范行动时,集中表现在个体身上的相对稳定的心理特点、思想倾向和行为习惯的总和。"有的学者认为:"思想道德素质是指人们在社会生产、生活过程中逐渐形成的比较稳定的政治倾向、理想信仰、思想观念、道德情操等。"从上述对思想道德素质的论述中,可以看出,思想道德素质是人们在学习和社会实践中,逐步形成于自身的、较为稳定的思想道德倾向的规定性,是人们思想道德意识和思想道德行为的综合体现。针对道德的高低层次学说,不同学者从不同的视角提出了不同的企业人才道德观。

刘佼(2014)在《高职生人格特质与亲社会行为倾向的相关研究》中指出,人格是心理学的一个重要研究领域,但是人格特质是具有可塑性的。因此,教育者

---

① 苏国晖:《从素质本位看高职学生的职业素质》,《中国大学生就业》2007年第15期。
② 张成武等:《人才标准谈》,中国职业教育,2006年第6期,第43页。

在认知情感上,要真正接受高职学生是具有自我发展潜能的人,整合学院教育资源,把人格教育渗透到整个学院教育过程中,要注重学生健康人格的培养。陈新(2012)在《高职学生心理健康与人格特质的现状研究》中也提出人格教育要渗透整个学院教育。

综观现有文献,企业人才道德研究主要集中于两个方面:一是集中于某一道德特质的研究:

如钟扬(2007)认为,在现代经济社会中,"诚信不仅是一种道德规范,也是能够带来经济效益的重要资源,甚至比物质资源和人力资源更为重要"[1]。

如《工程集·论学篇》认为,"进学不诚则学杂,处事不诚则事败,自谋不诚则欺心而弃己,与人不诚则丧德而增怨"。诚信是具有原初性和始基性的道德德目,对于国家、组织、企业乃至个人的生存和发展都至关重要。只有那些具有坚强的意志、良好的心理素质的人,才能在竞争中谋求发展。

林茹(2007)认为,"敬业精神是社会发展、民族振兴的要求,是市场经济良好运行不可缺少的条件,是用人单位选拔人才的重要标准,是个人事业成功必备的重要综合素质之一"[2]。

张韶华(2014)认为,"社会大分工产生了职业,职业出现后便对敬业提出了要求。敬业才能精业、勤业、乐业、爱业、畏业,并在自己的工作岗位上创造性地劳动。敬业精神是社会文化精神在职业道德领域的集中反映,指人们对自己从事职业的认同、敬畏、热爱,以满腔热情投入自己的工作,并且在工作中自觉发挥创造力。敬业精神始于对职业的深厚感情,表现为强烈的责任意识和伟大的创业实践。党的十八大报告中提出"倡导爱国、敬业、诚信、友善,积极培育社会主义核心价值观",在个人层面提出了敬业要求。

二是集中于综合道德素质的研究:

如刘明星,曾萍(2007)认为用人单位招聘高职毕业生时最看重的道德品质前

---

[1] 钟扬:《从企业人才现看现代人才的培养目标》,《集团经济研究》2007年第7期,第262页。
[2] 林茹:《高职学生敬业精神的培养》,《江苏高教》2007年第4期,第130页。
  郭德侠、郭德红、李怡:《用人单位对大学生就业能力的评价与高校课程改革》,《高等理科教育》2014年第3期,第81-87页。
  奚进、胡晓明:《高校学生素质内涵及素质素养教育初探》,《科技创业月刊》2015年第2期,第80-81页。

五项依次为:"责任心、诚信、正直、热情、好学"①。

郭德侠、郭德红、李怡(2014)认为,在校期间能够拿到好的学习成绩,也仅仅说明其具有较强的知识学习能力。但在企业招聘过程中,用人单位更看重毕业生的个人品质、敬业精神、团队意识、人际沟通能力、解决实际问题的能力。所以,高校也要调整自己的培养目标,在重视向学生传授专业知识的同时,也应该重视学生的非专业技能和个性品质的培养,以适应社会的需求。

(2)身心素质

良好、健全的身心素质是学生全面发展的一个重要体现,是学生能够适应社会,取得事业成功的必要条件。楼锡锦等(2005)提出身体素质包括生活行为、体能、身体健康状况、活动爱好等,良好的身体素质可以提高适应环境的能力,是其他各项素质形成和发展的重要生理基础。心理素质包括情绪情感状态、个性、气质、意志等,是形成和发展人的社会文化素质的基础,影响人的社会适应性发展。因此,健康的体魄、良好的心理状况、出众的形象气质是影响大学生顺利就业的重要条件,是就业过程中的外在气质吸引用人单位的一种体现。

心理素质对大学生就业与成才有着重大影响。苏国晖(2007)认为健全、健康的心理素质成为高职毕业生职业生涯获得成功的关键。高职毕业生应该在职业生涯中树立起自信、自爱、自尊、自律、自强、自立的意识,正确地自我评价,正确悦纳自我,建立心理内外环境平衡,提高心理承受能力,以良好的心态实现从学生到职业人的社会化过程。

孙晨忱(2014)在《高职生成就动机、职业决策自我效能感与焦虑的关系研究》中以798名南京工程高等职业技术学校学生为研究对象,以成就动机量表、职业决策自我效能感问卷和状态-特质焦虑问卷为研究工具,采用独立样本t检验、单因素方差分析、相关分析、回归分析和结构方程模型等研究方法分析高职学生群体的成就动机、职业决策自我效能感和焦虑之间的关系,得出以下结论:①性别在高职学生的成就动机和职业决策自我效能感上存在显著差异;年级在职业决策自我效能感上存在显著差异;专业类别在职业决策自我效能感的问题解决维度上存在显著差异;兼职经历在成就动机和职业决策自我效能感上存在显著差异;家

---

① 宋剑祥:《中外学者对职业能力的内涵解读》,《宁波职业技术学院学报》2014年第6期。
刘明星、曾萍:《从用人单位的视角分析高职生的职业素质及培养对策》,《教育与职业》2007年第29期,第163页。

庭收入在各变量上均存在显著差异。②高职生的成就动机和职业决策自我效能感呈显著正相关,成就动机和焦虑呈显著负相关,职业决策自我效能感和焦虑呈显著负相关。③高职生追求成功的动机对职业决策自我效能感有显著的正向预测作用,避免失败的动机对职业决策自我效能感有显著的负向预测作用;职业决策自我效能感对焦虑有显著的负向预测作用;追求成功的动机对焦虑有显著的负向预测作用,避免失败的动机对焦虑有显著的正向预测作用。④高职生职业决策自我效能感在成就动机和焦虑之间有调节作用。

奚进、胡晓明(2015)针对高等教育层面,结合传统和时代的考虑,将高等教育应提升的学生素质分成三个范畴:道德、智能和健康。这种分类与传统的德、智、体提法略有不同,即:"智"换成"智能"——增加了对能力、见识的要求;"体"换成"健康"——增加了对心理和社会适应性健康的要求。

纵览相关文献,以上的两项基本素质是非常重要的,但带有共性,是否列入特质,有待进一步思考和研究。

(3) 专业知识和技能

专业技能是指从事某种职业活动所必须掌握和运用的专业知识、专业技术和专业能力。专业知识是专业人员在自己所学习的相关专业范围所掌握的理论、概念,也包括其对事物的认识。有学者指出,专业技能是专业人员掌握的相关专业范围的技术和能力,是运用相关知识、经验完成某种任务的活动方式。① 专业能力是指从事职业活动所需要的职业技能和职业知识,是任职顶岗所需要的实用性职业能力,是劳动者胜任本职工作、赖以生存的核心本能,强调合理的知能结构及专业的应用性和针对性,是劳动者的基本生存能力。宋剑祥(2014)认为,职业能力是从事职业活动所必须具备的知识、技能、态度和个性心理特征的整合,包括与职业相关的通用能力、关键能力、专业或特定能力构成的职业能力。

目前,学者们在高职学生专业知识和专业技能方面的研究主要集中于对专业知识和专业技能进行价值肯定和成分剖析。

肖云等(2008)基于重庆市272家用人单位的调研发现,精深的专业知识与技能以及宽泛的知识面是职校学生的核心素质之一,这也正是用人单位需求的重点。白云莉(2015)认为职业教育是培养为社会、为企业直接创造价值的人才的专门教育,我们要引导具有不同特点的学生形成富于个人特点的职业素质,根据职

---

① 王卓:《教师专业素质内涵新诠释》,《教育科学》2004年第5期。

业学习过程构建典型工作任务、建立"校企融合"岗位情景教学、开展第二课堂创新活动、建立"学分手册"过程控制学生评价体系,培养学生综合职业素质,为高职学生职业发展夯实基础。① 马文美(2004)认为职校毕业生在知识结构方面应具备三种知识:"基础理论知识(包括语文、数学、英语、计算机应用基础)、专业技术知识(包括职业技能的基本知识和同类技术的安装、使用、维护、维修及管理知识)和相关知识(包括法律知识、人文知识、管理知识、营销和公共礼仪知识等)"②。钱晓田(2014)认为高等院校教学必须紧抓实践教学,并且对于传统的教学模式、体系以及内容进行改革创新,使得教学能够更好地适应人才培养的目标和社会的需求,同时使得大学生能够在实践教学中深刻感受理论知识与社会实践的关系,进而把握学习的精髓,最终在未来的职业、事业和发展中学以致用。只有这样才能使教学体制和运行机制同社会自主办学体制相协调,为我国社会经济的发展和进步做出贡献。钟一彪(2006)对552家单位进行调查显示,"用人单位对高校毕业生素质要求13个因素的排序具有明显的层次性"③。桂恺(2015)认为,高校扩招造成了学生素质的不均衡及教学质量的下降。有很大一部分高校毕业生在毕业后并不具备相应的专业能力和职业素养,无法满足用人单位对人才的需求,因此高校毕业生就业前景不容乐观。在人才招聘方面,用人单位首先注意的是毕业生的专业基础知识等。

关冬梅(2007)认为,高职院校应该使学生具备硬技能和软技能两种技能:职业岗位技能属于硬技能;职业素质和职业通用能力则属于软技能。软技能包括"学习能力、时间管理能力、沟通能力、团队合作能力、创新能力和解决问题能力"④。彭加平、韦平和、李耀中(2013)认为,职业技能包括硬技能和软技能两方面。硬技能是指从事某项职业应具备的专业知识和专业技能;软技能是相对于硬技能而言的非技术技能,是个人内在的、人与人之间的、促进技术技能和知识应用的技能。硬技能与软技能在个人职业生涯发展上如同车之两轮、鸟之两翼,但与硬性的专业技能相比,软技能更直接影响个人的就业竞争力、从业适应能力以及

---

① 白云莉:《高职院校学生职业素质教育研究实践》,《教育教学论坛》2015年第2期,第245页。
② 马文美:《适应人才市场需求,深化职业教育改革》,《职教论坛》2004年第12期,第11页。
③ 钟一彪:《社会对人才的素质要求与高校学生培养研究》,《中国青年研究》2006年第29期。
④ 关冬梅:《高职学生软技能的培养》,《中国职业技术教育》2007年第30期。

事业发展空间。然而,我国的高职院校一向侧重专业技能教育,对学生的软技能培养重视不够,不能满足现代企业和社会发展的用人需求。

王任达(2005)认为,高职学生的职业能力包括"基本能力(基本的语言、判断等能力和具备一定的外语和计算机操作能力)、专业能力(特定行业的专业能力、高技术含量的专业能力)、关键能力(不断学习的能力、与人沟通和合作的能力)"①。

余凤翎、余靖中(2011)认为,职业素质由职业道德、心理素质、文化修养、行为规范、组织能力和应急反应组成。基本职业能力包括:写作能力、表达能力、英语能力、计算机应用能力、学习能力、合作能力和组织能力。核心职业能力包括:专业技能、专业理论、职业实践、职业考证、专业课程设计与实现。发展职业能力包括:创新能力、自学能力、创业能力、参赛能力、特长和潜在能力。

汤向玲(2006)认为高职院校学生职业能力的构成应包括基本职业能力(指从事社会职业活动所必须具备的基本的、通用的能力,它具有适用性、通用性和可迁移性等特点)和综合职业能力(与纯粹的、专门的职业技能和知识无直接联系,或者说超出某一具体职业技能和知识范畴的能力,是方法能力和社会能力的进一步发展)两个层次。②

胡洋、苏琳(2014)认为,应对学生进行多项维度绩效关联性比较分析。思想道德素质和专业文化素质较高的毕业生思想进步,专业功底扎实,往往是班级里的学习骨干,课后也经常会出现在专业教师周围或在实验室里,所以在实践创新素质方面有较明显的优势。思想道德素质和身体素质较高的毕业生,他们思想成熟,精力充沛,乐于参加各种形成校内外活动的时间明显优于其他的毕业生;专业文化素质与实践创新素质得分高的毕业生就业岗位明显优于其他的毕业生等。因此,基于就业导向的高职院校人才培养重点在于学生的思想道德素质,加强职业能力和实践创新能力培养,使学生具备良好的身体素质和心理素质等。

基本职业能力是作为一个现代职业人必须具备的基本素质和从业能力。包括专业能力、方法能力、社会能力。综合职业能力则指上述具体的专业能力以外

---

① 王任达:《发展大学基金会促进大学教育捐赠》,《内蒙古师范大学学报(教育科学版)》2005年第11期。
② 汤向玲:《高职院校职业能力研究》,硕士学位论文,武汉理工大学,2005年。

的能力,也是具体从业能力的进一步抽象,它强调当职业发生变更,或者当劳动组织发生变化时,劳动者所具备的这一能力依然存在。综合职业能力高于基本职业能力,是基本职业能力的进一步提高和扩展。

(4)创新素质

胡军等(2001)认为:"创新素质是指一个人为社会增添、设计、创造新知识和新的物质或精神财富的品质及能力,它包括主体的创新精神、创新思维、创新能力、创新人格,是以关注人的主观能动性为核心的。"其中,创新意识与创新能力是创新素质的两个重要内涵。创新意识是创新素质的前提,即对未知的领域与知识有一种强烈的好奇心,勇于尝试与实践的创造性思维。

郝嘉利、康永征(2015)认为,创新人才是立足于现实而又面向未来的,他们应具备:博专结合的充分的知识准备,以创新能力为特征的高度发达的智力和能力,以创新精神和创新意识为中心的自由发展的个性,积极的人生价值取向和崇高的献身精神,强健的体魄。[1]

朱玉春(2008)认为,高职学生的创新意识包括"独立性、批判性和探索性"[2][3][4]。创新能力是"创新素质的根本,它包括发现问题及解决问题的能力,是从认知、技能、思想与情感、意识与意志及心理、体魄等各方面对人才应有素质的要求"[5]。创新能力是创新行为发生的有效载体,并广泛涵盖了认识问题与解决问题的水平,进而应当从认知、思想、意识和心理以及身体素质等诸多层面来进行全面提升。

朱春玲、刘永平(2014)认为,企业创新型人才指具有丰富的创新理论知识和独特的创新人格,在强烈的创新意识驱动下,能够运用创新思维,从企业的实际需求出发,充分发挥自我创新能力,在实现企业效益最大化的同时承担一定社会责任的人。

---

[1] 郝嘉利、康永征:《高校拔尖创新人才培养模式探讨》,《成才之路》2015年第1期,第6-7页。
[2] 朱春玲、刘永平:《企业创新型人才素质模型的构建"——基于中国移动通信集团调研数据的质性研究》,《管理学报》2014年第12期,第1737-1744页。
[3] 郭小婷:《国际化人才素质能力评估指标体系研究》,《职业时空》2011年第11期,第43-44页。
[4] 朱玉春:《玻璃》,《建材高职学生创新意识现状分析》2008年第8期,第11-12页。
[5] 胡军、蔡学英:《创新素质——个新的人才素质概念》,《广西民族学院学报(哲学社会科学版)》2001年第12期,第278页。

创新能力方面的研究,北京大学田玲(2006)通过对北京和香港两地的人才市场的招聘信息的分析发现"创新精神、高创造力、复合知识结构、高信息敏感性、强的组织能力和学习能力等已经成为国际通行的人才标准"[①]。

郭小婷(2011)认为,国际化人才素质能力的共识是:具备主动学习的能力、全球化思维和创新能力,专业素养突出。

黄蜀云(2013)在《四川高职学生特质及培养模式研究》中强调指出,创新意识是创新素质的前提,即对未知的领域与知识有一种强烈的好奇心,勇于尝试与实践的创造性思维。

纵览相关文献,在高职教育领域加强职业院校与用人单位之间的协调合作思想越来越被广泛提及,以就业为导向,服务于学生就业的思想逐渐渗透到培养过程中,近来以需求为导向促进高职教育改革的思想引起学术界关注,例如:徐成钢(2014)在《国外高职教育发展的规模特色及对我国的启示》中提出了完善人才培养体系,树立就业导向观念,推进校企合作,强化政府作用和立法;高美萍(2014)在《国外高职人文素质教育经验探析》中也强调家庭、学校和社会多管齐下;黄蜀云(2013)在《四川省高职学生特质及培养模式研究》中也提到了政府、学校与社会的共同作用;等等。但是目前研究较少,以需求为导向多停留在理念指导层次,对于如何将以需求为导向与高职教育及高职学生社会发展相结合的研究则更少,这为本书进一步研究提供了方向和指导。

就高职学生特质而言,仍有不少问题需要深入剖析:一是现代高职教育的需求导向的内涵是什么,应当包括哪些需求导向要素,文献中列举的"人格本位""素质本位"是否能够概括需求导向的全部内容;二是素质需求内容,在文献检索中涉及横向(素质内容)和纵向(素质深度)的许多方面,可谓"要素丛林",还需要系统分析,权衡轻重,找出特定素质的关键要素,才能促进高职教育找到规律性的方向;三是特质需求内容,不只是静态的要求的设定,还应当具有动态适应性,这也是本书应努力的方向。

---

① 田玲:《从招聘信息看人才市场对高校毕业生的需求特》,《北京大学教育评论》2006年第7期。

第二章

研究方法和研究视角

一 相关概念的界定

（一）高职教育

高职教育是高等职业教育的简称，或进一步简称为高职，它是高等教育的重要组成部分。从世界范围看，高职教育是经济社会发展到一定阶段出现的新型高等教育，是和传统普通高等教育有着不同本质的另一种类型的高等教育，它以培养具有一定理论知识和较强实践能力、面向基层、面向生产、面向服务和管理第一线职业岗位的实用型、技术型和技能型专门人才为目的，是职业技术教育的高等阶段。随着高等职业教育的不断发展，不同国家和地区高职教育层次发展也不同。如我国台湾地区的高职教育已上升到博士研究生层次，大陆地区的高职教育仍以专科层次为主，自2008年秋季开始，部分国家示范性高职院校经中华人民共和国教育部批准开始举办四年制本科教育。

鉴于高职教育办学层次的多样化，本书所界定的高职教育为三年制专科层次，这一层次高职教育的根本任务是培养高等技术应用性专门人才；其培养目标为：在具有高中文化的基础上，培养生产、管理、服务第一线，具备综合职业能力和全面素质的高等技术应用型人才。这一层次的高职教育具备的特点为：①使学生具备必要的理论知识和科学文化基础，熟练掌握主干技术，侧重实际应用；②侧重相关知识的综合运用；③培养学生的表达能力、与人沟通、合作共事的能力；④重视实务知识的学习，强化职业能力的训练。

高职教育是随着社会生产力和科学技术手段的进步而发展变化的。本文研究的高职学生特质评价着重探索在现代社会生产经济环境下，以信息技术为导向的高职学生特质及其评价的相关问题，以适应高职教育改革的需要。

(二) 需求导向

需求导向是市场营销学的核心概念之一，经典定义认为："需求是指针对特定产品的欲望，这种欲望必须有两个条件：有支付能力且愿意购买。"并且把产品界定为"任何可以满足需要和欲望的东西"。在现代市场经济中，市场营销就是个人和群体通过创造并同他人交换产品和价值以满足需求和欲望的一种社会和管理过程①。菲利普·科特勒以为"营销思想具有普遍意义，已经成为我们这一代的一种核心思维方式"②。

从高职教育发展变化的过程来看，在我国计划经济时期，高职教育的本质是高职学校（供方）培养出"标准化"高职学生，去适应不同高职岗位的需要。改革开放以来，我国高职人才市场发生深刻变化，高等职业的技术手段不断更新，高职教育与高职人才市场的需求和供给矛盾十分突出。本书的研究正是在思考解决高职教育供给与需求与盾之道中，鲜明地提出基于需求导向的高职学生特质及其评价课题，促使现代高职教育建立在以需求导向为出发点和归宿点的坚实基础上。

高职教育以需求为导向，涉及面广，高等职业岗位（含供给方提供的高职学生）涉及众多产业、行业和岗位领域，既包括高职岗位特质（特定岗位的素质），又涉及一定的高等职业岗位特质人才的数量。在本书研究中，着重以高职学生特质为核心，即"高职学生特质一般"，以定性分析为主线，探索特质及其评价的基本规律和模式，至于高职特质人才的数量关系，尚待以后专题研究。实际上，本书研究的探索及破解，也为数量关系研究指明了方向。

(三) 高职学生特质、素质、能力

1. 特质的界定

"特质"一词原为心理学术语，它是我们描述个人人格特点的描述词，"特质是人格的基本单元。一种特质就是以某种特定方式做出的一种反应倾向。一种特质导致反应上的一致性，它使许多刺激在'机能上等值'，并把许多适应性和表现性的行为形式聚合在一起"③。特质说明了人类行为的恒常性，每个人所生存的

---

① 菲利普·科特勒：《市场营销管理》（亚洲版），中国人民大学出版社1997年版，第8—9页。
② 菲利普·科特勒：《市场营销思想的新领域》，转引自《现代市场营销大全》，经济管理出版社1990年版，第923页。
③ 珀文：《人格科学》，黄希庭等译，华东师范大学出版社2001年版。

环境和所获得的经验都不相同,因而不会具备完全相同的特质。鉴于个体发展的独特性,每个学生都有其自身的特点。同时,高职学生是高等职业教育的主体集合,这个主体集合又有共性。从高职学生作为社会人的角度看,他们需要德、智、体、美、劳全面发展;从企业需求的角度看,企业不仅要求全面的人才,同时还要细化和强化高职学生这一特殊群体某些"特别"的能力和特点。

本书研究的高职学生特质指区别于其他教育层次(本科、中职等)的学生特质,它是专指三年制高职学生、针对社会和企业需要的,能在具体工作岗位上取得优秀业绩特征的概括。

2. 素质和能力的界定

高职学生特质要通过高职学生素质和能力来体现,"素"指构成事物的基本成分,如元素、因素。"素质"源于"人的心理发展的生理条件","人的心理来源于社会实践";"能力"指完成一定活动的本领,包括完成一定活动的具体方式和所必需的心理特征,能力是在人的生理素质的基础上经过教育、培养、实践形成和发展起来的。高职学生的能力必须以高职学生的素质为基础,高职学生素质的特点是"内凝",是高职学生在其活动过程中非对象化的结晶,高职学生能力是"外显",是高职学生在其活动过程中对象化的呈现,高职学生特质是只针对高职学生群体的、适应企业需求的学生的人格特征(内凝),以及由此人格特征而培养的学生能力(外显)。高职学生素质、能力和特质的形成和发展,都是在高职学生的活动(认识活动和实践活动)过程中形成与发展的。因此,在本书中,我们强调高职学生特质,就是侧重研究高职学生素质和能力的独特性,它们的核心含义是关联的、相通的,在阐述中不作专门区别。

(四)评价

《辞海》[①]中对评价的解释为:货物的价格还价。今亦泛指衡量人物或事物的价值。评价活动的过程是对人或事物的价值进行分析、衡量和判断的过程。当把"评价"一词特别地用于学校教育领域或课堂教学情境时,在一些情况下,"评价"就是"教育评价"一词的简称,所谓教育评价,是指按照一定的价值标准和教育目标,利用测量和非测量的种种方法系统地收集资料信息,对学生的发展变化及影响学生发展变化的各种要素进行价值分析和价值判断,并为教育决策提供依据的

---

① 《辞海》,上海辞书出版社 1979 年版,第 881 页。

过程。① 在另一些情况下,评价又指学生评价。不同的学者对学生评价的定义有所不同,如陈玉琨认为学生评价是对学生学习进展与行为变化的评价。② 学业成就当然是学生评价的一个内容,但是学生评价除学业成就外,还包括对学生智能、态度、个性以及兴趣、爱好的评价。沈玉顺认为学生评价是指对学生个体成长发展情况的评价,既包括对学生个体学习情况的评定,也包括对学生态度、情感和身体发育情况的评价。③ 金娣认为学生评价是在系统地、科学地和全面地搜集、整理、处理和分析学生信息的基础上,对学生发展和变化的价值做出判断的过程,目的在于促进教育与教学改革,使学生全面发展。④ 学生评价包括学业成绩的评定(认知发展)、思想品德和行为规范的评价(品德的发展)、体格和体能的评定(动作技能的发展)、学生态度、兴趣和个性心理特征的评价(个性的发展)等多方面。虽然对学生评价的具体定义描述有所不同,但总的来说学生评价都包括以下几点:第一,评价的对象是动态的;第二,评价的内容丰富,可对学生的各个方面进行评价;第三,均是为了促进学生的全面发展。

本书中的"评价"指学生评价,我们将它定义为在系统、科学和全面搜集、整理、处理和分析企业需要的人才素质的基础上,对高职学生的特质做出判断的过程,即既有静态又有动态,目的在于培养学生具备在工作岗位上取得优秀业绩的特征,促进企业与高校之间的无缝对接。

二 研究方法和研究视角的选择

(一)研究方法

本书从多学科和多领域对高职院校学生特质进行探索性分析,主要采用系统分析、文献研究、比较分析、实证分析等研究方法。

1. 系统分析法

系统分析法就其本质而言,是一种根据客观事物所具有的系统特征,从事物的整体出发,着眼于整体与部分,整体与结构及层次,结构与功能、系统与环境等的相互联系和相互作用,求得优化的整体目标的现代科学方法以及政策分析方

---

① 陈玉琨:《教育评价学》,人民教育出版社 1999 年版,第 23 页。
② 陈玉琨:《教育评价学》,人民教育出版社 1999 年版,第 23 页。
③ 沈玉顺:《现代教育评价》,华东师范大学出版社 2002 年版,第 21 页。
④ 金娣、王刚:《教育评价与测量》,教育科学出版社 2005 年版,第 282 页。

法。① 本书采用系统分析法,找出高职学生评价体系存在的问题,以确定高职学生的特质、构建高职学生的特质评价模型及高职学生特质培养模型为目标,进行调查研究、收集数据,并在此基础上提出备选方案和评价标准,最终确定可行的方案。

2. 文献研究法

科学研究是在借鉴他人研究成果的前提下,不断深入探究的过程。因此,科学研究必须要在查阅已有文献资料的基础上进行。本书采用文献研究法,通过查阅相关文献,了解当前高职学生特质及特质评价的研究现状,在前人研究的基础上澄清了本书所关注的问题,为本书引出问题、理解问题奠定了基础,也为本书提供了研究思路与研究方法的指导。

3. 比较研究法

古罗马著名学者塔西陀曾说:"要想认识自己,就要把自己同别人进行比较。"②比较研究法亦称类比法,它是人们在认识和改造世界的实践中,根据一定的规则,把彼此有某种内在联系的两个或两类以上的事物加以类比,确定其相似与相异之点,成为把握事物的本质、特征及其规律性的一种思维过程和科学方法。③ 本书使用比较研究法,在保证所比较的内容一致的情况下,将接受本科教育的学生与接受高职教育的学生进行对比分析,将用人单位对高职层次类人才的需求与高职院校学生培养目标进行对比分析,发现高职院校学生的特质,将问题引向深入。

4. 实证分析法

实证分析法解决的是"是什么"的问题。通过对高职院校管理人员、教师与学生的问卷调查,通过对各种不同类型的用人单位进行走访与问卷调查,运用spss17软件进行数据处理,了解高职院校学校教育与用人单位之间的"供给"与"需求"之间的差异,寻找各指标要素之间的关系,最终设计出高职学生特质评价体系。同时,建立结构方程模型,对高职学生特质评价体系的建立过程与结果进行估计与检验,清晰地分析每个单个评价指标对总体的作用和各单项评价指标间的相互关系。

---

① http://hi.baidu.com/loun/blog/item/ce241eb3e28fe1a7d8335a45.html.
② 周岳:《戏剧表演与语文课堂教学之比较及启示》,《当代教育论坛:学科教育研究》2008年第9期。
③ http://define.cnki.net/social/WebForms/WebDefines.aspx? searchword.

(二) 研究视角

本书以需求导向为视角,从研究企业对高职学生的定位及需要出发,探讨高职学生的特质及评价模型。

多年来,高职教育的供应导向明显,在职业教育的过程中以学校培养的系统性为指导原则,培养的学生具备更好的知识和技能的拓展性;教育并不是为了某个具体的企业培养某种特定人才,而更加重视教育的自身规律;重视帮助学生奠定坚实的理论基础和完备的知识技能系统。供应导向的教育模式符合计划经济体制,学校培养怎样的毕业生,用人单位就接纳怎样的毕业生。

随着计划经济体制向市场经济体制的转变,基于供应导向的高职学生培养已不能适应用人单位的需要:一方面是学校培养出的学生存在就业难的问题,另一方面是用人单位不能招聘到能够满足需要的人才。在高职教育的供应和用人单位的需求之间出现了断层和鸿沟。而按照需求导向,则是把用人单位的需要摆到了更加重要的位置,使用人单位的需要成为人才培养的最终标准,根据用人单位的需要培养出优秀的人才,既满足了用人单位的需要,也满足了学生就业的需要,实现用人单位、学校及学生的三赢局面。

三 研究范畴的建立

市场营销理论最早引入高等教育领域是在20世纪60年代初的美国,在经历了导入、深化和发展三个阶段的变化后,高等教育营销的研究与实践全面铺开,并且起到了一定的积极作用。高等教育营销是市场营销理论不断发展和拓展的结果。菲利普·科特勒与凯伦 F. A. 福克斯教授对教育机构的战略营销进行了系统的论述:学校营销是指分析、规划、实施和控制学校计划,使学校与目标市场进行自愿的价值交换从而实现教育与教学目的管理过程。

我国大多数高职院校都是公益性的非营利组织。随着我国改革的不断深入,教育体制改革不断向纵深发展,高职院校面临生源竞争、教育(教学)质量竞争、教师竞争和毕业生就业市场等竞争。这种局面迫使高职院校把市场营销概念引入到学生培养过程中来。高职院校运用市场营销原理分析自己所处的环境、所面对的市场、所服务的顾客、所具有的资源状况及资源趋势,从而更加明确自己的使命、目标及市场定位;吸引更多的社会资源,并将这些资源转化为适当项目、服务和理念,然后将它们有效地分配到各种市场和公众中,从而更好地促进经济社会的发展。高职院校进行市场营销,并不意味着要把学校都变成盈利的机器,而是运用市场营销的基本的理念与方法,使学校顺利实现与各利益相关者的广泛的利益交换,获得其基本发展的必要资源。

高职教育营销是市场营销理论与方法在高等职业教育管理实践中的应用。微观层次的高等职业教育营销是指高职院校对那些精心设计的高等职业教育产品的分析、计划、执行和控制,这些高等职业教育产品可以促进高职院校与其目标市场之间自发的价值交换,从而实现高职院校的目标。高等职业教育营销包括研究高等职业教育目标市场的需要,设计适当的高等职业教育产品与服务。宏观层次的高等职业教育营销则是从社会角度,从调节高等职业教育营销活动与社会利益的关系角度来研究营销问题。

因此,高职教育营销解决的是学校如何满足市场需求的问题。高职院校必须密切注视就业市场的发展变化,认真研究市场经济对各类人才的需求、就业形势及其趋向,并对未来人才消费进行超前预测,从而为学校调整和确定自己的办学模式、办学层次、专业设置和教学内容提供有力的参考。即把市场人才消费与学校人才培养纳入科学、系统的视野,强化就业指导实践的反馈功能,真正使就业的触角伸向大学教育的各个环节,为学校培养适应社会需求的人才做出积极贡献。

探讨高职学生特质评价问题,实质就是借鉴市场营销的基本理念和方法来分析如何使职业技术院校培养的学生适应社会需要、拓展就业渠道、提高就业率等问题。

第三章

高职学生特质评价与培养的借鉴

高等职业教育是高等教育的重要组成部分,随着经济全球化和我国现代化建设步伐的加快,以及高等教育大众化的发展趋势,我国高等职业教育发展迅速,高等职业教育的重要性日益凸显。《国家中长期教育改革和发展规划纲要(2010—2020年)》提出"职业教育要着力培养学生的职业道德、职业技能和就业创业能力",并明确指出,职业教育要"把提高质量作为重点。以服务为宗旨,以就业为导向,推进教育教学改革"。高职院校人才培养质量的高低直接影响高职教育的发展,高职院校人才培养水平评估对高职院校而言是一项重要的工作。近几年来,越来越多的高职院校开始借助第三方评价对学校人才培养质量进行评价。麦可思作为中国第三方教育数据咨询和质量评估机构,是年度中国大学生就业报告(就业蓝皮书)的唯一作者,每年对毕业半年后的高校毕业生的就业状态和工作能力进行全国性调查研究。据麦可思《2013年中国大学生就业报告》调查发现,高职高专院校2012届毕业生半年后的就业率为90.4%,但有42%的高职高专毕业生半年内发生过离职。与学生毕业前较高的初次就业率相比,学生毕业半年或是稍后几年的就业现状满意度大大下降,这不得不让高职教育者深思:什么才是衡量高职人才培养质量的评价标准?只强调学生技能培养能否真正满足社会和用人单位对学生的要求?①

要准确、科学、全面地评价高职学生,理解社会特别是企业高职人才需求是基础,高职教育必须准确把握企业对人才的要求,才能培养适应企业需求的高职人才,避免供需矛盾。因此,本书从需求导向、高职学生特质等相关研究开始,通过对高职学生评价指标体系及评价模型研究的回顾,指明进一步研究的方向与切入

---

① 王永红:《对高职学生职业综合素养培养的思考》,《辽宁高职学报》2014年第2期,第101页。

点,为后续的特质模型构建打下基础。

一 评价指标体系

全面、准确、科学地评价高职学生,既是高职教育工作者职业内容的重要组成部分,也是实现高职教育培养目标的内在要求。构建科学合理的学生评价指标体系是"学生全面发展、终身发展和个性发展的需要"①(任敏等,2009)。

(一)国外高职学生评价体系的借鉴

1. 英国国家职业人才评价体系

20世纪80年代,英国政府为指导评价职业技能人才,在全国范围内推行国家职业资格证书制度(简称NVQS)。它是一种以国家职业标准为导向,以实际表现和个人能力为人才评价依据的新型职业资格制度。

1986年英国成立了国家职业资格委员会,统筹领导全国职业资格制度,负责制定国家职业资格标准和国家职业资格评价工作,为NVQS制度的开发和实施提供政策和制度保障。英国NVQS制度建立全国范围内的职业标准,以职业岗位需要的能力为依据进行开发。每一种国家职业资格都是一项能力说明,它由能力模块、能力要素及操作要求规范等构成(2003)。为了便于管理各个不同类型的资格证书,简化相互之间的关系,英国将所有职业资格的标准归入五个等级,每个等级规定了实际岗位相应的知识、技能及其工作职责、权利和行为规范的要求;每个等级标准都按工作岗位的职责划分能力单元,若干个单元组成一个等级标准;每一能力单元又分为若干个能力要素,对工作中不可分割行为再进行描述。五个等级的标准如表3-1所示。

表3-1 英国国家职业资格证书等级标准

NVQS	获得该等级证书者需具有的能力标准	相应职务
5级	有能力从事一份高级的职业,能在广泛范围内、难以预测的条件下应用基本原理和技术。有极大的个人自主权,对他人的工作和重要资源负有重大责任,具有个人独立分析、决断、设计、规划、实施和考评工作结果的能力	高级工程师和工程师,中、高级管理人员

---

① 任敏、江国云、曹秋、钱惠:《关于高职学生评价体系的研究与实践》,《中国校外教育(理论)》2009年第2期。

续表

NVQS	获得该等级证书者需具有的能力标准	相应职务
4级	有能力在较广的范围内、各种不同条件下从事一系列复杂的、技术型的或专业性的工作活动,对资源的分配负有较大的责任。具有在广泛领域从事技术复杂、专业性强、条件多变的工作活动的能力,负有很大的个人责任和自主权,通常对他人的工作和资源的分配负责	工程师、高级技术员、高级技工、中级管理人员
3级	有能力在不同的条件下从事一系列复杂的、非日常性的、为自己和他人负有责任的活动,具有在广泛领域从事复杂多变、非常规性的工作活动的能力。负有相当的责任和自主权,对他人工作进行监督和指导	技术员,技工,初级管理人员
2级	有能力从事包括一些非日常性的、需要个人负责的活动。具有在较大范围和变化条件下从事一些复杂的、非常规的工作活动的能力。负有一定的责任和自主权,并能在工作中与其他成员进行合作	熟练工
1级	具有在一定范围内从事日常性的、可预测的工作活动的能力	半熟练工

英国国家职业人才评价体系中包括了一系列工作机构,对全国职业资格证书进行宏观管理和控制。国家教育与就业部通过法规政策来制定和推广国家职业资格证书制度。在教育与就业部下成立国家职业资格委员会,职业资格委员会下设行业指导机构和证书颁发机构。行业指导机构开发行业职业标准,证书颁发机构负责发放证书。证书颁发机构下设考评中心具体实施考评活动。这些机构职责分明、相互配合,如图3-1所示。

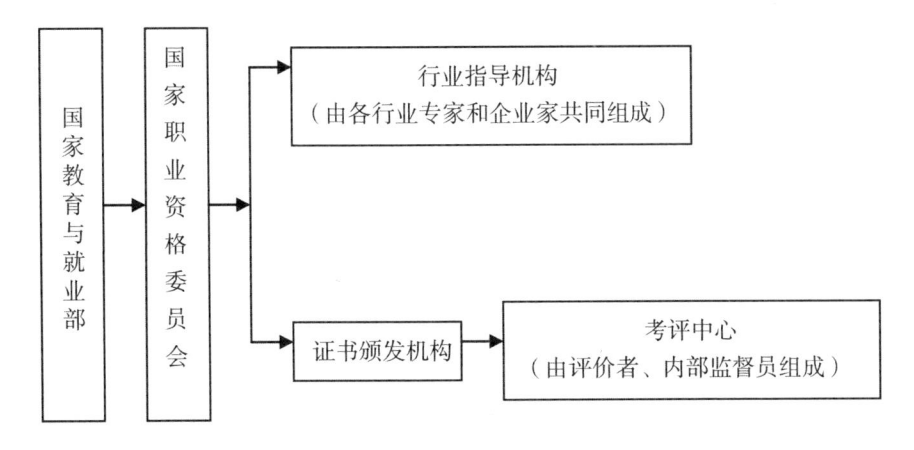

```
┌──────┐   ┌──────┐   ┌─────────────────────────────┐
│国家  │   │国家职│──▶│      行业指导机构            │
│教育与│──▶│业资格│   │（由各行业专家和企业家共同组成）│
│就业部│   │委员会│   └─────────────────────────────┘
└──────┘   └──────┘
              │       ┌──────────┐   ┌─────────────────────────┐
              └──────▶│证书颁发  │──▶│      考评中心            │
                      │机构      │   │（由评价者、内部监督员组成）│
                      └──────────┘   └─────────────────────────┘
```

图 3-1 英国国家职业资格评价组织与管理体系结构图

英国国家职业人才考评中心是英国职业资格考评的特设机构。考评中心及其从业人员由证书颁发机构负责组建和认可，考评中心的设立必须达到一定标准和要求，并经过严格的审核和注册。一般分为企业型考评中心和学院型考评中心，企业型考评中心是一个企业本身被批准负责职业资格考评工作，这是英国国家职业资格考评体系的主体，只要企业有积极性，都能得到支持与认可。因为对于职业资格考评而言，在企业内进行考评是最经济、最具优势也最有效的，而且严格的考评质量也是企业自身的要求。许多学院也申请成立考评中心，以利于教学工作与国家职业资格证书体系的接轨，从而提高教学的社会价值和学校的声誉。

2. 澳大利亚职业技能人才评价制度

澳大利亚的澳大利亚职业教育培训（简称 TAFE）模式是国际上公认的比较成功的一种职业教育模式，已经形成了极具特色的标准化体系，从行业能力标准到培训包的制定，从课程设置到师资培养都做到了各职能部门各司其职严格审核，各环节间有机结合互相影响，联邦和州/地方政府大力扶持共同促进了 TAFE 的健康发展。维系 TAFE 体系的有序运作，除了必须有成熟而规范的机构体系来管理外，还必须具备一些支撑性的标准体系。

TAFE 经历了过去 30 年的快速发展，尤其是在 20 世纪 90 年代后的十年中更是进一步标准化、规范化，为每个行业开发了培训包，每个培训包又包含了国家资格框架体系 AQF、能力标准和评估指南三大部分。国家资格框架统一了行业和教育培训领域的资格标准，构建了国家各层次学历学位教育的连贯性，而能力标准又是构建这一连贯性的标准化体系，确保了各教育层次间的相互转化和互认。

(1)澳大利亚国家资格框架体系

澳大利亚国家资格框架体系包括12个资格层次,根据颁证机构不同而进行归类,主要由三类教育机构即初高中学校、职业教育与培训机构和高等教育机构来颁发相关层次的资格证书。不同部门所颁发的各类资格证书不存在孰优孰劣的差别,都具有同等的效力,这些资格认证只是反映了不同的学习类型,并直接体现了不同部门的各自教育特点,如表3-2所示。

表3-2 AQFS证书考评结果的区分特征①

AQFS	区分特征
Ⅰ级证书(中学VET一级水平)	在狭窄的范围内展示知识和基本的实际技巧,诸如相关工具的使用;在明确的指导下,完成一系列的任务;接受和传递信息
Ⅱ级证书(中学VET二级水平)	在适度的范围内展示基本的操作知识;在确定的范围内使用技巧;对于有限范围的可预见的问题提供明确的答案;在有限选择的范围内,完成一系列任务
Ⅲ级证书	展现一定的相关理论知识;运用娴熟的技巧;对于可预见的问题提供明确的答案;做决断和决定时候能展现熟练的技巧,运用评价和判断去解释可行性信息
Ⅳ级证书	知识面广,并能和一些理论概念相结合;对于确定范围内的不可预见的问题提供解决方案;在某些领域辨别和应用知识和技能,并将其运用于各种环境中;确认、分析和评估来源不同的信息;对自己的结论承担与明确的质量标准相适应的有限责任
文凭证书	知识面广,在一些领域有深入研究;对于技术问题或管理要求,进行分析和计划,然后提供方法;把理论技术和具有创造性的技能运用于各种环境;评估信息以预测计划;对结论负有与数量和质量相关的责任,对团队的成绩负有有限责任
高级文凭证书	具有专业知识,并在某些领域有深入研究;分析、诊断、设计和解决技术或管理问题;掌握广泛的、高度专业的、技术性的、开创性的理论技巧;分析抽象领域的信息得出新观点;在广泛的领域内对结论负有责任;在较广泛领域内为团队的结论承担责任

① 《澳大利亚的TAFE——中国高等职业技术学校校长赴澳跟班学习团报告》,2000年12月。

(2)澳大利亚培训包

20世纪90年代中期,澳大利亚培训包整合了能力标准、资格认证和评估技能的方法。国家培训包描述了一个特定行业或企业的能力标准、评估指南和资格认证,而且这些组成部分都必须经过权威机构的认定,也有可能包括一些未经认定的学习策略、评估材料和专业的培训开发材料等要素。

国家培训包只是一个框架,是培训的"路标",它并不标示出培训项目的具体内容和课程。培训包只是描述了在工作现场有效工作所需的知识和技能,它并不会具体指出该如何培训学员,教师和培训师依据学习者的需求、能力和环境特点来开发相应的学习策略。

(3)澳大利亚TAFE的课程设置

澳大利亚TAFE的课程是TAFE体系的核心内容,也是TAFE的特色之一。TAFE课程为行业的需要而设置,依行业的能力标准开发。通过建立特殊有效的管理体制和运行机制,通过能力标准的制定、课程的开发和注册、课程学习结果的评估、资格的认证等重要环节,使政府教育培训部门、培训机构(主要是TAFE学院)与澳大利亚的几十个行业有了十分紧密的联系,保证了TAFE课程的适应性和应用性。

3. 德国职业教育学生评价内容与机制

德国作为现代哲学、现代心理学与现代教育的发源地,教育界对职业能力内涵的理解呈现出浓郁的理性主义气息,"理性主义哲学、格式塔心理学与教学论构建了德国职业能力开发思想的三块基石"[1]。

与英、美等国热衷于力图通过职业资格证书来表征职业能力不同,德国教育界对用资格证书表征个人职业能力的做法持保留态度,他们认为"职业资格证书是一种功利取向的劳动力管理手段,它所表征的仅仅是能够显性化、行为化的静态知识和技能,并且它通常把职业能力与生活背景严格割裂开来"。

随着工业化革命的发展,科学技术的进步,德国生产组织模式已经由强调重复简单生产技能的泰勒模式向强调劳动者综合素质、具有分析解决问题能力的精益型生产模式转变。为提高职业学校学生的职业行为能力,使学生更快地适应不

---

[1] 徐国庆、雷正光:《德国职业教育能力开发的教育理念研究》,《中国职业技术教育》2006年第35期,第58页。

断变化的劳动市场,德国各州文化教育部长联合会议(KNK)在 1995 年为职业教育学校开发了框架计划与相关学习能力领域,其颁发的手册中就包含了职业学校的教育任务:①培养学生的职业能力,即学生专业能力、个人能力及社会能力的结合;②培养学生的灵活适应能力,即学生能够不断克服工作环境、社会变化发展所带来的新挑战;③培养学生将来参加继续学习的意识;④培养学生有意识地规划个人及社会生活的能力。

德国教育界普遍认为,职业能力的内涵正随着科技的快速变化而处于巨大的变动之中,但根本一条是"要求劳动者应具有灵活性并善于以创造性的方法,不仅能解决限定的问题,而且能在未知的领域发现并解决问题"①。

根据能力所涉及的内容,德国教育界将职业能力分为专业能力、方法能力和社会能力三个维度。职业能力的结构划分反映了德国职业能力理论的整体性、结合性特点,是德国所特有的一种职业能力理论。也有学者认为德国职业学校对学生的评价从整体上来说,分为专业能力、非专业能力(社会能力、方法能力)。社会能力包括与人合作的能力、自我控制能力、自我激励和战胜挫折的能力。方法能力包括提出问题的能力、收集信息的能力、交流的能力、集中注意力的能力。②

专业能力是在专业知识和技能的基础上,有目的、符合专业要求的、按照一定方法独立完成任务、解决问题和评价结果的热情和能力。它是和职业直接相关的能力,具有职业特殊性,是通过专业教育获得的。方法能力是"个人对在家庭、职业和公共生活中的发展机遇、要求和限制做出解释、思考和评判并开发自己的智力、设计发展道路的能力和愿望。它特别指独立学习、获取新知识的能力"。社会能力是处理社会关系、理解奉献与冲突及与他人负责任地相处和相互理解的能力。它包括人际交流、公共关系处理、劳动组织能力、群体意识和社会责任心等。方法能力和社会能力具有职业普遍性,不是指某种职业所特有的能力,它们能在不同的职业之间广泛迁移,因此,有德国学者也把它们称为"人格"或"人性"能力。

在德国"双元制"教育中,对学生关键能力的培养是非常重要的一环,也是培养高素质劳动者的关键。而关键能力(相当于我国的综合素质教育)的培训是使

---

① 姜大源:《当代德国职业教育主流教学思想研究》,清华大学出版社 2007 年版。
② 张俊茹:《有感德国职业教育对学生学习的评价》,《中国现代教育装备》2009 年第 6 期,第 160 页。

劳动者扩展自身专业能力并主动适应企业需求的基础。关键能力包含的具体内容很多,主要有工作方法、主动性、独立性、交流能力、合作能力、解决问题的能力、责任心等等。[1]

Beck 认为,"关键能力是相当长时间内可用于解决社会问题的知识、能力、技能、态度和价值观。职业能力就是能够克服职业挑战情境的跨功能、跨职业的资质(资质是更客观的,能力是则表现为个体的属性)。这种能力、观点和态度要超出某学科专业能力和知识之外,并且更持久。资质的目标是职业的灵活性和移动性"[2]。德国专家舒尔茨将德国企业对学生提出要求的"关键能力"进行了总结,如表 3-3 所示。

表 3-3 德国"关键能力"要素

专业能力要求	方法能力要求	社会能力要求
. 自我检查 . 优化工作进程 . 与工作的一致性 . 前瞻性 . 工作投入 . 工位的整洁 . 安全意识 . 富有环境意识的行为 . 责任意识 . 工作的时间感 . 合理的工作 . 要求精度的感觉	. 专心 . 决定能力 . 计划能力 . 信息源的寻找 . 信息的独立处理 . 信息的复述 . 识别自己学习类型 . 逻辑思考 . 学习技术的掌握 . 记忆力培训 . 传达能力 . 系统思考 . 重要性与非重要性的区分 . 对工作目标的了解	. 学习的愿望 . 事实论证 . 口头表达能力 . 坦率 . 对职业的积极态度 . 个人积极性 . 独立性 . 自我评价 . 自我意识 . 自信心 . 评判能力 . 可靠性 . 有责任心 . 集体行动 . 乐于助人 . 共同负责 . 对经验交流的诚意 . 宽容、客观

德国职业教育的评价体系多样化、个性化。在考试模式方面,德国职业大学

---

[1] 赖慧豪:《德国职业教育中"关键能力"培养的启示》,《海外职业教育》2006 年第 9 期,第 176 页。
[2] 王婀娜:《德国职业"关键能力"的内涵及培养途径研究》,《中国职业技术教育》2014 年第 9 期,第 64 页。

经常采取以"活动为导向"和"现实为导向"的考试模式相结合的方式。前者以实际的职业活动为导向,根据实际职业活动环境设计问题,注重考核学生实践操作的能力;后者对学生在现实的职业工作环境中进行实际操作活动的能力考核。在教师的主观评判方面,德国职业大学注重对学生批判性思维能力的培养,考试要求学生创造性地提出自己的意见或解决方案,对学生的评价不强调对一个理论或定理倒背如流,而重视学生自我的表达和展现,只要学生是经过认真思考并充分论证的,即使想法有误,同样可以得高分。①

对学生非专业能力的评价,分为自我评价和学校评价。学校对学生非专业能力的评价,每年评价4次。评价的具体内容包括:①是否独立完成任务;②工作中运用了哪些方式;③学生的交流能力;④学生的合作能力;⑤解决问题的能力;⑥自我思考,自我思考的能力;⑦其他,如责任感(环保意识、节约成本等)。

对学生非专业能力的评价,是教师团队给学生评价,而非一个教师。教师根据学生在完成项目中所表现出的学习趋势定性而不是定量地评价学生。这种评价一定要有知识的载体——项目,而不是凭空想象。这种评价尽管带有一定的主观性,但基本客观地反映了学生非专业能力(社会能力、方法能力)的真实情况。对学生非专业能力的评价,每年评完后,最后综合为一个总评价,记录在学生的学习成绩册上。

部分企业通过观察予以评价。如戴姆勒-克莱斯勒公司主要采取"对话式职业培训(AID)"进行评价:①将实际观察到的行为作为评价的基础,观察记录应是中性的,观察周期至少应为4周。②在采用标准化问卷评价关键能力时,记录下可观察的行为方式作为评价基础。如"合作能力与尊重他人意见","接受他人意见","在对话中审视自己的出发点","共同决策","坦诚和正直地相处",等等。这样实训教师就能知道他应该观察什么。然后根据记录下来的观察资料,将关键能力的评估分为两个相反的子区域,并按照一个满分为70点的评分表进行评估。当中间值为30—40点时,评语为"符合要求"。各个子区域在负向区最低将给予"完全不符合要求"的评语(0—10点),在正向区最高可获得"超过要求"(60—70点)的评语。

国外学生评价体系经过长时间的发展,目前已趋于完善。特别是能力标准的

---

① 赵俪、王伟:《德国职业教学模式对我国高职院校的启示》,《教育与职业》2013年第5期,第84页。

制定以及教育培训机制的配套都为我国高等职业教育提供了重要参考,因此,国外学生评价体系对我国高职学生评价体系的健全和完善具有借鉴意义。但这些评价体系有其适用范围,我们不能完全照搬照抄国外的评价体系。我们要立足于中国高等教育实际,构建本土化学生评价模式,这样才更富有实效性和针对性。

(二)国内高职学生评价体系

1. 教育评价观开始注重人的成长和发展

多元智能理论是由美国哈佛大学教育研究生院心理学、教育学教授,波士顿大学医学院精神病学教授霍华德·加德纳提出的,加德纳提出人类普遍存在七种独立的智能,即语言智能、逻辑数学智能、音乐智能、空间智能、身体动觉智能、人际智能、自我认知智能和自然环境智能。根据加德纳的观点,人们或多或少地拥有这些智能,只是每个人的优势智能不同或各种智能之间的组合不同而已。多元智能理论的提出,对传统的教育观念形成了巨大的冲击,提供了新的学生观,即高职院校学生和普通高校学生的智能差异主要在于类型而非层次,每个学生的智能都各具特点并有自己独特的表现形式,进入高职院校的学生至多说明他们的智能强项不在语言逻辑方面,他们的优势完全可能在高考这样的纸笔测验无法测量的其他智能方面,比如动手操作能力、人际交往能力、空间能力等。多元智能理论中的"智能展示"给高职院校学生评价带来新的启示,智能展示这种评估方法与标准的纸笔测试方法不同,允许被评估者以各自认为合适的方式向公众展示他们的实力和对课程的理解,它使人直接看到智能的效果,而不是迫使学生通过常用的语言和逻辑测试方法展现他们的智能。[1]

以"学生为本"观念教育的目的就是使人成为真正的人,使人能够与客体更好地融合,也就是说,教育终究要回归到人的轨迹上,任何教育离开了人,就没有教育的意义。由于高职院校生源特征、学生家庭背景、发展与成长、个性特点参差不齐,自身的发展需要、意愿、倾向、优势也截然不同,同时,不同的个体在执行同种任务或者不同任务时都会表现出迥然不同的认知过程和解决问题的思维过程,所以对高职学生的评价,不能以简单的考试或者终结性的评价来考核其学习绩效和整体素质。对学生采取同一个标准和规格要求,完全忽视了人性的个体差异;把实践技能领域、情感领域和创新领域内容排斥在外,不仅违背了高职教育培养人才的目标,而且有悖于高职教育的初衷,基于此。对职业教育学生实行多元化的

---

[1] [美]霍华德·加德纳:《智能的结构》,沈致隆译,中国人民大学出版社2008年版。

评价呼声再起。①

2. 评价指标体系构建的原则

高职院校对学生素质结构的评价指标体系构建过程应该与社会用人单位对员工素质结构的评价指标体系相联系,相互借鉴,以此拉近高校培养的毕业生的规格与用人单位使用大学生的标准之间的距离,从而推动高职院校教育改革,推动学生就业工作有效开展。

刘坚等(2005)认为,学生综合素质评价指标体系应层次分明,包括构成大学生综合素质各个要素的子系统指标和各个子系统分解后的指标要素,下层的具体评价指标对上层应能起到分析和解释的作用。指标应具有综合性和代表性,"预选的各个评价指标能够比较全面、科学、准确地反映、覆盖和描述大学生综合素质的内涵和特征"②。武正林等(2006)提出对学生综合素质进行全方位、多层次及立体化的评价,应按照素质教育的内在要求,构建多层次、多指标、权重清晰的客观公正、具有可操作性的评价体系。③ 在设计过程中要遵循方向性、科学性、可比性、公开性四大原则,体现贯彻党的教育方针及教育的培养目标和规格,准确确定权重,反映学生的真实情况,尽量避免主观因素干扰,定性评价与定量评价相结合,做到评价过程公正公开。既重视对学生的评价,又注重对教育者及其教育工作的评价;他评与自评相结合,在关注学生学习成绩的同时,更要关注其实践能力的水平;发展学生共性品质的同时鼓励学生完善和发展个性品质。李国桢(2008)认为综合素质评价体系的构建应遵循以下原则:评价主体多元化,评价内容多面化,评价方法多样化,评价标准层次化,评价结果弹性化。评价体系将评价标准、评价内容、评价形式和评价结果与学生的长期发展有机结合在一起,为学生成长和就业提供支持服务。④

张建华(2011)认为构建高职院校学生综合素质评价体系时应遵循导向性原则、全面性原则和可操作性原则,并强调高职院校学生的综合素质构成必须反映行业特点,必须以从业者的素质要求为标准;学生综合素质的培养过程也是对学

---

① 杨海存:《真实性评价:一种开拓性的高职学生评价方式》,《职教通讯》2012年第22期,第1页。
② 刘坚、朱红岩、柳春:《大学生综合素质评价指标体系及其数据采集的研究》,《山东教育学院学报》2005年第2期,第10页。
③ 武正林:《高职院校学生综合素质评价体系研究》,《教育与职业》2006年第9期,第12页。
④ 李国桢:《论高职院校学生综合素质评价体系的构建》,《教育与职业》2008年第6期,第50页。

生进行综合素质评价的过程;高职院校学生综合素质评价必须建立在校企合作的基础之上,实施多评价主体、多元评价方法和全方位、多层次的综合素质综合评价。①

3. 评价指标体系的构建更全面具体

制定周密科学的评价指标体系是提高评价有效性的基础。构建评价指标体系一般包括评价指标和评价指标的权重两个方面。

评价指标内容纵览相关文献,不同学者研究提出的学生评价体系的具体评价指标各不相同,但是,仍然有着共性的要素存在,基本集中于德、智、能三个方面,对高职人才素质、知识及职业技能的要求集中体现在指标体系的构建中。

徐静等(2004)认为,确定学生综合素质评价体系的内容,应从实施素质教育的目标和要求出发。一般而言,大学生的素质结构包括思想道德素质、文化素质、业务素质、身心素质几个方面,这是共性要求。不同的教育层次和类型,对受教育者素质要求既有共性内容,也有特性要求。满足高等职业教育培养应用型、技术型人才这一目标,高职院校的学生应具备这样一些特性素质:职业道德素质、职业技能素质、创新素质、适应职业特殊需要的身体和心理素质。综合共性与特性素质要求,高职院校学生的综合素质可以确定为四大模块:思想政治素质与职业道德修养、学业成绩与职业技能素质、创新素质与实践能力、身体与心理素质。刘坚(2005)提出指标体系由"思想道德素质、专业素质、文化素质、身心素质、实践能力素质"②五个一级指标构成,下设 16 个二级指标,并首次提出将心理素质问卷纳入指标体系。郭彬(2008)构建了模块化的学生全面素质评价体系,确定了评价指标及其权重值(如表 3-4 所示)。此评价体系依据用人单位对高职学生综合素质的基本要求,参考已毕业大学生的素质现状,构建以学生就业为目标,以企业及社会人才要求为标准,旨在全面提高毕业生综合素质及就业竞争力的教育模式,在知识、能力和素质三方面构建职业院校学生综合素质评价体系。该体系中所设置的评价指标,本着科学性、完整性、实用性、引导性等设置原则,根据层次分析法,学生综合素质评价指标分为一级指标和二级指标两个层次。一级指标是学生的综合素质模块,即思想道德素质、知识素质、能力素质、身心素质、劳动技术素质五

---

① 张建华:《完善高职学生综合素质评价体系的思考》,《教育与职业》2011 年第 12 期,第 181 页。
② 刘坚、朱红岩、柳春:《大学生综合素质评价指标体系及其数据采集的研究》,《山东教育学院学报》2005 年第 2 期,第 10 页。

个维度。一级指标下设对应的若干子系统,形成二级指标。评价指标的权重值采用德尔菲法(Delphi)来确定。

表3-4 学生综合素质评价指标体系及权重值表(郭彬)[1]

总目标	一级指标/权重	二级指标/权重
高职院校学生综合素质评价体系	思想道德素质(0.25)	政治思想(0.15)
		遵纪守法(0.15)
		社会公德(0.15)
		职业道德(0.15)
		集体观念(0.15)
		劳动卫生(0.1)
		行为规范(0.15)
	知识素质(0.3)	学习课程和层级(0.5)
		学习态度(0.1)
		计算机水平(0.15)
		外语水平(0.15)
		兴趣爱好(0.1)
	能力素质(0.3)	实践能力(0.2)
		就业能力(0.2)
		自主学习能力(0.15)
		方法能力(0.1)
		反应能力(0.15)
		创新能力(0.1)
	身心素质(0.1)	体育课成绩(0.4)
		体育锻炼活动(0.2)
		心理素质(0.4)
	劳动技术素质(0.05)	安全意识(0.5)
		劳动态度(0.5)

武正林、朱建国、张莉(2006)提出高职院校学生综合素质评价体系可以由思

---

[1] 郭彬:《高职院校学生综合素质评价体系探析》,《天津职业院校联合学报》2008年第4期。

想道德素质、科学文化素质、职业技能素质、身体心理素质和发展潜力素质等方面组成,如图3-2所示。

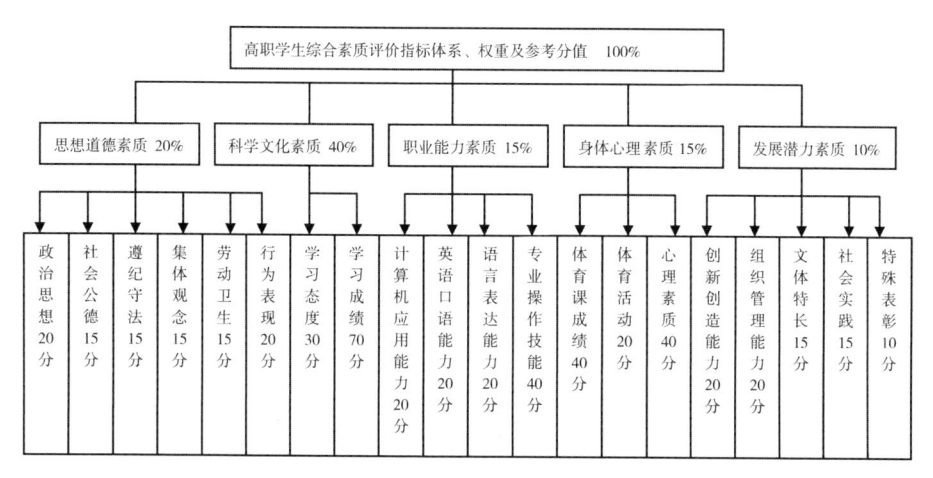

```
高职学生综合素质评价指标体系、权重及参考分值 100%
├── 思想道德素质 20%
│   ├── 政治思想 20分
│   ├── 社会公德 15分
│   ├── 遵纪守法 15分
│   └── 集体观念 15分
├── 科学文化素质 40%
│   ├── 劳动卫生 15分
│   ├── 行为表现 20分
│   ├── 学习态度 30分
│   └── 学习成绩 70分
├── 职业能力素质 15%
│   ├── 计算机应用能力 20分
│   ├── 英语口语能力 20分
│   ├── 语言表达能力 20分
│   └── 专业操作技能 40分
├── 身体心理素质 15%
│   ├── 体育课成绩 40分
│   ├── 体育活动 40分
│   └── 心理素质 20分
└── 发展潜力素质 10%
    ├── 创新创造能力 20分
    ├── 组织管理能力 20分
    ├── 文体特长 15分
    ├── 社会实践 15分
    └── 特殊表彰 10分
```

图3-2 高职学生综合素质评价体系（武正林、朱建国、张莉）[①]

虞丽娟等(2005)提出,大学生的才质结构由知识、能力、人格三要素组成。要求知识专博、能力强劲且人格高尚。[②] 知识专博是基础,这是现代人才的基本要求。基础知识要博学博采,专业知识要专精专深,具备合理的知识结构,形成基础层、中间层和专精层相互支撑的既"博"又"专"的"T"字形知识结构;能力强劲是核心,这是现代人才的必要条件。现代人才要有正确的思维判断能力、主动学习能力、解决问题能力及应变创新能力;人格高尚是灵魂,这是现代人才的根本要求。这是对现代人才做人的基本要求,教会大学生如何做人,培养其健全的人格,特别是培养其思想道德教育、民族精神教育及理想信念教育。

周标等(2007)从基本素质、基本能力、发展能力及专业能力等方面构建了高职学生职业能力评价体系,并运用等级评定和等级状态方程式对学生职业能力进行了综合评分。[③] 田宝忠(2007)认为对学生职业能力的评价,主要包括学业成绩

---

① 武正林、朱建国、张莉:《高职院校学生综合素质评价体系研究》,《教育与职业》2006年第27期,第12页。
② 虞丽娟、孟宪明:《大学生才质模糊评价系统的研究》,《中国高教研究》2005年第7期,第4页。
③ 周标、刘鲁平、叶赏和、吴一玲:《高职学生职业能力评价体系及建模的研究》,《金华职业技术学院学报》2007年第7期,第69-73页。

与学生综合素质两个方面的评价,其中学业成绩则是根据各科标准进行,对学生综合素质的评价,包括学生道德品质、公民素养、学习能力、学生交流与合作、运动与健康、审美与表现六个指标的评价。① 还有学者认为可把高职学生评价分为专业能力评价及基本素养评价。其中专业能力是指学生的从业能力,即胜任岗位职业工作的能力,主要是业务技能;基本素养是指高职院校的学生在校期间经过学习训练所必须具备的国家或学校要求的基本素养,属于公共素养或普适性素养,它与学生所学专业无关,结合相关要求,基本素养可分为大学文化素质、政治素质、法律素质、职业道德素质、身心健康素质、信息处理能力、英语应用能力、数字运算能力、沟通合作能力、自我管理学习能力、创新能力、就业创业能力等。张文娟(2012)认为构成学生职业素质的内容可以从思想道德素质、理论学习素质、身心健康素质、文化综合素质、创新实践能力和职业发展能力六个方面。②

评价指标权重的设置也是评价指标体系构建的重要内容。对于评价指标权重的确定,目前最常用的方法有两种:

因子分析法:刘坚、苏军(2004)提出利用多元统计分析中的因子分析法从"信息量和系统效应角度确定综合素质评价体系中各指标的权重"③。

德尔菲法:李明成、丁秀东(2001)提出使用德尔菲法确定测评指标要素的权重,采取背靠背的方式,通过反复分发专家意见咨询表,将专家的意见集中、整理、返回、再集中,最终取得对指标权重较为一致的意见。其具体步骤是:①在小范围内由专家和经验丰富的专职学生工作人员根据构建和实施测评体系的指导思想拟定初步的建议权数。②选择被调查的专家。这些专家首先应该对所调查的问题有很好的了解,且为防止同一倾向的意见过多,最好选择有多种代表性的专家。我们按此要求在参加关键特征调查法的被调查人员中挑选30名专家反复两次征询了意见。③使用十点量表,请被调查的专家对每一个要素的重要性进行评价。④收集整理专家意见,使用社会科学统计软件(sass0.0)进行统计加工和数理

---

① 田宝忠:《关于高职学生评价体系的研究》,《天津市财贸管理干部学院学报》2007年第1期,第31-32页。
② 张文娟:《高职学生职业综合素质的构成与评价体系研究》,《天津职业院校联合学报》2012年第6期,第122页。
③ 刘坚、苏军:《因子分析在综合素质评价中的应用》,《华东交通大学学报》2004年第5期,第10页。

检验。[1]

4. 提倡评价主体多元化

随着教育改革的不断深入,学者们都逐渐认识到在对学生职业综合能力评价过程中单一评价主体存在的弊端,倡导建立多维评价主体,以达到全面、科学、公正测量学生职业综合能力的目的。

朱宝贵(2005)认为对学生能力的评价应建立由政府、中介评价机构、学校、学生、企业等在内的多元化评价主体。[2] 焦葛洲(2009)认为对学生能力的评价应由学生自身、同学之间、学校和老师、家长及企业共同参与,这样能够从多个视角来考查学生的知识、技能与素质,同时也有助于学生更全面地认识自己。[3] 贲春明(2010)提出让学生成为评价工作的积极参与者,采用学生自评、学生互评和教师评价相结合的办法,其中:学生自评30%,让高职学生学会客观评价自己,充分地认识自我,使评价在促使他们提高自身素质、个性发展以及职业能力上起到激励作用;同学互评占30%,让学生能够认真对待,实事求是地评价别人,在客观评价别人的过程中逐渐学会正确评价自己;教师对学生的评价占30%,通过指导帮助学生制订计划,克服出现的问题,完成各项任务。[4] 要加强过程性的评价,注重考察实施过程中学生的自主性、有计划地行动、解决问题的过程和适应社会情境等各种能力的评价。

高职院校学生评价主体是教师,随着高职教育教学改革的深入,评价理念的更新(如多元化评价),评价主体也变得多元化了。学生、学生家长、企业代表也逐渐参与到评价中来,但不可否认的是,教师还是起着主导作用。[5] 要保证学生评价的真实性和全面性,就必须提升教师的评价能力和责任。首先,教师需要具备与现代教学体系相匹配的评价方法的能力。其次,教师应根据具体教学内容开发评价方法,根据具体情况开发新的评价方法,或者结合多种评价方法来评价学生。再次,教师都要能准确无误地解释、说明评价结果,保证评价结果的公信力。

---

[1] 李明成、丁秀东:《大学生素质综合测评的探索与实践》,《南京航空航天大学学报(社会科学版)》2001年第1期,第1页。
[2] 朱宝贵:《高职教学质量评价体系现状研究》,《河北职业技术学院学报》2005年第9期,第8-9页。
[3] 焦葛洲:《试论高职院校学生评价机制的构建》,《职校论坛》2009年第7期,第590页。
[4] 贲春明:《以工作过程为导向的高职学生评价实践探索》,《教育与职业》2010年第8期,第173页。
[5] 祝培培:《高职院校学生评价探究》,《职教论坛》2013年第8期,第23页。

(三) 文献评述

评价指标体系是高职学生特质评价的重要内容。目前对于高校学生评价的研究文献资料较多，评价观念不断更新，对学生评价体系以及指标体系的构建有着深入的研究。综合上述文献，本部分回顾了国外学生评价体系相关研究，并总结了当前对评价指标体系构建的原则及体系内容结构、指标权重设置、评价主体的多元化等相关内容，这为本书后续的特质评价指标体系构建提供了内容和方法上的借鉴。

纵览相关文献，高职学生评价体系的构建要求立足于客观全面地反映学生发展的实际情况，增强学生就业的适应性，发挥评价的整体功能；主张建立多层次、多指标、权重清晰的科学合理的评价标准体系。虽然目前对于具体指标的表述和侧重各不相同，提出共性要素和个性要素相结合，但是目前高职学生的评价指标体系集中于德、智、能三个方面，即知识、能力和素质三方面，这对本书形成适应企业需求的高职学生特质评价指标体系具有重要的参考价值。

可以看出，大部分文章都指出我国高职学生评价中存在的普遍问题：评价主体单一、评价内容简单、过分重视评价结果、评价方式"一刀切"等。归纳相关文献，仍有部分问题需要更加深入的剖析：一是如何加强评价指标体系与企业需求之间的结合度，发挥需求的导向作用，从而使评价体系的构建更具针对性。高职院校学生与普通高等教育、中等职业学校等在人才培养目标、人才培养方式、专业及课程设置等方面都存在显著差异，因此，学生评价特别是学生评价指标体系的构建应该进一步加强针对性，使指标构成能够更准确地反映企业对高职学生特质的需求，并充分考虑高职教育特殊性，从而更好地服务于高职学生就业。二是对于学生评价的研究大多是着眼于人才培养的整体规格，或者对于个别素质单一评价，目前缺乏基于学生个体特质发展的研究，几乎没有对高职学生特质评价的专门研究，对学生个体发展的实践层面的探索也相对较少，可行性操作分析相对缺乏，很多都是模糊评价，没有形成一个富有针对性的评价指标体系，这需要进一步加强。在具体评价机制中，究竟哪些能力或素质是高职学生适应企业需求应具备的特质、彼此的权重是多少、如何将需求导向渗透到指标筛选过程中等细节问题需要更深入、细致的研究和探索，这为本书研究提供了方向。

1. 评价模型

(1) 评价模型构建的方法

在评价方法的选择上，夏怡新(2003)认为，在评价结果的表述上，主要有两种方法:"一是定量评价,采用百分制或 ABC 制,以 60 分为临界点(ABC 制以 D 为临界点);二是定性评价,通常以此内容具体的可操作的守则、规章、规范为依据,对学生的行为表现进行定性描述。"①

就具体方法而言,目前许多学者将部分数学方法或统计方法引用到学生评价模型的建构中,详细阐述了各评价方法的应用步骤,并进行了相关的实证分析。

①模糊综合评价法。模糊综合评价法就是运用模糊数学方法对评价对象的综合素质组成集合建立数学模型的评价方法,定性与定量相结合,此方法在大学生综合素质评价模型中有很强的可操作性和客观性(卢铁光、王立、汪志君,2002)。

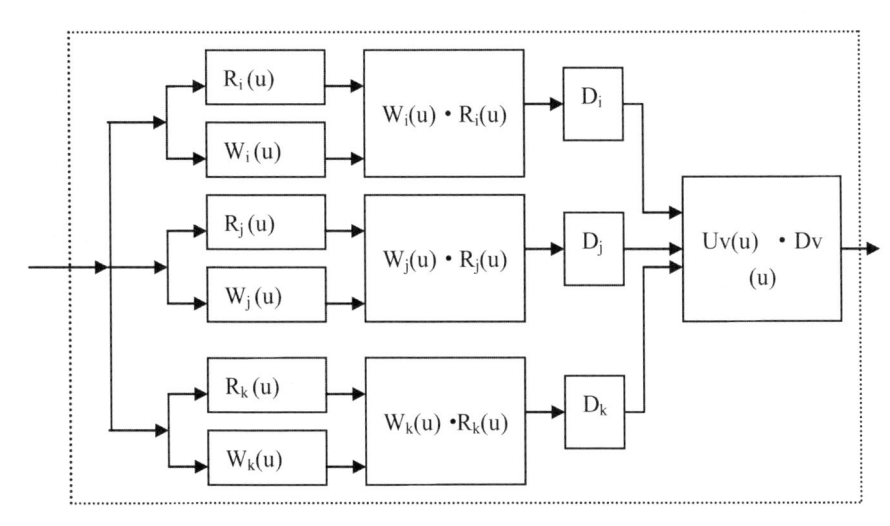

图 3-3 二级模糊综合评价过程(潘瑞芳)②

如图 2-3 所示,模糊综合评价方法的基本思想是综合考虑所有影响评判结果的因素,给各因素分配一定的权重值,最后通过模糊矩阵运算,得出综合结果(潘瑞芳,2006)。

卢铁光等(2002)认为,利用模糊综合评价法对大学生的综合素质进行评价在学生管理工作中有极大的现实意义,可以公正客观地评价大学生的综合素质。徐

---

① 夏怡新:《构建高校学生综合素质评价体系的思考》,《教育探索》2003 年第 8 期。
② 潘瑞芳:《基于模糊综合评价的人才培养质量分析系统》,《浙江传媒学院学报》2006 年第 1 期。

祖倩（2009）构建了高职学生综合素质的评价指标体系，运用多级模糊综合评价对高职学生综合素质进行评价。[1]

在应用模糊综合评价法的时候应注意两点：一是关于权重的分配。模糊综合评价法中各因素的权重分配对于使用模糊评价量化模型得出的结论影响较大，而权重分配是一件较难做的事情。二是关于评价者。对于应邀参加的评价者要求较高，要了解学生的各个方面。在评价过程中要公平公正，严格按照评价的程序进行，态度要认真，否则很难得出理想的评价结果。

②模糊聚类分析法。从应用数学的角度来看，大学生素质评价本质上是一个排名和分类工作。寇业富（2003）在参考上海财经大学、华东理工大学等高校基础上，提出利用模糊聚类分析方法分析大学生素质，根据模糊聚类结果给出每位大学生的素质评价。[2] 模糊聚类分析方法在评价大学生素质中具有较好的效果，用模糊聚类分析方法与用综合评定不同，排除了综合评定方法中"权重"选择的主观性，最大限度保证了结果的客观性与科学性。陈跃夫（2006）采用模糊聚类分析方法对高职院校学生成绩进行科学分析，建立适合高职院校学生职业岗位能力评价的指标体系。[3] 廖燕玲（2007）利用数据挖掘中的模糊聚类分析方法，从高职毕业生综合素质分析数据集中提取学生的分类知识，得到具有不同综合素质特征的毕业生群组，有利于高职院校针对各群组做深入分析并制定更为有效的教学和管理决策。[4] 王品悦（2012）运用聚类分析法对订单班学生综合素质进行科学合理的分类，建立和完善管理模式。[5]

③模块化评价方法。徐建平等（2004）人认为，采用模块化的评价方式较为恰当。即"单项素质评价与模块化组合素质评价、自评与他评相结合、形成性评价与终结性评价相结合的评价方法"[6]。

---

[1] 徐祖倩、周国祥：《高职学生综合素质的模糊综合评判》，全国第20届计算机技术与应用学术会议（CACIS·2009）暨全国第1届安全关键技术应用学术会议论文集（上册），2009。

[2] 寇业富：《大学生素质评价的模糊聚类分析》，《辽宁师范大学学报（自然科学版）》2003年第2期。

[3] 陈跃夫：《模糊聚类分析在高职学生职业岗位能力评价中的应用》，《教育信息化》2006年第13期，第79页。

[4] 廖燕玲：《模糊聚类技术在高职毕业生综合素质分析中的应用》，《现代计算机》2007年第7期，第16页。

[5] 王品悦：《聚类分析法在高职院校订单培养学生综合素质评价中的应用》，《天津财贸管理干部学院学报》2012年第4期，第18页。

[6] 徐建平：《模块化大学生素质评价体系构想》，《高教论坛》2004年第2期。

在量化方式上各模块单独评价，单独计量，对不同的模块采用不同的量化方式各自得出量化结果。在评价方法上，单项素质评价与模块化组合素质评价相结合。单项素质(某一模块)评价即按照素质模块化的指标体系的具体要求，分别单独评价，着重凸显高职学生在某一方面的特长或闪光点，更好地发挥评价的导向作用。模块化组合素质评价即在单项评价的基础上对五个模块给出综合素质评价。自评与他评相结合、形成性评价与终结性评价相结合，使评价主体多元化，克服单一主体的缺陷，重视过程评价，使大学生能够更清晰地认识自己的优劣所在，从而不断提高自身综合素质。

④因子分析法。刘坚、苏军(2004)提出："利用多元统计分析中的因子分析法从信息量和系统效应角度确定综合素质评价体系中各指标的权重，根据得到的综合评价得分，对大学生综合素质进行排序、划分等级"。[1] 他们认为该方法克服了人为主观因素及指标同相关性的影响，因而更为客观准确。顾敏(2014)采用因子分析的方法对学生成绩进行综合排序。首先根据主成分分析法提取公共因子反映学生不同方面的素质，接着依据各个公因子的得分情况对学生进行排序，最后以方差贡献率所占比例为权重计算学生的综合得分，并据此对学生进行综合排序，反映学生的综合素质。[2] 赵萍(2014)综合运用心理描述分析法、因子分析法、统计抽样等方法突破学生综合素质评价过程中很多素质因素难以量化的瓶颈，建立起科学有效、能在高职院校及大学和其他类型院校中广泛使用的数学评价模型。[3]

⑤层次分析法。"层次分析法(Analytic Hierarchy Process, AHP)，是美国运筹学家萨蒂(T. L. Saaty)教授在20世纪70年代提出的一种定量和定性相结合的系统分析方法。他把复杂系统的问题所包含的各种因素通过划分相互联系的有序层次使之条理化，并根据定性的判断对同一层次元素间的相对重要性给出定量的描述；再利用数学方法确定每一层次元素相对重要性权值；最后根据各个指标的数值及其权值，对所研究的问题做出综合评价。原理是将整个指标体系分层(以三层为例)。其中底层节点是影响结果的具体指标，称为"子指标层"；第二层为"指标类层，它将若干相关的指标组织为一个类(或称为子系统)以反映在某个更

---

[1] 刘坚、苏军：《因子分析在综合素质评价中的应用》，《华东交通大学学报》2004年第5期。
[2] 顾敏：《基于因子分析的高职学生综合素质评价》，硕士学位论文，华东师范大学，2014年。
[3] 赵萍：《基于因子分析方法的高职学生综合素质评价模型的构建》，《武汉职业技术学院学报》2014年第6期，第100页。

大范畴的表现。顶层为"目标层",它只有一个节点,表示了最终评价的结果。整个指标体系自顶向下每一层的指标所考察的范围逐渐缩小,指标也逐渐细化;在实际操作时,采用一定的评价方法就可以通过底层的各个细化指标计算得出顶层指标的评价值,即我们想要的最终评价结果。[①] 该方法被我国学者大量借鉴,应用于对大学生素质评价模型的构建中。

刘锐(2007)采用 AHP 评价方法实现对大学生综合素质的评价。

但一些学者认为,传统的层次分析法中存在着一些问题,比如判断矩阵的一致性指标难以达到,判断矩阵的一致性与人类思维的一致性存在差异等问题。梁远信(2008)根据高职学生特点,构建高职学生综合素质层次结构模型,在此基础上将模糊层次分析法和模糊综合评价法结合,对高职学生综合素质进行定量的多因素综合评价。[②] 叶小芹(2013)尝试采用模糊 AHP 理论来判断学生的认知能力,了解学生对知识点的掌握程度,形成了一个实用的学生评价模型,对学生的认知能力进行综合、客观的评价。[③] 谭维奇(2013)认为职业能力可根据系统组成原理划分成职业特定技能、行业通用技能和核心技能三个层次。运用层次分析法建立层次结构模型,构建比较矩阵,计算出因素权重并做一致性检验。运用模糊评价方法确定影响因素的模糊判断矩阵,就可逆向确定各层次组成因素的得分,为高职学生职业能力层次和影响因素的判断提供了依据。对职业能力按层次进行模糊评价分析,为高职学生职业能力评价提供了新的方法。[④] 郑健(2013)在分析和研究高职学生职业能力评价指标体系现有评价方法不足的基础上,采用 AHP 方法构建高职物流管理专业学生职业能力评价指标体系,直观清晰地反映系统内部各因素之间的相互隶属关系,并对指标因素的权重进行计算,参照平均随机一致性指标值,进行判断矩阵一致性检验,绘制出高职物流管理专业学生职业能力

[①] 王从容、丁燕:《基于层次分析法的高职学生全面素质评价模型研究》,《高教高职研究》2008 年第 17 期。

[②] 梁远信:《模糊层次分析法在高职生综合素质评价中的应用研究》,《广西大学学报》2008 年第 12 期,第 140 页。

[③] 叶小芹:《基于模糊 AHP 理论的学生评价模型研究》,《中国电力教育》2013 年第 28 期,第 210 页。

[④] 谭维奇:《模糊层次评价在高职学生职业能力评价中的应用》,《数学的实践与认识》2013 年第 5 期,第 55 页。

指标体系建设影响因素的鱼骨图,清晰地呈现了影响该指标体系构建的关键因素。[1]

⑥加权 TOPSIS 法。TOPSIS 法(Technique for Order Preference by Similarity to an Ideal Solution)是一种简捷有效的多指标综合评价方法,亦称密切值法或距离法,由 Hwang 与 Yoon 首次提出[2]。该方法是系统工程中有限方案多目标决策分析的一种常用决策技术,能够全面、合理、准确地对某几个评价对象(或指标)进行优劣排序,可用于效益评价、决策、管理等多个领域[3][4][5]。黄会明等(2009)提出利用层次分析法确定德智体等各指标权重,然后运用 TOPSIS 法计算得到各学生的密切值,再根据密切值来评价学生综合素质的优劣,并进行排序。结果表明,"运用加权 TOPSIS 法能实现合理、准确地评定学生的综合素质,是构建学生评价模型中一种简便、有效地方法"[6]。

TOPSIS 法的计算步骤为:决策矩阵的构建;评价指标的加权规范化处理;确定指标的最优值和最劣值;计算各指标值与最优和最劣向量的距离;计算密切值 C_i,即指标值与最优值的相对接近程度,并按接近程度对各评价单元指标值的优劣进行排序。

TOPSIS 法是一种多目标决策方法,适用于处理多目标决策问题,能同时对多个对象进行评价,且计算快,TOPSIS 法评价结果想、规范行为,促进学生在德智体的全面、协调发展,从而切实提高学生的综合素质,为社会和企业培养更多的高素质人才。

对以上评价方法的梳理为本文构建高职学生特质评价模型提供了有益参考

---

[1] 郑健:《基于 AHP-Delphi 法的高职学生职业能力评价指标体系构建》,《扬州大学学报》2013 年第 10 期,第 47 页。

[2] C. L. Hwang, and K. Yoon, *Multiple Attributes Decision Making Methods and Applications*. Berlin, Heidelberg:Springer-Verlag,1981,pp.1-7.

[3] YANG T,CHOU P. "Solving a multiresponse simulation-optimization problem with discrete variables using a multiple-attribute decision-makingmethod" *Mathematics and Computers in Simulation*,No.68,2005,pp.9-21.

[4] Gwo-Hshiong Fzeng, Cheng-Wei Lin, Serafim Opricovic. "Multicriteria analysis of alternative-fuel buses for public transportation" *Energy Policy*,No.33,2005,pp.1373-1383.

[5] Opricovics,Tzeng GH,"Compromise solution by MCDM methods:A comparative analysis of VIKOR and TOPSIS". *European Journal of Operational Research*,2004,156(2) pp.445-455.

[6] 黄会明、李君、陈宁、赵匀:《基于加权 TOPSIS 法的高职学生综合素质评价研究》,《高等职业教育—天津职业大学学报》2009 年第 3 期。

和借鉴,但是评价方法的选择并不局限于使用某一种方法,可以根据评价实践的现实需要进行组合,选择最优方法,如毛军权(2002)就采用定性与定量相结合的层次分析法和模糊综合评价方法构建大学生综合素质评价模型。黄淑兰(2010)从思想道德、职业基础、职业发展、科技人文、身心健康等五个方面构建综合素质评价指标体系,采用层次分析法确定指标权重,采用模糊综合评价法对高职学生综合素质进行评价。① 胡洋(2014)基于就业导向,采用专家咨询法和德尔菲法构建由思想道德素质、专业文化素质、身心健康素质、实践创新素质、个人发展素质5个一级指标、17个二级指标构成的高职学生综合评价指标体系,并以广东省国家示范性高职院校2014届毕业生作为研究对象,通过数据挖掘进行学生综合素质的定量评价,为人才培养改革提供建议。②

(2)评价模型回顾

目前学生评价模型主要是学生综合素质评价模型,现梳理如下:

①基于层次分析法的高职学生全面素质评价模型。王从容、丁燕(2008)用层次分析法建立了高职学生全面素质评价模型。③ 模型构建方法为:首先弄清楚需要解决的方面是什么,这是方向。利用经验知识和资料信息,搞清楚问题的范围,提出具体要求,分析并找到问题的影响因素及其相互关系。然后建立高职学生全面素质评价的层次结构模型(如图3-4所示)。将问题因素按性质分为不同层组:目标层(指标层)、准则层、方案层(措施层),利用框图描述层次的递阶结构与诸因素的从属关系。其中,目标层是层次分析法要达到的总目标,是层次结构模型的最高层;准则层是实现预定目标采取的某种原则、策略、方式等中间环节,通常又称策略层、约束层,是层次结构模型的中间层;方案层则是所选用的解决问题的各种措施、方法及方案等,是层次结构模型的最底层。

---

① 黄淑兰:《高职院校学生综合素质模糊评价》,《兰州工业高等专科学校学报》2010年第2期,第23页。
② 胡洋:《基于就业导向的高职学生综合评价体系构建》,《职业技术教育》2014年第26期,第45页。
③ 王从容、丁燕:《基于层次分析法的高职学生全面素质评价模型研究》,《高教高职研究》2008年第17期。

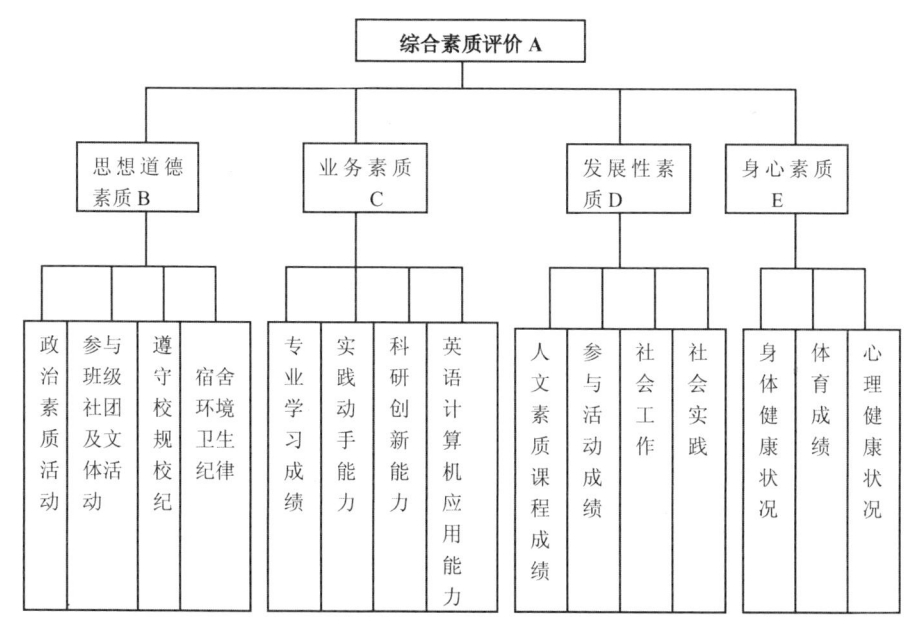

```
                           综合素质评价 A
        ┌──────────────┬──────────────┬──────────────┐
    思想道德        业务素质        发展性素        身心素质
    素质 B             C           质 D              E
  ┌──┬──┬──┐    ┌──┬──┬──┐    ┌──┬──┬──┐    ┌──┬──┬──┐
  政 参 遵 宿    专 实 科 英    人 参 社 社    身 体 心
  治 与 守 舍    业 践 研 语    文 与 会 会    体 育 理
  素 班 校 环    学 动 创 计    素 活 工 实    健 成 健
  质 级 规 境    习 手 新 算    质 动 作 践    康 绩 康
  活 社 校 卫    成 能 能 机    课 成            状      状
  动 团 纪 生    绩 力 力 应    程 绩            况      况
     及      纪            用    成
     文      律            能    绩
     体                    力
     活
     动
```

图 3-4　高职学生全面素质评价的层次结构模型(王从容、丁燕)①

然后,利用成对比较法建立判断矩阵,进行层次单排序和一次性检验。进行层次单排序,获得权向量。最后完成总排序及一致性检验。层次总排序是计算同层次所有因素对最高层次的相对重要性权值,也就是利用上一层次单排序结果计算更高层的排队顺序,最后获得最优系统方案。

②综合素质评价的 AHP - FUZZY - T 数学模型。任泰明(2005)提出将层次分析法(AHP)、模糊评判法(FUZZY)与数学中对数值进行规范化处理的 T 模型相结合的大学生综合素质评价新模型,可以求出学生综合素质评价中各种指标的权重,并对定性指标和定量指标进行合理的处理与计算,最后求出学生的综合素质总分。

在对某一个学生求其综合素质评价总得分时,首先用 AHP 法求出指标体系中各指标的权重,然后用 FUZZY 法求出其定性指标的得分,用 T 标准分模型计算出各功课的总得分,最后求出该生的各指标加权后的得分,就可以对学生的综合素质进行比较、排序处理等。

---

① 王从容、丁燕:《基于层次分析法的高职学生全面素质评价模型研究》,《高教高职研究》,2008 年第 17 期。

③基于因子分析的学生综合素质评价模型。王丰效(2001)把学生的素质用8个指标(社会责任感、集体观念等)来表示,在每个班级内部进行互评,每个同学对其他同学的素质状况进行测评,每个指标给出了一个评分。如何利用互评结果来确定学生的素质测评等级或排序,一直是评判中的一个难题。王丰效(2001)利用多元统计分析中的因子分析法解决这一问题,构建了学生综合素质评价模型。

因子分析法是通过对样本相关矩阵的内部依赖关系的研究,将一些具有一定关系的量或样本归结为较少的几个不可观测的综合因子(又称主因子)的多元统计分析方法。根据数值计算可知,综合评价模型及其算法可以客观公正地对学生的综合素质进行综合评价和排序比较。当两个学生的评价结果比较接近时。该模型能更加科学合理地进行排序。该模型不仅适用于学生综合素质的评价,而且适用于类似的由多种因素确定的综合评价及其排序。

④高技能人才模糊综合评价的模型。为建立科学的高技能人才评价模型,减少对高技能人才评价过程中的主观性和局限性,古毅(2009)依据国家职业标准和培养目标,运用模糊数学理论,探索出高技能人才模糊综合评价的模型,旨在客观全面地对高技能人才做出科学的评价。

高技能人才模糊综合评价模型的建立一般包括以下步骤:明确对象,确定影响因素集合,确定评价集,确定判断矩阵、确定各影响因素的重要程度,然后进行综合评价。其权重的确定方法采用重要关系式法,关系式的确定是通过相关企业对高技能人才的要求、与企业相关技术人员共同探讨、专家评定等方式获得(古毅,2009)。

(3)文献评述

纵览相关文献,构建学生评价模型的关键在于评价指标体系的确立及适合的模型构建方法的应用,目前学者倾向于在确立评价指标体系的基础上,将诸如因子分析法、层次分析法、模糊分析法等数学或统计学方法引入模型构建,并通过一定的实证研究对模型进行了验证,这是目前研究中普遍应用的模型构建流程,这对于我们构建高职学生特质评价模型具有启示重要的指导意义。

分析相关文献,可以发现针对高职学生的评价模型较少,且多为数学模型建构,其实证过程呈现多为数据分析及例证,对于具体实施过程及步骤缺乏阐述,操作性与实用性方面也有待进一步提高,因而影响了评价模型的推广应用。因此,高职学生评价模型的构建应尊重高职教育特殊性和高职人才自身特点,强调社会和企业需求对高职院校培养工作的导向功能,立足企业和社会的人才需求,探索高职人才需求与高职人才培养的内在契合点,从特质评价入手,相应地建立评价指标体系,通过科学方法计算得出合理的评价结果,从而构建科学实用的综合评价模型,这为本书指明了进一步研究的方向。

二 培养模式

所谓人才培养模式,实际上就是人才的培养目标、培养规格和基本培养方式。"它决定着高等学校所培养人才的基本特征,集中体现了高等教育思想和教育观念。"[1]从目标意义上说,人才培养模式涵盖了人才培养的价值取向,即培养目标和教学目标的定位问题,也提出了社会经济发展如何与人力资源的客观需求相衔接的问题,因而是一个教育的系统工程。从系统论角度来看,任何系统与其构成要素都是密不可分的,高职院校的人才培养模式作为一个系统,同样与其构成要素——办学模式、课程体系、专业设置、教学体系、师资队伍建设和保障机制休戚相关。其中,办学模式是高职院校人才培养模式的运行方式,课程体系、专业设置、教学体系是高职院校人才培养模式的实现途径,师资力量和保障机制是高职院校人才培养模式的内部保障。这六个要素共存于高职院校人才培养模式这一系统中,相辅相成,缺一不可。

(一)国外高等职业教育培养模式综述

国外职业教育人才培养模式归纳起来主要有两种形式:一种是"企业主导型",即职业教育采用"以企业为主,学院为辅"的模式,如德国的"双元制"、英国的"现代学徒制度"等;另一种是"学院主导型",即职业教育采用"学院办学为主,企业参与"的模式,如新加坡"教学工厂"、澳大利亚"TAFE"等。[2] 比较这几种培养模式,由于产生的背景不同,它们相应的课程开发模式和培养途径也不尽相同。但这两种模式也存在相同之处:

1. 注重职业能力的培养,强调通用能力的训练

一是突出职业能力的培养,它包括专业能力、方法能力和社会能力。二是注重通用能力的培养。通用能力是任何一个社会人想要生存都必须掌握的能力,它是可变的、跨职业的,有利于终身学习和发展。英国的 BTEC 模式把通用能力和

---

[1] 教育部:《深化教学改革,培养适应21世纪需要的高质量人才》,高等教育出版社1998年版,第43页。
[2] 杨卫国等:《高等职业教育工学结合人才培养模式的研究与实践》,《教育与职业》2014年第3期,第29-31页。

专业能力相结合作为人才培养的目标;美国的 CBE 模式特点是以岗位(岗位群)的职业能力作为培养目标和评价标准;德国"双元制"旨在最大限度地利用学校和企业的优势,强化理论和实践相结合,从而培养既具有专业理论知识,又具有专业技术和技能以及解决职业实际问题能力的高素质技术人才的一种教育制度。

2. 注重实践,提供真实的工作环境

双元制模式在培训过程中的理论教育注重实用性,并紧密与实践相联系,注重学生技能、技巧的培训,其理论和实践之比约为 3∶7 或 2∶8。CBE 的教学活动基本上都是在实训课堂完成的,实训课堂从外观看相当于实习车间;由于澳大利亚政府的投资和企业的赞助,TAFE 具有完善的校内实习、实训基地,TAFE 学院的学习、实训条件不仅数量上充足,而且技术上都是比较先进的。BTEC 重视培养学生的实践能力,其教学场所不仅在学校,还有计划地安排学生到工作现场学习实践,到社会上去调查研究,以课业或专题的形式表现出来。

3. 重视校企合作

构成职业教育的两个本质要素就是企业和学校。企业着重进行实际操作技能的训练,学校着重理论知识的传授,两者相互补充,相互促进。CBE 首先进行的是职业分析,通过问卷的方式,了解近期服务区域内企业、事业单位的要求,然后筛选相对紧迫和集中,本校又有能力开设的专业进行课程开发。课程开发的工作是由本职业的专家完成,了解本职业到底需要什么能力的人才,这样有助于沟通企业和学校。TAFE 的人才培养模式会在州政府直接领导下,成立 TAFE 教育专家委员会。一组专家是不仅具有教学经验和学术水平,而且直接参与企业管理咨询,熟悉经济和企业经历的企业家。另一组专家既有丰富的管理实践经验,又参与教育管理,在教育工作方面做出评价。由于这个专家委员会由州政府直接领导,在设计专业课程时,就能与各大学相关专业沟通,并强调一定要联系企业实际,根据企业需要开设专业和课程,使企业与学院之间的信息能相互沟通,TAFE 文凭因此而受到社会各界的广泛承认。同时,国外高技能人才培养模式表明,国家政策的支持在促进学校与企业的合作方面发挥着重要的作用。国外发达国家采取立法或企业接受学生实习可减免企业部分税收的优惠政策促进企业积极参与合作教育。[①]

[①]《安昭怡国内外高技能人才培养模式比较》,《河北联合大学学报》2013 年第 9 期,第 42 页。

(二)国内高等职业教育培养模式综述

1. 人才培养目标更关注人的全面发展和终身发展

我国教育"十二五"规划指出:职业教育要成为传统教育向终身教育发展的一种新型教育形式,到2015年在全国基本建立起终身学习体系;《国家中长期教育改革和发展规划纲要(2010—2020年)》明确提出,到2020年要形成适应经济发展方式转变和产业结构调整要求,体现终身教育理念,中等和高等职业教育协调发展的现代职业教育体系。[1] 在任何类型的学校里,学生都是活生生的有生命、有个性的人,是学习和成才的主体。高职院校培养的是拥有某种专门知识、能力或一技之长的群体,这是它的特色和生命所在,但是教育的本质是要将人培养成为一个完整的全面发展的人,而不是一个残缺不全的工具人。即使是职业属性明显的高职院校也应重视学生的个性,充分考虑他们的兴趣爱好特长和目标理想。朱平(2014)指出:一部分高职院校对人才培养目标的内涵理解还存在着滞后与偏差,片面强调学生的专业知识和技能培养的倾向,忽视社会主义核心价值观教育,造成人文教育缺失、职业素质教育流于形式,毕业生人文底蕴不足,缺乏发展后劲。[2] 高等职业院校不能只单纯注重学生操作技能的训练,更不能片面强调专业技能培养,而要大力培养学生独立人格、健康心理、创新实践能力,提高学生的人文素质。用人单位不仅需要动手能力强的技能人才,更需要能学会做人、学会做事、学会共处,具有良好思想品德、具有社会责任感与事业心德智体美全面发展的毕业生。郭广军(2014)提出高等职业院校应实施通识教育与专业教育相结合融通的人才培养模式改革,坚持立德树人、能力为重、学思结合、全面发展,着力培养学生的职业道德、职业技能、创新精神和就业能力,实现更高质量的就业[3]。

2. 以工学结合为核心,构建多元人才培养模式

工学结合创新是高职人才培养模式构建的核心问题。教育部有关文件指出,"工学结合是中国高职教育的必由之路",工学结合的本质是教育通过企业与社会(产业)需求紧密结合。在我国的高职教育研究与实践中,通常将工学结合与校企

---

[1] 叶红英:《基于职业生涯规划的高职人才培养模式研究》,《继续教育研究》2012年第6期,第127页。

[2] 朱平:《论后示范时代高等职业教育人才培养模式构建》,《中国职业技术教育》2014年第1期,第84页。

[3] 郭广军:《打造"升级版"的中国特色高等职业教育》,《教育与职业》2014年第3期,第5-7页。

合作并列,二者构成我国高职人才培养的基本模式,其主要特征是理实合一、产学互补、就业导向。

我国自开展高职教育以来,各高职院校积极借鉴国内外先进经验,结合国情、省情、行情和企业情况,探索出了一些较为成功的人才培养模式,如"订单"式模式、"双证"融通模式、"工学交替"模式、"教学做一体化"模式、"前校后厂"模式。张鸿雁(2012)对首批28所示范高职院校人才培养模式做了统计:国家首批28所示范院校,在建设方案中共推出155种人才培养模式,平均每个院校的人才培养模式约为5.5个,基本上是一个专业一种模式。在诸多模式中,三明治模式(工学交替)有58个,工学结合模式有23个,订单模式有20个,三个主要模式类型之和占模式总数的65.16%,成为主流模式,而双证与课证融合模式、校企合作模式、"教学做一体化"模式等同样是从不同层面、不同角度对高职工学结合路径的探索。①

主导模式是控制学生学习过程,有意识地引导学生成长朝一定方向、变化的模式,它着眼于学生的整个职业生涯,增强了毕业生在整个职业生涯发展中对就业岗位的适应能力。李亚民(2006)提出构建以就业为导向,以素质教育为特色,以培养生产、建设、管理、服务第一线需要的实用型"银领"人才为目标的人才培养模式,探索实施以思想品德系列、文化修养系列、职业技能系列、身心健康系列为框架的人才培养方案。② 刁洪斌提出高职教育人才培养的五个核心环节——"双师型"教师培养环节、校内理论教学环节、校内实践教学环节、校外顶岗实习环节、学习过程与学习结果评价环节,并将每个环节与现代教育技术整合,形成了"五位一体"高职人才培养模式。③ 于桂华认为:在时间纵向上,应当按照"新生入学教育、理论知识学习、校内技能实训、校外顶岗实习"四个人才培养的不同阶段安排职业素质教学内容;横向上,应当采取"全学程、全方位和全员化"的教育方式,搭建立体化的职业素质教育体系,开拓有效的和长效化的学生职业素质教育路径。④

---

① 张鸿雁:《高职人才培养模式基本类型与构建策略》,《职业教育研究》2012年第11期,第6页。
② 李亚民、陈向平:《以素质教育为特色构建高职实用型人才培养模式》,《教育与职业》2006年第15期,第28页。
③ 刁洪斌:《"五位一体"高职人才培养模式研究》,硕士学位论文,山东师范大学,2008年,第9页。
④ 于桂华:《高职学生职业素质教育的路径选择》,《教育与职业》2007年第29期,第72页。

特征模式着眼于学生的特定行业职业技能,有利于培养学生对某个特殊就业岗位的适应能力。如龚声蓉等(2006)针对部分高校计算机科学与技术专业在人才培养方面所面临的困惑,提出了多模式校企合作,主动适应企业需求的人才培养理念,并给出了多模式的定义与实施策略。[①] 史国栋等(2006)基于"以市场需求为导向,以信息技术为特色,以能力培养为中心"的办学理念,提出基础平台+模块化菜单(Basic Platform and Model Menu,简称 BPMM 模式)。[②] 刘淑艳(2006)通过对辽宁省高职人才培养模式现状调查和高职人才培养中存在问题进行分析,提出从培养目标、专业设置、课程体系、教学模式、师资队伍建设等方面进行新型人才培养模式的构建以适应社会需求。[③] 唐成海(2006)提出了"一个中心,两个基本点,四项基本素质教育"的我国高职教育的模式架构。[④] 魏东新(2007)认为高职院校应使学生具备基本的高技能人才的专业知识和专业技能,以及胜任岗位要求的人才素质,再经过社会工作实践成长为高技能人才。[⑤] 赵金昭认为我国新的高等职业教育体系应是以市场为办学导向,以应用为根本特点的开放式、高水平的高职教育办学体系。其中,培养模式的"三层多元"是指围绕高等职业教育体系中客观存在的高等专科职业教育、本科职业教育和研究生职业教育三个层次的培养目标,组织起来的比较稳定的、多元的教育教学活动的结构样式。[⑥] 赵浩兴、刘晓明(2005)在吸收国际国内校企合作模式经验及实践探索的基础上,逐步构建了适应且符合我国高职院校与企业实际的专业教学模式——"整合–互动"(Integration – Interaction,简称 II)型高职校企合作专业教学模式。[⑦]

综合式模式是主导模式和特征模式优化组合的产物,它既着眼于学生的整个

[①] 龚声蓉等:《多模式校企合作,主动适应企业需求》,《计算机教育》2006 年第 10 期,第 18 页。

[②] 史国栋等:《创立"基础平台+模块化菜单"新的人才培养模式》,载《中国高等教育》2006 年第 6 期,第 62 页。

[③] 刘淑艳:《高职人才培养模式与适应社会需求的研究》,《辽宁教育研究》2006 年第 1 期,第 87 页。

[④] 唐成海:《关于高等职业教育人才培养基本模式的理论构想》,《黑龙江高教研究》第 5 期,第 37 页。

[⑤] 魏东新:《高职院校高技能人才培养模式研究》,河北师范大学硕士论文,2007 年,第 14 页。

[⑥] 赵金昭:《我国高等职业教育体系与培养模式研究》,天津大学硕士论文,2006 年,第 17 页。

[⑦] 赵浩兴、刘晓明:《构建"整合—互动"(II)型高职校企合作教学模式》,《职教论坛》2005 年第 4 期,第 4 页。

职业生涯,关注毕业生在整个职业生涯发展中对就业岗位的适应能力,又围绕不同的产学合作形式,构建具有灵活应变性的特征模式。周大农、戚亚光(2006)认为,将"双证融通,产学合作"作为高职人才培养的主导模式,它一方面适应了就业导向的需要,另一方面贯穿了"以能力为本位,素质为核心"的教育理念。① 陈林河(2007)从企业用人需求和高职人才培养的差距分析着手,对高职人才培养模式的改革和发展提出建议:重视通识教育,培养学生的职业意识,准确定位,服务于地方经济、区域经济,实施双证融通,打通高职学生职业准入通道,探索深层次、多渠道的产学合作,缩短高职学生就业适应期,探索校内、校外实习实训基地建设的新模式。② 何静(2013)认为综合职业能力的培养是高职人才培养的基本内涵,体现了高职培养目标的"职业性"和"高等性",需要以社会需求为导向,构建综合职业能力的高职课程体系,构筑校企合作发展的互动互补机制,创设全面发展的人文环境,制定科学合理的评价机制,注重课堂教学与实践教学结合的评价,结合企业人员的评价意见,提高学生评价的科学性和真实性。③

但是这些模式不应是一成不变的,需要根据社会经济的发展进行不断的修改、扩充、完善与提升,特别是每个学校都要依据自己的特色、依托的行业、所处的地理区域、主要生源等,对人才培养模式进行理性的思考。④

高等职业教育人才培养模式需要从创新与实践,知识、能力、素质与智慧的协调发展等方面进行改革探索,其人才培养模式主要由课程模式、教学模式、途径模式与评价模式四个子模式构成,由这些模式又形成培养目标、课程体系、教育教学过程体系和评价体系。课程体系体现了知识、能力、创新与智慧的关系与融合,注重学生综合素质与职业能力的培养。评价体系是人才培养模式循环、改进、提升的驱动器,是以学生综合素质提升为目标寻求人才培养模式的不断完善。

3. 对培养模式的评价需更科学和客观

《国家中长期教育改革和发展规划纲要(2010—2020年)》明确提出:"改革教育质量评价和人才评价制度,改进教育教学评价。根据培养目标和人才理念,建

---

① 周大农、戚亚光:《论高职人才培养主导模式:"双证融通,产学合作"》,《教育与职业》2006年第23期,第5页。
② 陈林河:《从企业需求的视角看高职人才培养模式的变革——对上海电子信息学院毕业生主要求职、就业单位的实证调查》,硕士学位论文,华东师范大学,2007年第11页。
③ 何静:《基于综合职业能力的高职人才培养模式研究》,《中国成人教育》2013年第8期,第93-95页。
④ 邵峰:《关于高等职业教育人才培养模式的思考》,《黑龙江教育》2014年第3期,第68页。

立科学、多样的评价标准。开展由政府、学校、家长及社会各方面参与的教育质量评价活动。"

汪长明(2014)指出高等职业教育学生评价虽历经几次改革,但其内涵和性质变化不大,如理论课考试方式有开卷、闭卷两种,实践课有上机和操作两种方式,学业考核的重点是知识,忽视对学生情感的考核。服务于地区经济发展和人才市场需求的职业教育,要按照市场经济的规律,建立满足学生、家长和用人单位需要的教学质量评价体系,使人才培养目标、教学内容、教学方法和评价标准等都以学生和社会的需求为导向,使职业院校建立的不同层面质量评价标准都能符合行业、企业的用人标准,符合学生的个性发展,符合家长对教育的期望,促使职业学校始终能够适应社会的变化及变革,使职业教育的质量能够得到持续提高。[1] 赵越等(2014)提出应构建科学的工学结合人才培养模式的评价机制,他认为不应该过多以绩效来评价学生顶岗实习的效果,更多的应该是加强对学生融入企业程度方面的评价,将职业态度、沟通能力等纳入顶岗实习的评价体系。[2] 陈竞春(2014)认为从学生的考核评价上看,评价呈多元化特征,不但要求教师进行评价,同时企业也要进行评价,学生自我评价和其他学生进行的评价相结合,拥有众多的评价主体。在评价中,不但要注重学生的最终成绩,还要注重学生的日常学习态度及动手能力和学习能力的培养。[3]

(三)文献评述

我国高职教育在办学指导思想上,以服务为宗旨、以就业为导向、走产学研结合之路;在培养目标上,以能力为本位,致力于培养高级技术应用性专门人才;在办学体制方面,重视社会参与,实现办学主体和投资主体多元化;在人才培养方式上,"教育与训练并重",重视实践在教学中的地位;在师资队伍上,重视教师的综合素质,以"双师型教师"为发展方向;在资格认证上,重视毕业证书和职业资格证书双证书,培养"双证型毕业生"。高职教育的这些特点规定着高职院校人才培养的目标与任务。近年来,综观我国高职院校学生培养各模式,在培养人才质量方面,各培养模式均力图满足用人单位对人才质量的要求,培养理论、实践能力均较

---

[1] 汪长明:《高等职业教育四种模式建设内涵的浅析》,《高等职业教育—天津职业大学学报》2014年第4期,第49页。
[2] 赵越等:《高等职业教育工学结合人才培养模式实施的体制环境研究》,《河北师范大学学报》2014年第5期,第99页。
[3] 陈竞春:《论高等职业教育培养模式的变革》,《中国成人教育》2014年第14期,第97页。

强的师资力量,加大对实验、实习、实训等教学环节和教学过程的监控力度,这对高职院校学生素质的培养起到了很好的促进作用。

但也应该看到,随着现代科技、经济的发展,特别是高技术产业的发展,用人单位对人才质量提出了更高的要求。这就让正处于探索阶段的高等职业教育陷入尴尬境地:①高职院校缺乏准确定位和教学特色,学生们的择业空间有限。当前我国各高职院校的办学标准和模式都呈现出趋同的特点,专业设置也较为狭窄、单一和陈旧,缺少同高技术产业发展相关的专业,远远不能适应现代科技、经济、社会,特别是高技术产业发展对人才培养的要求。②高职院校仍以应试教育为主,人才培养质量与用人单位需求存在较大差距。高职教育在加大素质教育的力度,但其实质仍是应试教育,以教学内容的稳定性和单一性为基本出发点,以知识记忆和复现为基本目标。在这种应试教育模式中,学生只是满足于完成考卷和获得标准答案,创新能力的培养基本上不能得到足够重视,综合表现不佳。高职学校培养的人才质量不能取信于企业,高职教育人才培养目标无法贴合企业对人才的实际需要。① ③高职院校教学过程有待完善。高职院校对于教学过程的监控非常重视,但这一理念在实践中还有待完善。高职教育中的实践性教学环节,如实验、实习、实训等教学环节的监控,还缺少完善的监控体系。④高职院校教学评价体系有待完善。在教学评价体系中,高职院校的内部评价体系如上级领导部门、教师评价、学生评价已有比较完善的评价体系,但外部评价体系如企业评价、部门评价等社会化质量评价体系还有待完善。学校评价和社会评价还不能有机结合。要积极引入多层次的评价主体,探索学生自评、互评、教师评价、实验实训企业评价等复合型的评价方式,借鉴国外相关经验,引入社会"第三方"评价,使对教学质量的评价更加客观合理。

---

① 曲艺、宋德花:《浅析国内外高职人才培养模式的现状与问题"》,《职教探索》2014 年第 6 期,第 192 页。

第四章

高职学生特质培养理论分析

本文从需求导向、高职学生特质要素及其评价体系和评价模型等方面,做了梳理性介绍和分析,国内外的相关研究的学者们,从不同角度阐述的素质要素和评价方法,像丛林一样千姿百态,难以取舍。如果从单项的素质要素和能力看,都有其存在的理由和地位,若要简单地归纳、汇总,则会使高职学生特质和评价研究成为不可能完成的任务。同时,高职人才所涉及的产业、行业和职业等种类繁多,对高职学生素质和能力的确定和评价,其侧重点也不尽相同。我们在对高职学生特质和能力的研究中,只能首先从"高职人才特质"中探索和筛选出最基本的基础性特质要素,用以指导和规范高职学生特质的培养目标和方向。这是本书的"突破口"。

如何破解研究中的上述难题,在研究和涉及问卷调查初期的实际中,我们感受到选对和用好高职学生特质和评价的相关理论作为指导思想和方法论基础,非常重要。正如达尔文曾指出的:人类最有价值的知识是关于方法的知识。黑格尔也认为:方法不是外在的形式,而是内容的灵魂。

评价高职院校学生能力特质的因素有很多,但最根本的要看高职院校培养学生的过程是否以市场需求为导向,以及高职学生毕业面向社会时是否能被社会所认可。我们在探讨和构建高职学生特质评价体系时就紧紧围绕需求因素来展开。为此,本章主要从基础、方法、操作三个层面就相关的理论进行简要的介绍。

一 基础层理论

(一)特质需求理论

如前所述,本书研究的核心是高职学生特质需求,也就是如何使高职院校培养的学生成为适应高职人才市场需要的"优质产品"。基于需求导向的高职人才产品,涵盖那些可以满足需要和欲望的有形产品、服务产品和其他载体。这些产品具有交换价值,又有效用价值。就高职人才市场和高职教育来说,对高职学生特质的需求,既要具备特定高职岗位的有形指标,又要设定高职岗位发展需要的动态的无形指标。

借用市场营销学的市场产品观,在高职学生特质研究中,可以从整体的系统思考中分析归纳出核心特质(效用特质)、形式特质(品质、特色)和附加利益特质(能力)的相关要素,便于删繁就简,由表及里,用核心效用统率特质形式,使高职学生特质设定及其评价既有理论前瞻高度,又有实际操作的可信度。

(二)一般管理理论

高等职业院校不是企业,而是遵循教育理念,"传道、授业、解惑",培养符合社会经济发展需要的人才基地。在中国特色的市场经济环境下,高职人才也是人力资源市场的重要组成部分,在这个意义上讲,遵循人才需求导向的方向,将企业管理理论引进高职院校的管理和高职学生培养中,也是必要的、适当的。

与本专题研究紧密相关的管理理论,包括:①"一般管理"原理。H.法约尔认为管理就是实行计划、组织、指挥、协调和控制。① ②"系统管理"理论。系统理论的创始人贝塔朗菲指出,系统"可以确定为处于一定的相互关系中与环境发生关系的各组成部分的总体"②,系统观念包括系统整合性、系统要素相关性、功能最优目的性、要素环境适应性,高职教育的系统性更应注意开放式系统特点③权变观管理理论。"权变观强调的是组织的多变量性",重点研究"有关组织及其管理与其环境之间的相互关系和各分系统内与各分系统之间的相互关系,以及确定关系模式,即各变量的形态"③。

毫无疑问,一般管理理论对本专题研究有重要指导意义。本文核心观点的形成、高职学生特质要素的筛选、高职学生特质模型的构建以及在此基础上形成的高职学生特质评价指标与评价模型,都是应用一般管理理论的成果。

(三)结构性失业理论

失业有结构性失业和周期性失业。结构性失业指经济即使处于充分就业状态时也存在的失业。起因于劳动力市场的结构——经济中工作岗位的性质和社会习惯以及劳动力市场的制度。新古典综合派的托宾和希克斯,分别对劳动力市场的部门结构和技术结构进行了分析,认为劳动力市场结构也会导致市场失灵。托宾认为,劳动力市场中,按照工人的技术水平和技术工种的不同形成各个局部

---

① 《H·法约尔工业管理与一般管理》,中国社会科学出版社1982年版,第2—6页。
② 吴世任、曾国安:《工业企业经营管理》,武汉大学出版社1989年版,第5—6页。
③ [美]弗里蒙特·E·卡斯特等:《组织与管理——系统方法与权变思想》,中国社会科学出版社1985年版,第140页。

市场,各局部市场劳动力的供求不具有替代性,从而导致失业与职位空缺并存,形成结构性失业。

结构性失业在性质上是长期的,而且通常起源于劳动力的需求方。结构性失业是由经济变化导致的,这些经济变化引起特定市场和区域中的特定类型劳动力的需求相对低于其供给。同时,结构性失业也受劳动力供给方的影响。由于劳动力需求信息的不透明,导致各高校、职业培训机构以及劳动者个人在制订专业计划、培养目标、个人培养方案时具有较大的盲目性,部分特定类型行业的热门专业受追捧,使得这类型的劳动力供给相对高于对劳动力的需求,结构性失业产生。

1. 高职院校毕业生结构性失业的原因

伴随着高校的逐年扩招,毕业生在毕业前的就业压力越来越大,高校毕业生毕业时未能及时就业,"知识失业"现象越演越烈。[①] 就中国整个大学生群体的就业情况来看,"知识失业"的一个突出表现就是结构性衡。结构性失衡已经成为阻碍大学生就业的一大瓶颈因素。在大学本科毕业生和职高毕业生的双重竞争压力下,高职院校毕业生的结构性失业表现得尤为明显。引起高职院校毕业生结构性失业的主要因素有:

(1)专业培养模式严重滞后于产业发展对人才的动态需求

高职院校的专业教学计划一经制定,通常在一个培养周期内(一般为三年)是不会改变的,依据三年前的市场需求制定的培养目标和计划培养出的学生很难与现在的需求结构相匹配。

(2)专业设置雷同,跟风现象严重

所谓的热门专业,不同层次的学校都竞相开设,专业教学计划也相互抄袭,等到几年后学生毕业时才发现,不仅该专业劳动力的供给已经严重过剩,而且这些学生的核心竞争能力严重匮乏。

(3)专业定位模糊

知识结构的构架与同专业本科生差别不明显,能力水平也没有优势,常常在就业时被用人单位"忽略"掉。

2. 高职学生如何制订个人培养计划

就高职学生个人而言,在学校学习过程中制订出个人培养计划,并按照计划学习提高就显得尤为重要。高职学生在制定个人培养计划时应注意以下几点:

---

① 曾金娥:《高等教育体制下知识失业成因的经济学分析》,《科教前沿》2009年第8期。

(1)市场需求导向

学生在学校的学习应把握好三个1/3,即:1/3 之课堂学习,这是学习专业知识培养专业技能的最佳途径;1/3 之自主学习,重点根据市场需求提升个人能力特色,突出自我发展方向;1/3 之社会实践,重点锻炼实践能力、沟通能力、决策力和团队精神等。

(2)准确进行自我定位

高职学生与其他层次的学生在理论学习和能力培养方面都有较明显的差异,表现在不同的就业取向上。高职学生在进行自我定位时最容易出现两种极端情况:一是心理定位过高,期望与能力严重错位,"眼高手低"现象普遍;二是定位缺失,表现为没有信心,缺乏学习的动力和目标。

(3)与自身的兴趣爱好和性格特点相结合

只要每位高职学生都能找准自己的学习目标,并积极学习相关的知识,提升自己的技能,提高自己的各项素质,结构性失业应该不是太大的问题。

3. 高职院校需求导向型培养模式

就高职学校人才培养模式来讲,结构性失业是一个不能回避也回避不了的问题,必须以积极的心态,扎实的行动来面对这一严峻的现实。从高职院校的发展阶段来分析需求导向型培养模式,由低到高有以下几种层次:

(1)面向企业的培养模式,即定单式培养模式

该模式将高职学生的培养和具体企业需求紧密结合在一起,由企业提出所需求人才的数量和能力特色,高职学校根据需求培养学生然后直接配套到相应的企业。该模式能很好地解决结构性失业问题,但学生的能力范围受限制,高职学校的发展也直接依赖于企业的发展,并且对高职学校教学系统的动态适应能力也是巨大的挑战。这种培养模式一般在高职院校发展的初级阶段较常见。

(2)面向行业的培养模式

不同行业对人才有不同的知识和能力要求,同一行业根据其发展规模和发展阶段,对人才质和量的要求又有所不同,高职院校应认真分析各行业的需求特点,制定对学生培养的特色要求,以此来检验和评价教学实训的效果。合格学生行业适应性较强,容易被用人单位所接受。

(3)面向社会的培养模式

一个国家或地区的经济发展,需要有不同层次人才的参与,不同层次的人才在其中起着不同的作用。当高职院校发展到一定阶段,高职层次人才的能力特质

被社会所普遍接受时,才能建立起结构合理、规模适度的高职人才培养体系。

从以上分析可以看出,有两种类型特征的人可能产生结构性失业:一种是本身不具备某些技能或未曾接受过专门的训练的人,当需要这些技能的工作机会出现时,他们因无法胜任而错失良机;另一种是虽受过良好的教育、具备一定的专业技术,但由于经济、技术水平的变化,市场不再需要这类技术的人,他们也将处于失业状态。对于第一种情况,高职院校学生可以通过职业定位,有针对性地学习专业技能知识,提高自己的实践操作能力、解决问题能力等职业技能,来满足用人单位的人力需求,顺利实现就业。对于第二种情况,高职院校学生应根据市场需求主动调整个人培养计划各因素,同时注重自学能力、抗挫折能力和环境适应能力的培养,通过不断地自我管理和自我心理调适,勇敢面对不断变化的市场需求,勇敢面对失业的挑战。

二 方法层理论

（一）均衡理论

在完善的市场经济条件下,商品的均衡价格和均衡数量在市场机制的作用下自发形成。均衡价格和均衡数量受需求和供给两种力量同时决定,它表现为该商品市场的需求曲线和市场供给曲线的交点。市场在均衡价格下形成相当稳定的交易,然而这一稳定交易极易被打破,需求或供给的变化都会使均衡价格水平和均衡数量发生变动,进而在新的价格水平下实现新的均衡。

1. 需求的变动对均衡价格和均衡数量的影响

在供给不变的情况下,需求增加会使需求曲线向右平移,从而使得均衡价格和均衡数量都增加;需求减少会使需求曲线向左平移,从而使得均衡价格和均衡数量都减少,如图4-2所示。图中既定的供给曲线S和最初的需求曲线D相交于E_1点。在均衡点E_1,均衡价格为P_1,均衡数量为Q_1。需求增加使需求曲线向右平移至D_2的位置,D_2曲线与S曲线相交于E_2点。在均衡点E_2,均衡价格上升为P_2,均衡数量增加为Q_2。相反,需求减少使需求曲线向左平移至D_3曲线的位置,D_3曲线与S曲线相交于E_3点。在均衡点E_3,均衡价格下降为P_3,均衡数量减少为Q_3。

图 4-2 需求变动　　　　图 4-3 供给变动

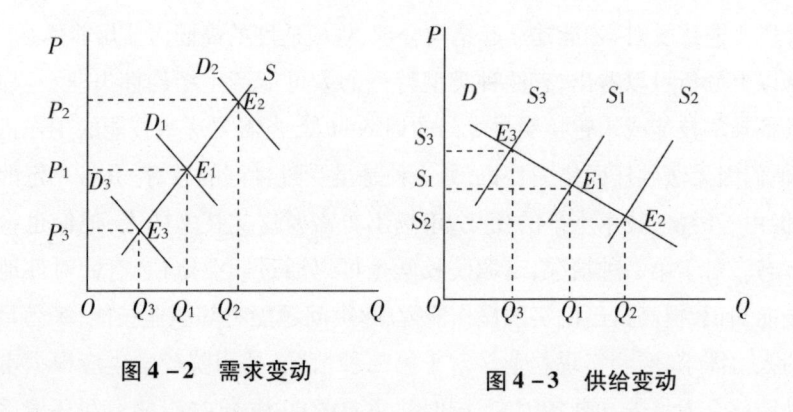

2. 供给变动对均衡价格和均衡数量的影响

在需求不变的情况下,供给增加会使供给曲线向右平移,从而使得均衡价格下降,均衡数量增加;供给减少会使供给曲线向左平移,从而使得均衡价格上升,均衡数量减少,如图 3-3 所示。图中既定的需求曲线 D 和最初的供给曲线 S_1 相交于 E_1 点。在均衡点 E_1 的均衡价格和均衡数量分别为 P_1 和 Q_1。供给增加使供给曲线向右平移至 S_2 曲线的位置,并与 D 曲线相交于 E_2。在 E_2 点均衡价格下降为 P_2,均衡数量增加为 Q_2。相反,供给减少使供给曲线向左平移至 S_3 曲线的位置,且与 D 曲线相交于 E_3 点,在均衡点 E_3,均衡价格上升为 P_3,均衡数量减少为 Q_3。

3. 提高均衡数量的三种情况

作为产品的提供者,理想的状态是希望自己所提供的产品能够在较高的价格和较大的数量上达到均衡。人力资源是一种特殊的产品,学校都希望自己所培养的学生毕业后都能顺利地找到合适的工作,并且能获得较满意的待遇。根据经济学的均衡理论,提高均衡数量有三种情况:

(1)增加学生培养数量,扩大人才供给规模

在人才需求不变的情况下,人才供给增加,使人才供给曲线向右平移,在新的交叉点,均衡数量增加了,但是代价是均衡价格下降了,也就是说该类人才的待遇降低了。并且由于人力资源相对来说弹性较小,需求曲线比较陡峭,均衡价格下降的比例比均衡数量上升的比例更大。

(2)扩大人才需求规模

在人才供给不变的情况下,人才需求增加,使人才需求曲线向右平移,在新的交叉点,均衡数量增加了,均衡价格也上升了。也就是说该类人才不仅待遇提高

了,并且就业形式也好转了。所以学校应在扩大人才需求方面下功夫,不仅要重视人才的营销,宣传学校、宣传专业、宣传学生,而且更重要的是培养出具有特色能力的学生来获得社会和企业的认可,从推式营销顺利过渡到拉式营销。

(3)增强人才供需匹配效率

从供求匹配角度看,许多高校缺乏针对大学生的职业指导体系,缺少专业的职业顾问、职业生涯设计师等。而大学生就业绝大多数属于初次就业,对人才市场运行规律了解不充分,如果没有适当的职业服务体系来提供指导,大学生就业的过程显然面临着效率的损失。①

(二)非零和合作博弈理论

高职教育培养机制与企业用人机制在本质上是不冲突的,相互之间存在若干的共同利益基点。② 从这点上看,高职院校与企业之间的博弈应该属于合作博弈。

高职院校拥有系统的理论教学体系和完善的教学系统,拥有众多经验丰富的师资力量,承担着培养大量具有较高理论水平的应用型人才的艰巨任务,但缺乏对人才市场需求的把握、实践教学环节的欠缺也是高职院校培养体系的硬伤;企业能准确把握人才市场需求的发展趋势,具有真实的工作环境,对高职学生的职业能力素质有较准确的要求与评价,但很难完成对学生系统的理论和实践培训,时间、精力、培训成本等方面都不允许。显然,校企合作培养机制可以实现资源共享。校企合作培养机制是基于共同的利益而建立起来的,③通过相互之间的合作博弈,可以使高职院校对学生的职业素质培养目标更明晰,培养方法更加具有实践性,企业也能获得充足的优秀人力资源,校企双方共生共赢得以实现。

合作博弈是博弈各方在进行信息交流基础上可达成具有强制性约束力契约的博弈。与非合作博弈一样,合作博弈的基本假设仍然是个体理性。但是,个体理性并不是人类经济行为的唯一逻辑,现实联合理性的集体决策行为相当普遍,人们在个体决策行为遇到困难时,经常会通过协议等方式来寻求摆脱困境。④

合作博弈双方既存在共同利益,但利益又不一致。因为如果博弈双方间利益

---

① 余春玲:《大学生就业难的经济学分析及对策》,《理论园地》2008年第2期。
② 朱文雄:《校企合作教育模式的构建》,《中国职业技术教育》2008年第1期。
③ 吴晓波、韦影:《等社会资本在企业开展产学研合作中的作用探析》,《科学学研究》2004年第8期。
④ 詹美求、潘杰义:《校企合作创新利益分配问题的博弈分析》,《科研管理》2008年第1期。

完全对立或完全一致,就没有协商的余地或不需要协调,只有博弈双方既存在共同但又不完全一致利益的情况下,才有可能需要利用合作行为来实现更大的共同和自身利益。合作的基础是不能损害个体的利益,合作的利益分配原则是"公正",合作分配方案只有被双方认可才能实现合理性。

在合作博弈中集体理性的实现是以个体理性的满足为条件,合作博弈问题是如何在不违背个体理性的条件下实现集体理性。集体理性目标实现的障碍是分配问题。假设参与人 i 自己单干可获得的收益为 U_i,而合作后集体分配给他的收益为 X_i,对于合作博弈而言,如果要实现集体利益最大化,就要寻找一种分配方案:$X=(X_1,X_2,\cdots,X_n)$,这个方案满足条件:$X_i \geq U_i, i=1,2,\cdots,n$。

合作博弈允许博弈各方通过谈判与沟通来树立合作意识,并建立相互信任、克制和承诺机制,以实现帕累托最优。实现合作博弈有以下基本点:①存在共同利益;②必要的信息交流;③自愿、平等、互利;④强制性契约。

(三)教学评价理论

20世纪40年代泰勒的课程与教学原理诞生至今,以泰勒的评价原理作为起点的各种评价理论迅速发展:从自然科学的方法论到人文科学的方法论;从目标定向评价到目标游离评价;从结果评价到过程评价;从注重教学的外在价值到注重教学本身的内在价值;从关注教学方案到关注受教育者个体;从寻求客观知识到关注教育过程中的价值和意义。① 下面结合高职学生特质评价体系对相关理论进行针对性表述。

1. 总结性评价和形成性评价

美国教育评价专家斯克里文在他所著的《评价方法论》一书中把评价分为"总结性评价"和"形成性评价"。"总结性评价"是一种面向结果的评价,其目的在于鉴定、甄别、选拔、分等、比较,评价结果主要供局外人使用,概括程度较高,属于综合性评价;"形成性评价"又叫"连续性评价"(continuous evaluation),是一种面向过程的评价,其目的在于在教育活动过程中监控整个教育过程,通过诊断、改进、完善、提高、发展,向教师和学生不断反馈教育是否有效和成功的信息,评价结果主要供当事人使用,确保教学活动不偏离预定目标,概括程度较低,属于分析性评

---

① 丁朝蓬、郭瑞芳:《20世纪课程评价理论的发展述评》,《课程·教材·教法》2005年第4期。

价。① 正如美国著名教育评价专家斯塔弗尔比姆所指出的,"评价最重要的意图不是为了证明,而是为了改进"②,从总结性评价向形成性评价发展是现代教育评价发展的重要趋势。现代教育评价已不再满足于对结果进行评定,而是越来越强调通过评价发现问题、改进工作;已不再满足于扮演只具有选拔功能的工具,而是充当促进发展的"阶梯"。对高职学生特质评价应调贯穿于高职教育活动全过程,评价指标体系和评价方法都应在评价过程中不断总结完善。

2. 目标本位评价与目标游离评价

目标本位评价(goal - based evaluation)即以教学计划的预定目标为依据而进行的评价。这种评价最典型的代表是泰勒的目标模式、布卢姆的评价体系。目标本位评价,首先设定目标,然后是集中精力实现目标,判断的标准是目标实现的程度。目标本位评价忽视了一个最根本的东西,就是对目标本身的评价。如果目标设置错误或有偏差,则目标实现的程度越高教学效果越低。目标游离评价(goal - free evaluation)是斯克里文于1967年提出来的。它最突出的特点是目标的可变性,要求使用者在评价过程中,应根据内外环境条件的变化不断地对预定目标进行价值判断,拓展了评价的视野,因此,目标游离评价也被看作"需要本位评价"(need - based evaluation)。

3. 评价研究中心模式(CSE model)

评价研究中心模式亦称"技术学的评价模式",是一种课程方案的评价方式。它由阿尔金提出,以美国以美国加州大学洛杉矶分校的评价研究中心命名(Center for Study of elvalnation)命名。评价过程是选择、搜集和分析有关资料,以供决策之用。CSE评价是一种综合性评价模式,在这一评价体系中,评价的形成性功能与总结性功能得到有机的统一,评价活动贯穿于教育教学活动的全过程。③ 它包括四个活动阶段:第一,需要评价,自我发展需要评定,指对学生自我发展目标的认定也就是问题的选择,这是学生特质培养的起点;第二,自我发展方案评定,就是学生自己对实现自我发展目标方面成功的可能性进行评定,是计划的选择阶段;第三,形成性评定,确定所实施的计划是否与原定计划一致,通过发现计划在教育过程中的成功与不足之外,随时修正某些偏离目标的地方,以保证目标的达成

---

① 陈玉琨:《教育评价学》,人民教育出版社1999年版。
② 泰勒:《课程与教学的基本原理》,施良方译,瞿葆奎校,人民教育出版社1994年版。
③ 杨素明、贾桂芳:《应用型本科人才能力的评价研究》,《吉林工程技术师范学院学报》2004年第8期。

度,这一阶段又称为计划的修正阶段;第四,总结性评定,指对自我发展性目标的达成情况进行全面的调查和判断,通过反思,调整自己的发展目标,是自己的专业素养不断发展阶段。

三　操作层理论

市场营销是指通过交换过程来满足需要的人类活动,交换是营销职能的核心和特有的思维方式。本书的研究,从管理和经济学的角度剖析,把社会对高职人才的需求、高职学生应具备的特质以及高职院校对基于需求导向的学生评价之间的关系,看成人才交换的行为和过程,从分析社会(高职)人才的交换行为和关系、交换的支配力和利益,以及交换能力三者的历史演变过程和发展规律,探索中国(高职)人才需求的基本方向。

(一)目标市场营销理论

市场营销理论模型:了解顾客需求—开发生产相应产品—满足顾客需求。即"顾客需要什么,则生产什么"。该观念认为,要达到企业目标,关键在于准确判断目标市场的需求,并比其他竞争者更快、有效地满足这种需求。

1956年,美国市场营销学家温德尔·史密斯在《市场营销策略中的产品差异化与市场细分》中提出了市场细分概念,奠定了目标市场营销的理论基础,从而使市场营销进入一个新的阶段,即目标市场营销。

目标市场营销即企业识别各个不同的购买者群体的差别,有选择地确认一个或几个消费者群体作为自己的目标市场,发挥自己的资源优势,满足其全部或部分的需要。目标市场营销主要包含三个步骤:市场细分(Market Segmentation)、目标市场选择(Market Targeting)、市场定位(Market Positioning)。

1. 市场细分——高职院校学生特质培养战略的基础

市场细分是在20世纪50年代中期,由美国市场营销学家温德尔·斯密(Wendell R·Smith)首先提出来的一个概念。市场细分就是企业通过市场调研,在充分了解消费者需求行为和消费习惯的基础之上,根据消费者的消费需求和购买习惯的差异,以影响消费者需求和欲望的某些因素为依据,将整体市场划分为由许多消费需求大致类同的消费者群体所组成的子市场群。在子市场内部,消费者的需要与欲望非常类似,而子市场之间,消费者却表现出较明显的需求差异。

就企业对人力资源的需求而言,根据不同的因素可以做不同的细分。比如按管理职能不同可以细分为高级管理人才、中层管理人才、基层管理人员以及基层操作人员等;按技术职能不同可以细分为高级技术人才、中级技术人才、普通技术员等;还可按行业细分出具有不同行业特色的人才、按专业细分出具有不同专业特色的人才等。不同企业对人才有不同的特质需求,同一企业也需要具有不同特质的人才。高职院校在构建学生特质体系前应在充分的市场调研的基础上,对企业的人才需求层次做全面的分析,并在此基础上认真研究各层次对人才的特质要求,为下一步的确定培养目标做好准备。

2. 目标市场选择——确定高职院校学生特质培养战略取向

目标市场是指在市场细分的基础上,被企业所选定的,准备以相应的产品和服务去满足其现实或潜在需求的那一个或几个细分市场。市场细分化的目的在于正确地选择目标市场,如果说市场细分显示了企业所面临的市场机会,目标市场选择则是企业通过评价各种市场机会、决定为多少个细分市场服务的重要营销策略。

对于目前的高职院校来说,专业对口率普遍较低,"前50名高职院校的平均专业对口率为49.6%"[①]。可见,目标市场选择至关重要,它是学校决定人才培养方向的大事。正确的方向是取得成功的前提。高职院校在选择目标市场时,首先,应考虑以学校的实力和资源状况能不能在该人才市场上形成局部优势;其次,应考察该目标市场是否有足够的需求量,已就是该目标市场的人才需求规模能否满足学校的发展战略;最后,考虑学校是否具备进入目标市场的能力。

高职院校的目标市场营销战略主要表现为如下几种态势:

(1)无差异性目标市场营销战略

无差异性目标市场营销战略将整个市场视作一个整体,不考虑消费者对某种产品需求的差别,它致力于顾客需求的相同之处而忽略不同之处。其最大的优点在于成本的经济性,单一的产品降低了生产、存货和运输的成本,节约了市场开发费用,统一的营销组合可以大大节省渠道、促销等方面的费用。然而其缺点也十分明显:面对市场的频繁变化显得缺乏弹性。首先,忽视了市场要求的差异性,它只停留在大众市场的表层,无法满足消费者各种不同的需要;其次,无差异市场营销策略的低成本更多的是靠规模经济的支撑,当竞争激烈导致市场饱和时,企业就难以保持持久的规模经济效益;再次,容易引起过度竞争。一旦企业的这种产品销路好,能获得丰厚的利润时,必然招徕许多竞争者。

---

① 杨金士:《职业技术院校毕业生的就业质量问题和对策建议》,《职教论坛》2008年第4期。

(2)差异性目标市场营销战略

差异性目标市场营销战略即企业在市场细分的基础上,选择两个以上细分市场作为自己的目标市场,并为每个选定的细分市场制定不同的市场营销组合方案,多方位地开展有针对性的市场营销活动。采用这种市场营销策略,其明显的优点在于:针对不同的目标市场,制定不同的市场营销方案,可以更好地满足消费者的多样化需求,提高整体销量,市场营销活动易于收到较好的效果;由于企业在多个细分市场上开展营销,一定程度上可以降低投资风险和经营风险;企业推出具有特色的产品来满足消费者的不同需求,体现了以消费者需求为中心的现代营销观念,可以提高企业的美誉度和知名度。差异性目标市场营销战略也有其缺点:其一,实行差异性市场营销策略,使企业的生产成本、管理费用、销售费用等大幅度增加。其二,企业的资源分散,在多个细分市场同时展开营销活动,会导致企业不能集中使用资源,甚至企业内部出现彼此争夺资源的现象,容易失去竞争优势。其三,对企业管理能力和技术实力的要求较高。

(3)集中性目标市场营销战略

集中性目标市场营销战略指在市场细分的基础上,选择其中一个细分市场作为企业的目标市场,集中企业全部资源为该市场开发一种或多种产品,实行高度专业化的生产和销售。采用此战略追求的不是在较大市场上占有较小的市场份额,而是在较小的市场上占有较大的市场份额,也就是力图在该细分市场上拥有话语权。集中性目标市场营销战略的优点在于:一是营销目标集中,服务对象比较专一,企业对其特定的目标市场有较深刻的了解,可以深入地发掘消费者的潜在需要;二是企业将其资源集中于较小的范围,进行"精耕细作",有利于形成积聚力量,建立局部竞争优势,可获得较高的投资收益率并提高企业的市场占有率和知名度;三是营销组合策略的针对性强,可以节约营销费用;四是生产的专业化程度高,可以降低生产成本。缺点在于:一是目标市场过于狭小,市场发展潜力不大,企业的长远发展可能会受到限制;二是抗市场风险能力较差,由于企业将所有的资源都集中于某一个目标市场,产品过于专业化,一旦市场发生变化,会给企业带来极大的威胁,甚至是毁灭性的。

教育部于2004年年初联合六部门下发的《关于实施职业院校制造业和现代服务业技能型紧缺人才培养培训工程的通知》中,确定250多所高等职业院校为技能型紧缺人才示范性培养培训基地。① 高职院校学生面临本科院校和职业学校学生的双重竞争压力,在知识的全面性和理论深度方面比不上本科学生,在实践操作技能方面职业学校的学生又具有独特的优势。为了扬长避短,高职院校应该在细分用人单位人才需求市场的基础上,确定出能体现高职院校资源优势的目标市场,针对目标市场开发学生能力特质。

无差异目标市场人才战略虽然具有市场需求量大、人才培养成本低等特点,但是市场对该类人才的综合素质要求较高,理论功底要求扎实,同时用人单位对该类人才的选择面较大,高职院校学生很难展示其能力特质,就业压力大。差异性目标市场人才战略比较适合实力较强的高职院校应用,根据院校本身的资源状况,选择多个适合本校学生发展的细分市场,分别制定相应的能力特质培养方案,并组织学校的优势师资和优势教学实训资源,以"定制"的方式培养出具有相应能力的学生,有针对性地推向确定的目标市场。虽然特定的目标市场对特定人才的需求量不是很大,但是,只要学生所具有的特质能够被用人单位认可,就是高职院校人才培养体系的成功。对于实力较弱或行业背景明显的高职院校,比较适合集中性目标市场人才战略。选定一个行业或一个专业领域,在深入分析其人才需求特色的基础上,制订针对性的教学实训计划,并集中所有资源组织实施,以特色在局部人才市场上取得竞争优势。

3. 市场定位——确定高职院校学生特质

"定位"这个词是由阿尔·里斯(Al Ries)和杰克·特劳特(Jack Trout)于1972年提出来的。"定位并非对产品本身采取什么行动,而是针对潜在顾客的心理进行的创造性活动。也就是说,将产品在潜在顾客的心目中确定一个适当的位置。"从这个意义上看,我们可以这样来理解市场定位的概念:市场定位是根据企业产品的特色,且针对目标消费者对产品某些属性的重视程度,通过特定的市场营销行为,塑造出本企业产品特定的鲜明个性或形象,并把这种形象传递给目标市场,使本企业产品在目标消费者心目中形成特定形象的市场行为。简单地说,市场定位就是要使消费者感到自己的产品与众不同,即与竞争者有差异,并且偏爱这种差异。

高职院校通过人力资源市场细分,确定了一个或几个目标市场,并不就是说

---

① 杨薇:《论我国高等职业教育的定位与特色》,《湖南师范大学教育科学学报》2005年第3期。

市场分析工作完结,我们就能顺利地占领该目标市场。事实上接下来的工作更为重要,即我们用什么样的产品——"学生"来满足该市场,我们生产出的"产品"又应该具有哪些特质呢?这就是学生能力特质定位问题。定位高职院校学生能力特质首先要确定核心能力,即该目标市场用人单位普遍重视的能力,这是用人单位挑选人才的关键。我们通过周密的市场分析,将高职院校学生的核心能力定位为以自我管理为中心的发展能力和以实践操作能力为中心的职业技能,这是用人单位对高素质应用型人才的核心要求。其次,要具有识别性,即给用人单位留下特别的整体印象。高职院校学生以合理的理论知识结构和自我控制、自我决策能力构建起整体形象,理直气壮地告知社会:高职院校学生不是游离于本科与职高的边缘,高职院校学生是企业经营和发展不可或缺的一部分。定位要突出差异性,这是细分人力资源市场的目的,也是实现高职院校人才培养目标和发展战略的重要手段。高职院校学生以较系统的理论知识和较强的自我解决问题的能力有别于职高学生,以较强的实践操作能力和心理调适能力区别于本科院校学生。

(二)产品组合理论

产品组合(product mix or product assortment)是指企业生产或经营的全部产品线和产品项目的有机组合方式。企业产品组合可以从宽度、长度、深度和关联度四个维度进行分析。具体而言就是分析产品组合的宽度、长度、深度及关联度的现状、相互结合运作及发展态势。

对于一般高职院校而言,扩大产品组合的广度就是针对不同行业增加专业设置,有利于拓展学校学生的就业范围,可以更好地发挥学校现有的师资力量、教学资源及信息等各方面规模优势,提高办学效益;加强产品组合的深度,即将同一专业细分为不同的专业方向,比如将市场营销专业细分为房地产营销方向、保险营销方向等,可以使学科专业更加丰富,学生能力更具特色,满足更具体的市场需求,占领更多的细分市场,增强高职院校的竞争力;加强产品组合的相关性,即指高职院校在进行专业设置时应密切关注各专业之间在就业取向、就业渠道、行业特色、教学条件等方面的关联程度,强化学校各专业之间的相互支持,有利于教学资源共享,协同满足用人单位需求,增强高职院校在某一特定市场领域内的竞争力和市场地位。

高职院校对产品组合进行选择既不是一味追求宽、深、长,也不是越专业化越好,而是立足于准确的市场调研,全面考虑用人单位需求、竞争态势、外部环境以及学校自身实力和发展目标,遵循有利于促进学生就业、提高高职院校竞争能力的原则,正确决策。对于高职院校来说,全线全面型专业组合策略可以为尽可能多的企业提供他们所需要的人才,满足他们尽可能多的人才需求,以占领较为广阔的市场,但该策略要求高职院校规模巨大、综合实力强、教学资源丰富;市场专业型组合策略为某一特定目标市场培养具有不同专业能力的人才,以满足他们多方面的需求,这种组合策略能全面了解目标市场企业各类需求,以全面牢固地占领目标市场为目的;产品系列专业型组合策略是指高职院校重点开设相互之间关联度较高的少数几个专业中的几个专业方向,以满足企业对这几类人才的差异需求;专业系列集中型策略即高职院校或系部集中一切教学资源,发展某一专业的几个专业子项目,满足某一部分用人单位对这一类人才的需求,该组合策略的特点是宽度最小、深度略大而关联度高,且目标市场都比较集中,有利于企业较好地占领市场。

不同的产品组合策略为高职院校制定决策提供了多种选择,不同组合策略各有其优缺点,高职院校在实际决策时要综合考虑多种约束因素:

第一,学校教学资源的约束。高职院校教学资源稀缺是其发展的一大瓶颈,市场机会永远存在,但只有在拥有资源优势并能将优势转化为胜势的前提下,我们才能很好地把握机会。

第二,企业需求的约束。企业对人才的需求是一种派生需求,受消费需求和经济环境的影响处在不断变化之中,高职院校在专业设置、课程设置乃至学生能力特质评价指标等方面都要充分适应这一变化。

第三,竞争条件的约束。在竞争对手较弱的情况下,可以选择全线全面型专业组合策略,将学校的优势尽量放大。如果竞争对手较强且市场需求不确定,可选择产品系列专业型组合策略或专业系列集中型策略,适当收缩组合宽度,加大组合深度和组合关联度。

(三) 关系营销理念

关系营销在20世纪80年代末才成为一门学科,它对营销的定义是"一切管理企业市场关系的活动",是识别、建立、维护和巩固企业与顾客及其他利益相关人的关系的活动,它通过企业的努力,使活动涉及各方的目标在关系营销活动中得以实现。关系营销的本质特征可以概括为:双向沟通、合作、双赢、亲密和控制。[1]

---

[1] 张刚刚:《关系营销与高校可持续发展》,《理论与实践》2008年第9期。

关系营销的实质是在买卖关系的基础上建立非交易关系，以保证交易关系能够持续不断地确立和发生。科特勒认为：企业营销应成为买卖双方之间创造更亲密工作关系和相互依赖关系的艺术。关系营销的核心是建立和发展同利益相关者兼顾双方利益的长期关系。企业作为一个开放的系统，不仅要关注顾客，还应注意大环境的各种关系：企业与客户的关系、与上游企业的关系、企业内部关系以及与竞争者、社会组织和政府之间的关系。其中，与顾客的关系是关系营销的核心和归宿。顾客关系是企业至关重要的外部关系，是企业的生命线。关系营销非常重视顾客关系的管理，强调充分利用现有资源，为顾客服务，努力留住老顾客。因此，顾客服务是关系营销的基本手段。

4C营销组合对关系营销理念的诠释较有代表性。它是由美国营销专家劳特朋教授在1990年提出的。4C营销组合以消费者需求为导向，重新设定了市场营销组合的四个基本要素，即消费者（Consumer）、成本（Cost）、便利（Convenience）和沟通（Communication）。首先，它强调企业应该把追求顾客满意放在第一位；其次，要努力降低顾客的购买成本；再次，要充分注意到顾客购买过程中的便利性，而不是从企业的角度来决定销售渠道策略；最后，还应以消费者为中心实施有效的营销沟通。

与产品导向的4P理论相比，4C理论有了很大的进步和发展，它重视顾客导向，以追求顾客满意为目标，这实际上是当今消费者在营销中越来越居主动地位的市场对企业的必然要求。这一营销理念也深刻地反映在企业营销活动中。在4C理念的指导下，越来越多的企业更加关注市场和消费者，与顾客建立一种更为密切的和动态的关系。

高职院校是社会经济大系统中的一个子系统，高职院校教学目标的实现要受到众多外在因素的影响。关系营销，以系统论为基本指导思想，将高职院校置身于社会经济大环境中来考察高职院校的人才营销活动，正确处理高职院校与社会组织的关系，是学校人才营销的核心，是学校人才培养体系成败的关键。关系营销将建立与发展同相关个人及组织的关系作为高职院校人才营销的关键变量。

关系营销理念作为高职院校重要办学理念之一，对高职院校人才培养及营销活动的指导作用集中体现在以下三个方面：

第一，要建立学校组织与用人单位的密切联系，维持同企业的良好关系。一方面可以从用人单位取得第一手人才需求信息，及时调整教学培训计划，真正树立以企业需求为中心的办学观念,另一方面可以在第一时间向用人单位传递学校的专业信息和人才培养信息,提高学生的就业率。

第二,建立学生与用人单位的互动机制。学习期间的大量社会实践活动是高职学生知识和能力结构的重要组成部分,透过学生的社会实践活动,企业可以客观地评价高职学生的职业能力,学生也能从中发现自己知识的不足之处,及时调整个人培养计划相关因素,社会实践活动提前在企业与学生之间架起沟通的桥梁,拓展了高职学生的就业取向。

第三,加强团队合作能力、沟通能力、自学能力、执行力等素质能力培养。在专业知识和专业技能之外,素质能力逐渐成为评价优秀高职学生的重要因素。

第五章

高职学生特质的概念模型与动态分析模型构建

一 基于需求导向的高职学生特质的概念模型

从供应链角度看,供求环节的协调不足,导致培养效率下降,影响了职业教育的整体效果。这种"产学失谐"的状况,根源是职业院校人才培养供需环节的协调出了问题,缺乏一个合适的渠道将职业院校与用人单位有机地协调起来。

(一)概念模型的逻辑结构

高职院校的人才培养过程是使高职学生人力资本增值的过程。高职毕业生是学校教育服务的产品。学校的人才培养如同企业人力资源生产的过程,从招生、教学到就业过程与生产企业原材料采购、生产、营销各个环节相对应。高职院校相当于产品的生产和供给方,用人单位相当于产品的需求方,这样学生、高职院校与用人单位间就形成了供求关系。但从满足社会和用人单位需求的角度看,许多高职院校忽略了对用人单位需求状况的掌握和满足,最终影响到人才培养的质量。随着职业教育相关问题的逐渐澄清与明晰,我国高职教育不断发展,高职院校与用人单位的关系越来越紧密。高职院校开始关注和适应企业需求,注重培养社会需要的高素质应用型人才,更好地服务于经济和社会的发展。(孔志华,2009)为此,本书提出基于需求导向的高职学生的特质的定义和概念模型。

"特质"一词原为心理学术语,"特质是人格的基本单元。一种特质就是以某种特定方式做出的一种反应倾向。一种特质导致反应上的一致性,它使许多刺激在'机能上等值',并把许多适应性和表现性的行为形式聚合在一起"[1]。在这里,"特质"是用于表述人格特点的专门词汇。把"特质"引入高职学生培养之中,目的在于以此衡量高职学生是否具备了独特的能力和素质。高职学生特质首先反

---

[1] 珀文:《人格科学》,黄希庭等译,华东师范大学出版社2001年版。

映整个社会对高职学生的要求,而更重要的是要反映企业对高职学生的要求。只有以需求为导向,加强高职学生独特素质的培养,输出适销对路的合格高职人才,使高职学生最大限度地具备企业所需要的特质,才能促进高职学生的顺利就业及高职院校的可持续发展。

综合相关文献研究,目前对于大学生特别是高职学生的评价研究中评价体系的建立多种多样,具体来讲,例如,万光玲等人提出,高职学生综合素质评价应根据内容分为身心素质、思想道德、人文素质、专业技能以及创新精神和实践能力几大模块;[1]寇业富提出大学生综合素质评价指标体系由德、智、体、能(科研和实践能力)和劳(实际工作)五个板块所构成,其内容反映了大学生在接受教育、培养成长及劳动实践过程中的基本信息;[2]虞丽娟等人提出,大学生的才质结构由知识、能力、人格三要素组成。[3] 大量文献研究显示,虽然评价指标的具体内容及细节有所差异,但是评价指标体系集中体现在知识、能力、素质三大方面,这为本书指标维度的确定和要素的筛选提供了方向。

在设想高职学生特质的概念模型中,本书在借鉴有关理论的基础上,综合相关文献研究,以及从以往企业对高职学生的人才需求和选拔人才的过程中主要侧重的方面来看,我们认为知识结构、职业能力、发展能力、基础素质四大方面基本上能全面评价高职学生,其中基础素质不是高职学生特质的组成部分,它是每一个社会人都应该具备的素质,这些素质包括思想道德素质、职业素质、身心素质和一定的科学文化素质等。基础素质不纳入学生特质组成部分,但对高职学生特质的形成却有着重要的影响和调节作用,突出知识与能力目标并不否定思想道德素质、身心素质和一般职业素质培养目标,而是把学生思想品德、心理等素质教育同知识学习、职业能力培养、发展能力挖掘等紧密结合,贯穿其中。高职院校首先要把学生培养成适应社会、对社会有用的人,在这个基础上再考虑培养高职学生的特质以适应企业需求。为此提出了基于需求导向的高职学生特质的概念模型,以期能为高职院校培养高职学生特质提供帮助。做出高职学生特质的概念模型是一个整体。高职学生特质与概念模型中的其他要素(高职学生基础素质、企业需求和人才供需平衡)关系密切,相互影响。高职学生特质不可能离开其他要素而

---

[1] 万光玲:《大学生素质评价体系特征分析》,《辽宁教育行政学院学报》2006年第7期。
[2] 寇业富:《大学生素质评价的模糊聚类分析》,《辽宁师范大学学报(自然科学版)》2003年第2期。
[3] 虞丽娟、孟宪明:《大学生才质模糊评价系统的研究》,《中国高教研究》2005年第7期。

单独存在，否则没有任何实际意义；其他要素也离不开高职学生特质这一主体，否则这一概念模型就没有存在的必要。

高职学生特质是基于需求导向的高职学生特质的概念模型的核心部分。高职学生特质由知识结构、职业能力和发展能力三部分组成，三者相互影响，有机统一。知识结构是高职学生特质的基础；职业能力是高职学生特质中的一种实践能力；发展能力在高职学生特质中居于重要的地位，是在高职学生具备一定的知识结构和职业能力基础之上形成的，对高职学生的职业生涯发展有着重要的影响。

在高职学生特质的概念模型中，高职人才供给与企业人才需求之间的相互关系表明了高职学生特质培养的重要性。经济学的供给需求理论认为，市场经济中供给与需求二者相互制约，处于"不平衡—平衡—不平衡"的动态过程中。这一理论反映在企业人才需求和高职人才供给方面，由于我国高职人才培养过程中存在的种种不足，高职人才供给很难满足企业人才需求，二者也是经常处于不平衡的状态。高职院校唯有从企业需求出发，培养高职学生特质，不断调整人才供给的结构，提高人才供给的质量，才能达到人才供需的平衡。但是，高职人才供给与企业人才需求之间的这种平衡是暂时的。随着经济社会的发展，企业人才需求的标准会更高，高职院校也就需要相应地做出改变，从而培养适应企业新的需求的高职学生特质。

为此，提出以需求为导向的高职学生特质的概念模型，如图5-1所示。

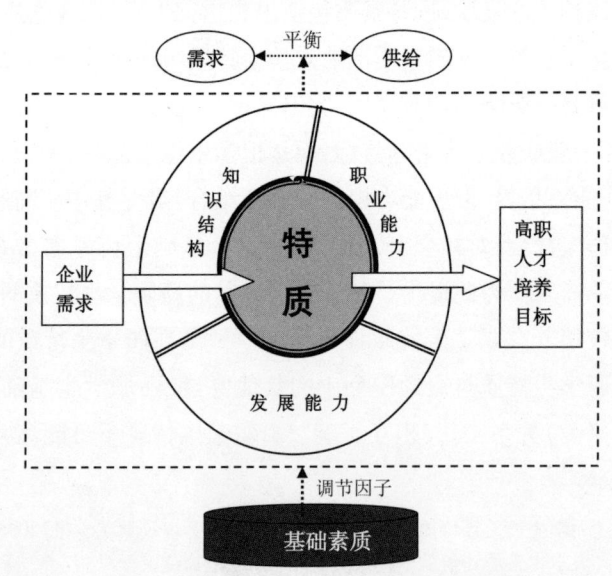

图5-1 基于需求导向的高职学生特质的概念模型

(二)特质的内容结构

高职学生特质的内容结构不是教育部门、高职院校主观决定的,而是在广泛调研企业的基础上,根据相关统计学方法科学地进行筛选,经过论证切实可行之后最终形成的。这样形成的高职学生特质不仅具有科学性,而且具有相对稳定性、前瞻性,理应适应企业需求。高职学生特质培养是一个动态的过程。高职院校在形成高职学生基础素质的更高层次上,把高职学生特质作为高职院校人才培养的目标。高职学生特质反映了在市场不断变化、经济社会不断发展的情况下,企业人才需求的变化对培养高职学生特质的影响。也正是因为市场不断变化、经济社会不断发展,高职学生特质的内容才会与时俱进地更新。但经济发展到一定程度,产业结构和人才需求结构将会趋于稳定。并且,高职教育具有连续性和周期性,高职院校的人才培养需要一定时间的积累。因此,在较长时期内,高职学生特质是相对稳定的。高职学生特质是在适应企业需求的前提下培养的,能够实现高职院校人才与企业需求的"无缝"对接。这种对接也就使高职人才市场的供给与需求不断趋于动态平衡。

基于需求导向的高职学生特质的具体内容结构显示了企业对高职学生应具备的特质的具体要求:

第一,在知识结构维度方面,高职学生注重横向的职业岗位知识模块,强调专业技术知识,理论以"够用""实用"为度。比较侧重"What To Do"和"How To Do";而本科学生更注重纵向的框架式知识体系,强调课程的整合、学科的完整和综合,注重跨学科知识的交叉融合。比较侧重"What"和"Why"。

第二,在职业能力维度方面,企业对高职人才的职业能力要求更为具体,高职学生就是具有某一专门技能,能在生产、管理、服务一线的技术应用性人才,能从事某一种职业或某一类工作的人才,对高职学生的实践操作能力、解决问题能力与团队合作能力的要求比对本科学生的要求更为突出;而本科学生则是掌握了本学科的基础理论、专门知识和基本技能,并具有从事科学研究工作或担负专门技术工作初步能力的人才。

第三,在发展能力维度方面,高职学生侧重于在某一专业或者行业内发展,注重培养环境适应能力、抗挫折能力和执行能力;而本科学生更侧重掌握一般方法,能适应和胜任多变的职业领域,注重培养科学思维能力和创造能力。

对基于需求导向的高职学生特质的概念模型解读之后,我们分析基于需求导向的高职学生特质的概念模型的核心部分——高职学生特质。高职学生特质表征了高职学生区别于本科学生和中职学生的为企业所看重的核心竞争力,具有内在的内容结构。高职学生特质由3个维度9个特质要素(不一定全面,但在此处凭文献和用人单位的一般感知分析得出,以后还需要修正)构成。基于需求导向的高职学生特质的内容结构如表5-1所示。

表5-1 基于需求导向的高职学生特质的内容结构

目标层	基于需求导向的高职学生特质					
	知识结构	职业能力			发展能力	
要素	专业技术知识 特殊职业知识	解决问题能力	团队合作能力	实践操作能力	环境适应能力 抗挫折能力 执行能力	自我管理能力

二 基于需求导向的高职学生特质的动态分析模型

本书认为学生的基础特质由知识结构、职业能力和发展能力构成,是不可或缺的系统要素。由于高职学生内容结构是定性的描述,必须采取定性要素定量化分析,才能做出综合评价,才能便于比较分析。另外,社会经济发展水平的阶段不同,高职人才特质要素的定位方向和核心内容也不相同,再者高职学生特质的内容也不是一成不变的,社会、企业、学校和高职学生在高职人才市场的交换机制中的地位和作用是动态的、变化的,因而不仅需要对高职学生特质有静态的评价,也需要有适应环境变化的动态评估,这些问题都要求助于建立数理分析模型,才能在实践中发挥作用。

(一)高职学生特质类型的分析模型①

从高职人才市场的环境因素分析,关键的因素,一是社会经济发展水平阶段,二是技术手段方向特征。在规范高职学生特质要素的核心内容时,可以应用系统理论和权变观管理,通过个案分析法和问卷调查分析,确定高职人才特质类型和特质定位方向。

---

① 前面的概念模型是从各个特质维度的"关系"来定性描述的,本节的 U 是从数理角度定性描述的。

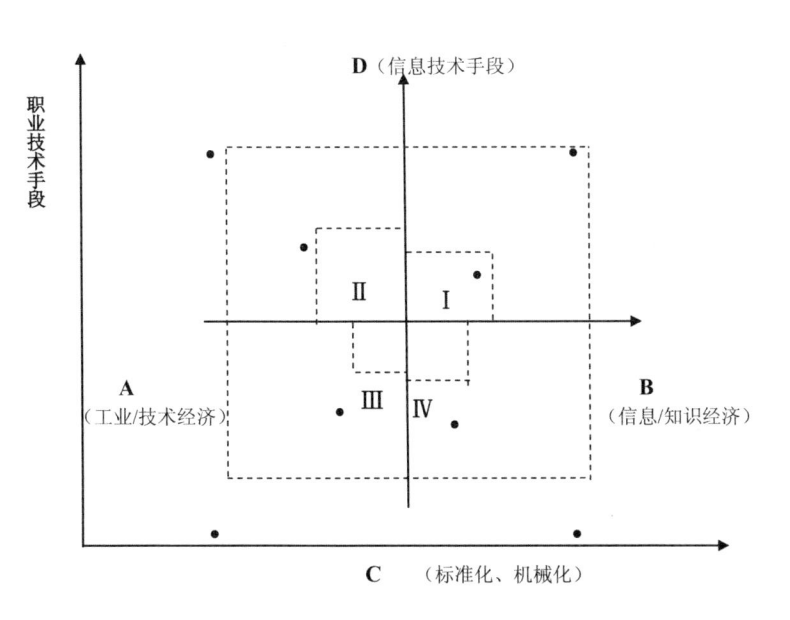

第五章 高职学生特质的概念模型与动态分析模型构建

图 5-2 动态高职人才特质的类型模式图

表 5-2 高职人才特质定位方向

类型	特点	高职人才特质方向
Ⅰ	BD 型	信息/知识经济与信息化手段并重基础上的定位点
Ⅱ	DA 型	工业/技术经济与信息化手段相结合的定位点
Ⅲ	AC 型	工业/技术经济与标准化、机械化并重基础上的定位点
Ⅳ	CB 型	信息/知识经济与标准化、机械化手段相结合的定位点

根据高职学生特质概念要素的定性,结合高职学生特质类型和定位方向,还可以得到定量的表达,以需求为导向的高职学生特质的类型分析模型表达式为:

$$U = F(X, Y, Z) \qquad (5-1)$$

U 表示高职学生特质,变量 X 表示高职学生知识结构,变量 Z 表示高职学生职业能力,变量是表示高职学生发展能力。知识结构、职业能力和发展能力为学生特质构成不可或缺的三部分,是基本的,也是核心的组成部分。高职学生特质随着知识结构、职业能力和发展能力提高而提高,就是它们之间存在一定的线性或非线性增长关系。

由于高职学生特质的三个维度各自的贡献因子不一样,因此记贡献因子为 i,并且 i 在 0—1 之间取值,贡献因子 i 有大有小。但总体上 U 是随着 X,Y,Z 变化而变化。因而我们可以得到贡献因子 i 相异情况下的静态理论模型,其表达式为:

$$U = F[(X,i),(Y,i),(Z,i)] \qquad (5-2)$$

(二) 动态变化趋势的分析模型

高职人才特质,在与人才市场需求导向作用下,还受人才市场交换关系的机制格局制约,高职院校培养的学生特质水平高低,以及是否适应社会需要和竞争力程度,还需要在人才特质的核心竞争力上下功夫。因此,高职院校应当根据高职人才市场交换关系特点和发展趋势,适时调整充实学生特质核心要素构成和侧重点,才能使学校培养的"产品"立于不败之地。在人才交换机制作用下,高职人才特质形成和变化特点,可用矩阵关系分析,如表 5-3 所示。

表 5-3 高职人才形成和变化矩阵关系

人才交换机制	工业/技术经济	信息/知识经济
信息(来源)	企业对人才特质的需求水平,社会新技术的发明创造	人才特质和知识水平,成为人才市场的稀缺资源,信息技术提升了人才特质的地位
决策(主导权)	企业对高职人才特质的需要有主导决策权,高职院校处于被动适应者的地位	高职院校对高职人才特质的培养有主导决策权
动力(特质利益者)	企业成为生产的技术基础发生变革的主要受益者	高职院校高职人才成为工作岗位的创造者和主要受益者

由于高职人才特质形成和变化主要受环境因素影响和制约,因此可以选择和设定 U 值的最基本的环境因素,本书中设定时间、技术手段和职业类型作为基本环节因素,并且设定环境因素的 A,B,C 的取值识别类型:时间段记为 A,技术手段记为 B,经济(职业)类型记为 C,并且环境因素 A,B,C 的取值类型设定为:

环境因素	取值类型
A	A_1 A_2
B	B_1 B_2 B_3 B_4
C	C_1 C_2 C_3 C_4

在环境因素分析中,为避免模型要素的复杂化,我们可以设定取值识别类型,可示范举例如下:

环境因素	类别	类别标志
时间段	A_1	1-5年
	A_2	6-10年
技术手段	B_1	手工技术
	B_2	标准化技术
	B_3	机械化技术
	B_4	信息化、知识化技术
经济(职业)类型	C_1	手工业
	C_2	产业化大工业
	C_3	信息经济
	C_4	环境与可持续经济

由于环境因素 A,B,C 取值类型所形成的矩阵为:

$$\begin{bmatrix} A_1 & B_1 & C_1 \\ A_2 & B_2 & C_2 \\ 0 & B_3 & C_3 \\ 0 & B_4 & C_4 \end{bmatrix}$$

向量 $[A_1,A_2,0,0]$,$[B_1,B_2,B_3,B_4]$,$[C_1,C_2,C_3,C_4]$ 均表示高职学生特质在环境影响下的类别。矩阵中任意一列向量的非零元素与另两组列向量中元素的组合(例如从矩阵得到组合 $A_1B_2C_1$),就得到高职学生特质在环境影响下的特质值。变量 X,Y,Z 分别表示高职学生知识结构、高职学生职业能力、高职学生发展能力,而变量 X,Y,Z 分别通过以 A_1,B_2,C_1 为自变量的函数 $X(\cdot),Y(\cdot),Z(\cdot)$ 而得到对应结果,即 $U = F(X,Y,Z)$ 中自变量 X,Y,Z 又是环境因素 A,B,C 的函

数,故 $U=F(X,Y,Z)$ 可转化为:

$$X = X(A,B,C)$$
$$Y = Y(A,B,C)$$
$$Z = Z(A,B,C)$$

基于以上的分析,我们得到在动态影响下的高职学生特质变化趋势分析模型表达式为:

$$U = F[X(A,B,C),Y(A,B,C),Z(A,B,C)] \qquad (5-3)$$

与学生特质的类型模型分析一样,$X = X(A,B,C)$,$Y = Y(A,B,C)$,$Z = Z(A,B,C)$ 这三者对特质的贡献因子是不一样的,记贡献因子为 i(i 在 0—1 间取值),因而我们得到贡献因子 i 相异情况下高职学生特质动态趋势理论模型表达式为:

$$U = F\{[X(A,B,C),i][Y(A,B,C),i],[Z(A,B,C),i]\} \qquad (5-4)$$

由此可看出,高职学生的特质可由上述 4 个公式依次表达,先由定性的方法从思路、权重等方面使我们更清晰地了解高职学生特质,即最核心的三个方面能力(知识结构、职业能力、发展能力),其权重的不同,表示不同行业、不同专业和职业的高职人才,可以通过强制打分法转化为数值表达式,并由(5-1)~(5-4)式表明特质水平,最终可以把它转化为基于需求导向的高职学生特质的目标。即从实际操作层面具体描述了以需求为导向,掌握企业的人才需求结构,提高人才培养的适应性。

第六章

高职学生特质评价数学模型构建

随着经济迅速发展和技术不断进步,企业需求人才的数量和种类在不断地变化,需求的人才素质结构也发生了变化。2008年以来的全球金融危机蔓延,全球各产业尤其是中国的制造业对技能型人才的需求正在发生根本性变化,这无疑对我国高职教育提出了严峻的挑战。要实现高职院校人才供给与企业需求完美衔接,必须强化高职学生的特质培养,这已成不争的事实。而高职人才培养缺乏科学的评价体系,这已经成为阻碍高职教育进一步发展的瓶颈。因而从分析企业对高职人才的具体需求出发,针对高职学生实际状况,建构基于需求导向的高职学生特质评价数学模型,具有重要意义。

一 评价模型构建的思路和方法

本书利用层次分析法等构建基于需求导向的高职学生特质评价模型,促进学校培养与企业用人的无缝对接,提高高职教育教学质量的有效探索。目的在于使高职学生特质培养方案与市场需求准确对接,并对高职学生的特质培养水平有实质性的把握,努力探索解决企业用人与高职教育人才培养之间的结构性、摩擦性矛盾的有效途径。

(一)评价的机理

"工学结合,校企合作"是当前我国高等职业教育改革与发展的方向。温家宝总理在2007年的政府工作报告中提出,"要把发展职业教育放在更加突出的位置,使教育真正成为面向全社会的教育","建立行业、企业、学校共同参与的机制,推行工学结合、校企合作的办学模式"。行业、企业、学校共同参与是高职教育发展办学机制的创新;工学结合,校企合作是高职教育办学模式的创新。工学结合的本质是教育通过企业与社会需求紧密结合,实现方式是行业、企业、学校共同参与人才培养目标和人才培养方案制定,参与专业建设和课程改革,企业为高职院校提供人力资源、教学资源,高等职业院校要按照企业需要对学生进行培养,学校成为企业人才培养的有力平台,使企业在分享学校资源优势的同时,参与学校的改革与发展,使学校在校企合作中创新人才培养模式。高职教育的高技能人才培养目标,突出职业岗位能力培养和职业素养养成,要求专业教学统筹学历知识和用人单位的职业能力标准,重视社会评价尤其是用人单位的评价。

(二)评价模型构建的思路

"模型",本义指照实物的形状和结构按比例制成的物体,本书使用其延伸意义,指所研究的系统、过程或者概念的一种表达形式。模型可以是一种物理实体,也可以是某种图形或者是一种数学表达式,用这种直观的表达方法有助于了解过程的实质。

构建模型,把模型用作研究客体的一种手段,这是人类在认识世界和改造世界的过程中的一大进步。科学模型是人们根据科学研究的特定目的,在一定的假设条件下,用物质形式或思维形式再现原型客体的某种本质特征,诸如关于客体的某种结构(整体的或部分的)、功能、属性、关系、过程等等。通过对这种科学模型的研究,来推知客体的某种性质或规律。这种借助模型来获取关于客体的认识的方法,就是模型方法。例如,用抽象符号表示地理位置的地图就是一种模型。模型方法乃是现代科学方法的核心。现在,科学的研究对象日趋复杂,使研究工作面临种种困难。事实上,对于一个难以直接下手研究的复杂客体,能不能顺利地进行研究,其关键常常就在于能不能针对所要研究的问题构建出一个合适的科学模型。

当然,任何模型都不可能是十全十美的,必然会存在这样那样的问题,会与现实的情况出现偏差和背离。要克服模型的局限性,更好地发挥模型的指导作用,就需要在模型建立和实施的过程中,对于模型中的一些重要的、核心的概念从一开始就给予足够的重视,构建模型的过程应遵循科学的方法。评价目标的制定、评价体系的确立、构建模型方法的选择、模型的验证都应科学合理。

高职生特质评价模型的构建有两个关键问题需要解决:一是"企业的需求",企业到底需要什么样的人才,企业最看重员工什么样的素质、高职学生在竞争中的优势是什么;二是如何构建评价模型,采取哪种科学方法来构建高职生特质评价模型,这也是本节重点要解决的问题。

第一阶段:定性分析。首先,广泛查阅国内外文献,对现有相关文献进行梳理与提炼,总结高职学生素质研究现状及评价模型的研究方法。对现有各个学科,尤其是教育管理领域内对大学生素质的概念的界定以及素质模型建立的方法等有一个全面的认识,并从中提炼出具有共性的内容,形成高职学生特质模型研究的提纲。

第二阶段:建立高职学生特质评价模型的指标体系。通过对用人单位做初步的访谈,了解用人单位对人才素质的需求,综合相关文献研究编制出《高职高专学生特质评价调查问卷(面向用人单位的调查问卷)》,问卷共分为一般综合能力、职业能力、知识结构、综合素质四个方面,设计李克特量表对企业需求内容及程度进行调查,不同层次的企业进行问卷调查,并请被访者对学校毕业生进行社会评价。

整理回收有效问卷,并对相关企业领导进行了个别访谈,通过对问卷调查及访谈,掌握当前用人单位对高职学生的人才需求结构。确定一级指标内容后,进行二级指标的筛选和三级指标的确定,编制《高职高专学生特质调查问卷》,详细了解对高职学生与本科学生及中职学生的特质需求的不同之处。依据高职学生与本科生的特质需求差异的统计结果,探讨高职大学生与本科大学生在知识结构、职业能力、发展能力等方面的显著差异及自身特点,提炼出高职学生特质独特的地方。根据第二次回收的问卷《高职高专学生特质调查问卷》确定概括高职学生特质的二级指标和三级指标,三部分组成基于需求导向的高职学生特质评价指标体系。最终形成《高职高专毕业生特质评价调查问卷(面向用人单位的调查问卷)》,并对问卷的信度和效度进行检验,运用层次分析的理论和方法建立评价模型和确定指标体系的权重。

第三阶段:构建高职学生特质评价模型并进行实证研究。结构方程模型是一种建立、估计和检验因果关系模型的方法。模型中既包含有可观测的显在变量,也可能包含无法直接观测的潜在变量。结构方程模型可以清晰分析单项指标对总体的作用和单项指标间的相互关系。选择不同产业类型、不同人数规模、不同资产类型的用人单位,通过问卷调查的收集,进行数据分析、建立结构方程模型,对模型进行验证和修正,如图6-1所示。

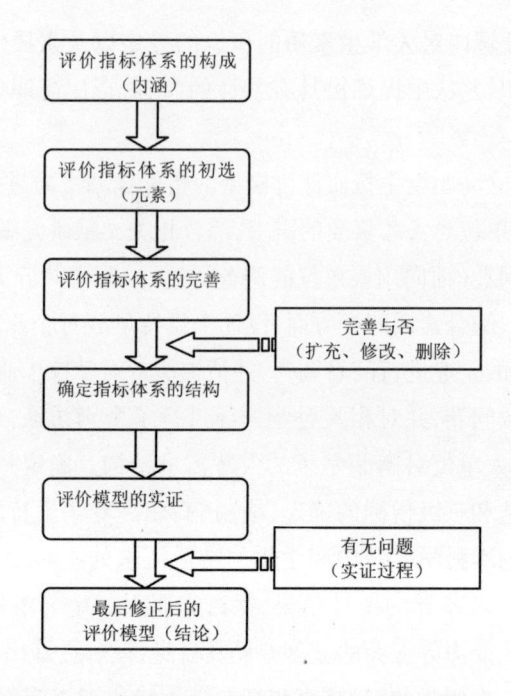

图 6-1　高职学生特质评价模型构建的思路图

（三）评价模型构建的基本方法

本书将综合运用问卷调查、专家评分、层次分析法和结构方程模型，构建基于管理学、统计学、教育学基础的高职生特质评价模型，并将模型应用于具体实践中。

1. 问卷调查法

一共发放三次用人单位问卷，2009 年 4 月至 7 月，首先根据文献综述和参考以往的问卷，编制《高职高专学生特质评价调查问卷（面向用人单位的调查问卷）》对不同性质、不同行业单位进行调查，采用李克特量表，以"非常重要""比较重要""一般""不重要""非常不重要"为评分标准，以一般综合能力、职业核心能力、综合素质和知识结构为一级指标，自我发展能力、心理调适能力、组织管理能力、信息处理能力、解决问题能力、自我学习能力、与人合作能力、与人交流能力、数字应用能力、创新能力、外语应用能力、思想素质、道德素质、职业素质、身体素质、心理素质、科学文化知识、专业技术知识、适应就业需要的知识为二级指标。

2009 年 8 月—10 月，在对第一份问卷进行修改的基础上，编制《高职高专学生特质调查问卷》，主要针对参与人才培养的院校和企业，了解高职高专学生的特质(与本科、中职的不同),为现代企业培养和输送符合市场需求的高素质技术技能型人才。以发展能力、职业能力、知识结构、基本素质为一级指标。

2009年10月,对第二次反馈的问卷做统计分析,抽取其中符合企业需求的高职学生特质指标,提出一个高职学生特质的评价及要素的高阶结构方程研究模型及相关研究假设。正式编制《高职高专毕业生特质评价调查问卷(面向用人单位的调查问卷)》,了解用人单位的人才特质需求,更准确把握市场对高职人才的需求,实现学校育人与企业用人的无缝对接,为现代企业培养和输送符合市场需求的高素质人才。

2. 层次分析法建立评价模型

层次分析法是一种解决多因素复杂系统,特别是难以定量描述的社会系统的分析方法,是一种实用的多准则决策方法。层次分析法的基本思想是将复杂的问题分解成各组成因素,然后按因素的支配关系分成有序的递阶层次结构;通过两两比较判断形式确定每一层次中因素的相对重要性,并通过数学计算的方法确定权重,最后在递阶层次结构内进行合成,得出决策因素相对目标的重要性的总的顺序,为决策者提供选择方案的理论依据。

3. 结构方程法构建和验证模型

结构方程模型是近20年应用统计学领域中发展起来的一个分支。它是一种实证分析模型,本书将在高职学生特质理论分析和评价指标体系的基础上,提出一个高职学生特质的评价及要素的高阶结构方程研究模型及相关研究假设,然后验证这个结构关系和模型的假设是否合理,模型是否正确,如果模型存在问题,则加以修正。结构方程模型的另一个特点是可以对潜在变量进行分析,结构方程模型综合了多元回归分析、因子分析和路径分析的优点,通过结构方程模型还可以对高职学生特质评价系统各变量间、各变量与总体间及潜在变量关系进行分析。

(1) 基本模型[①]

一般的结构方程由三个矩阵方程式构成:

$$\eta = B\eta + \Gamma\xi + \zeta \tag{6-1}$$

$$y = \Lambda_y \eta + \varepsilon \tag{6-2}$$

$$x = \Lambda_x \xi + \delta \tag{6-3}$$

上述的结构方程模型由测量模型(式6-2和式6-3)和结构模型(式6-1)

---

① Hair, Black, Dabin, Anderson, Tatham, *Multivariate Data Analysis* (6th edtion, 2006)

两部分构成。(6-2)和(6-3)为测量模型,表示隐变量与显变量之间的关系,即由显变量来定义隐变量。其中方程(6-2)将内生隐变量 η 连接到内生变量 y。其中方程(6-3)将外生隐变量 ξ 连接到外生变量 x。矩阵 Λ_x 和 Λ_y 分别为 x 对 ξ 的和 η 对 y 的反映其关系强弱程度的系数矩阵,可以理解为相关系数,实际上是因子分析的载荷矩阵。ε 和 δ 是 y 和 x 的测量误差。在结构方程模型中,测量误差满足假设:

①零均值,方差为常数;

②不存在序列相关;

③与外生、内生隐变量不相关

④与结构方程误差不相关

方程(6-1)为结构方程模型,反方程(6-1)为结构方程模型,反映了隐变量之间的关系。内生隐变量和外生隐变量之间通过 B 和 Γ 系数矩阵以及误差向量 ξ 联系起来,其中 Γ 代表外生隐变量对内生隐变量的影响,B 代表内生隐变量之间的相互影响,ζ 为结构方程的误差项。结构方程的模型的误差项满足:

①零均值,方差为常数;

②不存在序列相关;

③与外生的隐变量不相关。

(2)结构方程模型分析的主要步骤

结构方程模型的分析过程分为 4 个步骤,分别是模型建构(model construction)、模型拟合(model fitting)、模型评价(model assessment)、和模型修正(model modification)。

二 构建基于需求导向的高职学生特质评价模型

学生是学校的主体集合,这个主体集合有其共性,同时每个个性有其自身的特点、特质。培养全面发展的人,是社会的需求,时代的潮流。从学生作为社会人这个角度看,社会要求学生德、智、体、美、劳全面发展;从企业角度来看,企业不仅要求全面的人才,同时还细化和强化人才一些"隐形"能力和特点,统称为特质。而这些特质正是企业所关注的,作为学校也关注"特质",因为它们是学校培养人才的切入口。学校只有出口通畅,才有进口通畅,学校才能健康稳定地可持续发展。基于"需求"这种导向功能的学生特质评价更加注意人才能力和特质与企业的"无缝"对接。企业希望企业效率最大化,就是希望招到他们所希望的工作人员,学校希望学生出口通畅,所培养的学生能够胜任企业工作。这两种愿望都能够实现,就实现了企业与学校双赢这个良性格局。因此,高职高专学生特质评价是建立在人才能力全面的基础上而不同于本科大学生独有的特质,也是高职高专大学生的核心竞争力的主体所在。因此,基于需求导向的评价是高度概括出来的模型,既具有其独特性,也具有其学生特质评价的共性。

(一)评价步骤

具体来说,运用层次分析法是将决策有关的元素分解成目标、准则、方案等层次,在此基础上进行定性和定量分析的决策方法。① 高职学生的特质涉及多项指标,各项指标的权重是否合理,是高职学生特质评价指标体系是否科学的重要标志。由于高职学生特质的各项指标之间的关系复杂,既相互制约,又相互影响,常常无法直接用定量的方式描述,需要将半定性、半定量的问题转化为定量计算问题。层次分析法的使用有助于本书科学地确定高职学生特质中各项指标的权重。

1. 建立层次结构并构造比较矩阵

层次分析法是系统分析方法,层次结构反映了因素之间的关系,但准则层中的各准则在目标衡量中所占的比重并不一定相同,在确定准则层中某因素的因子相对于其他因子的比重时,往往带有一定主观性。同时,影响某因素的因子为多因子时,由于存在人们对因子重要程度考虑不周全的情况,因此,在确定这些多因子对该因素的影响程度时,可能造成决策者提出与他实际认为的因子重要性程度不相一致、不相吻合的结果数据,甚至可能是一组隐含矛盾的结果数据。因此,美国萨蒂教授等人建议可以建立比较矩阵,比较矩阵建立方法为采取对因子进行两两比较而得到比较矩阵,哪个因子更为重要,重要程度是多少,是多大,每个因子重要程度用某个确定的数字表示。例如每次取某因素中 Z 两个因子 x_i 和 x_j,以数字 a_{ij} 表明 x_i 和 x_j 对 Z 的影响大小之比,全部因子比较结果用矩阵 $A = (a_{ij})_{n \times n}$ 表示。所以若 a_{ij} 表示 x_i 与 x_j 对 Z 的影响之程度,那么 a_{ij} 的倒数 $\frac{1}{a_{ij}}$ 表示 x_j 与 x_i 对 Z 的影响之程度。

萨蒂等建议引用数字1—9及其倒数作为标度来确定 a_{ij} 的值。表6-1列出了1—9标度的含义:

---

① http://courseware.ecnudec.com/zsb/zsx/zsx07/zsx07d/zsx07d000.htm.

表6-1　1—9标度的含义

标度	含 义
1 3 5 7 9	表示两个因素相比,二者具有相同重要性 表示两个因素相比,前一个因子比后一个因子稍重要 表示两个因素相比,前一个因子比后一个因子明显重要 表示两个因素相比,前一个因子比后一个因子强烈重要 表示两个因素相比,前一个因子比后一个因子极端重要
2,4,6,8	表示上述相邻判断的中间值
倒数	若某因素 i 与某因素 j 的重要性之比为数字 a_{ij},那么后者因素 j 与前者因素 i 重要性之比就为 $a_{ji}=\dfrac{1}{a_{ij}}$

根据萨蒂提出对因子进行两两比较建立成对比较矩阵的办法,建立比较矩阵。

2. 求出每一比较矩阵的特征向量与最大特征值,并进行矩阵的一致性检验

层次单排序方法如下:

计算判断矩阵每一行元素乘积 $M_i = \prod_{j=1}^{n} a_{ij} (i=1,2,\cdots,n)$;

计算 Mi 的 n 次方根 $W'_i = \sqrt[n]{M_i}(i=1,2,\cdots,n)$;

对 $W'_i = (W'_1, W'_2, W'_3, \cdots W'_n)^T$ 正规化, $W_i = \dfrac{W'_i}{\sum_{i=1}^{n} W'_i}(i=1,2,\cdots,n)$

$W_i = (W_1, W_2, W_3, \cdots W_n)^T$ 即所求的特征向量。

在求出特征向量之后,要对判断矩阵做一致性检验,其步骤为:

①一致性指标 CI 的计算方法为:

$$CI = \dfrac{\lambda_{max} - n}{n-1}, 其中 \lambda_{max} = \dfrac{\sum_{i=1}^{n} AW_i}{n}$$

②对于 $n=1,\cdots,9$,萨蒂给出了 RI 的值。由表6-2查找相应的平均随机一致性指标 RI。

表6-2 平均随机一致性指标

n	1	2	3	4	5	6	7	8	9
RI	0	0	0.58	0.90	1.12	1.24	1.32	1.41	1.45

(二)评价模型的构建

1. 评价指标权重的确定

依据高职学生特质评价思想而知,评价指标体系分为以目标层、准则层、子准则层、指标层为结构的四层结构,层层递进。目标层为 O,即高职学生特质;准则层依据评价目标而设置的指标体系,包括发展能力、职业能力、知识结构,分别记为 A_1,A_2,A_3;子准则层包括6个指标,分别记为 $A_{11},A_{12},A_{21},A_{22},A_{23},A_{31}$;指标层包括12个指标,依次分别记为 $A_{111}-A_{312}$。详细指标体系结构如表6-3所示。

表6-3 高职学生特质评价指标结构

	一级指标	编号	二级指标	编号	三级指标	编号
高职学生特质评价	发展能力	A1	心理适应能力	A11	环境适应能力	A111
					抗挫折能力	A112
			自我管理能力	A12	自我学习能力	A121
					执行能力	A122
	职业能力	A2	解决问题能力	A21	及时发现问题	A211
					总结经验	A212
			团队合作精神	A22	树立沟通意识	A221
					明确职业角色	A222
			实践操作能力	A23	实践动手能力	A231
					计算机操作能力	A232
	知识结构	A3	职业技术能力	A31	专业技能知识	A311
					特定职业知识	A312

2. 比较判断矩阵的构建

依据上文所述层次分析法思想,根据专家的打分和高职学生特质问卷调查资料,由高职学生特质评价指标结构的同一层的各个指标的两两比较而确定的各自的重要程度,得到高职学生特质评价各级指标的判断矩阵。

第一级指标(第二层 $A_1 - A_3$)的判断矩阵为 $O - A_i$ 为:

$$O - A_i$$

O	A1	A2	A3
发展能力 A1	1	1	2
职业能力 A2	1	1	2
知识结构 A3	1/2	1/2	1

第二级指标(第三层 $A_{11} - A_{31}$)关于第一指标的判断矩阵 $A_1 - A_{1i}, A_2 - A_{2i}$ 为:

$$A_1 - A_{1i}$$

A1	A11	A12
心理调试能力 A11	1	1
自我管理能力 A12	1	1

$$A_2 - A_{2i}$$

A2	A21	A22	A23
解决问题能力	1	1/2	1/2
团队合作精神	2	1	1
实践操作能力	2	1	1

第三级指标(第四层 $A_{111} - A_{312}$)关于第二指标的判断矩阵 $A_{11} - A11i, A_{12} - A_{12i}, A_{21} - A_{21i}, A_{22} - A_{22i}, A_{23} - A_{23i}, A_{31} - A_{31i}$分别为:

$$A_{11} - A_{11i}$$

A11	A111	A112
环境适应能力 A111	1	1
抗挫折能力 A112	1	1

$$A_{12} - A_{12i}$$

A12	A121	A122
自我学习能力 A121	1	1/3
执行能力 A122	3	1

$A_{21} - A_{21i}$

A21	A211	A212
及时发现问题 A211	1	9
总结经验 A212	1/9	1

$A_{22} - A_{22i}$

A22	A221	A222
树立沟通意识 A221	1	3
明确职业角色 A222	1/3	1

$A_{23} - A_{23i}$

A23	A231	A232
实际动手能力 A231	1	9
计算机操作能力 A232	1/9	1

$A_{31} - A_{31i}$

A31	A311	A322
职业能力知识 A311	1	3
特定职业知识 A312	1/3	1

将上述9个判断矩阵中数字部分组成的矩阵按顺序分别记为 O、A1、A2、B1、B2、B3、B4、B5、B6，则有：

$$O = \begin{bmatrix} 1 & 1 & 2 \\ 1 & 1 & 2 \\ \frac{1}{2} & \frac{1}{2} & 1 \end{bmatrix} \quad A1 = \begin{bmatrix} 1 & 1 \\ 1 & 1 \end{bmatrix} \quad A2 = \begin{bmatrix} 1 & \frac{1}{2} & \frac{1}{2} \\ 2 & 1 & 1 \\ 2 & 2 & 1 \end{bmatrix}$$

$$B1 = \begin{bmatrix} 1 & 1 \\ 1 & 1 \end{bmatrix} \quad B2 = \begin{bmatrix} 1 & \frac{1}{3} \\ 3 & 1 \end{bmatrix} \quad B3 = \begin{bmatrix} 1 & 9 \\ \frac{1}{9} & 1 \end{bmatrix}$$

$$B4 = \begin{bmatrix} 1 & 3 \\ \frac{1}{3} & 1 \end{bmatrix} \quad B5 = \begin{bmatrix} 1 & 9 \\ \frac{1}{9} & 1 \end{bmatrix} \quad B6 = \begin{bmatrix} 1 & 3 \\ \frac{1}{3} & 1 \end{bmatrix}$$

3. 指标权重的确定及其一致性检验

得到这些判断矩阵之后，求出矩阵的特征向量。就是对判断矩阵进行数据分析,进行层次单排序。得出各层次矩阵的最大特征根及相应的特征向量。这个特征向量便给出了指标权重值的依据。

(1)一、二级指标权重的确定及一致性检验

①一级指标权重的确定及一致性检验。利用上文的高职学生特质评价方法,得到 $O-A_i$ 的权重向量、最大特征根、一致性检验分别为:

$W_A = [0.400, 0.400, 0.200]^T$, $\lambda_{max} = 3.0183$, $CI = 0.0915$, $RI = 0$, $CR = 0.0153 < 0.1$。由 $CR < 0.1$ 说明判断矩阵具有满意的一致性。一级指标中权重大小说明了指标发展能力与指标职业能力同等重要,其次就是知识结构。

②二级指标权重的确定及一致性检验。依据以上的方法,可得到二级指标权重、最大特征根、一致性检验分别为:

$W_{A1} = [0.900, 0.100]^T$, $\lambda_{max} = 2.000$, $CI = 0$, $RI = 0$, $CR = 0 < 0.1$;

$W_{A2} = [0.2782, 0.3434, 0.3874]$, $\lambda_{max} = 3.008$,

$CI = 0.004$, $RI = 0.58$, $CR = 0.0053 < 0.1$;

③最终权重的计算和总体一致性检验。在层次分析法中,我们得到的是第二级指标元素对第一级指标元素的权重向量。为了得到这6个指标对于高职学生特质评价这一总目标的排序权重,按以下方法计算:

设一级指标层 A 包含有 m 个指标元素,分别为 $A_1, A_2, \cdots, A_m$,其权重为 $a_1, a_2, \cdots, a_m$,又设下一级指标层 B 包含有 n 个元素,分别为 $B_1, B_2, \cdots, B_n$,其权重为 $b_{1j}, b_{2j}, \cdots, b_{nj}$($A_i$ 与 B_j 无关联时 $b_{ij} = 0$)。那么 B 层各要素关于总目标的权重为 $w_i = \sum_{j=1}^{3} a_i b_{ij}$ ($i = 1, 2, 3$),于是第二层中6个指标元素的总排序权重为 $w_i = [w_1, w_2, \cdots, w_6]^T$。

第二层指标总排序也要进行一致性检验,设二级指标中某些指标对 C_j 的单排序一致性指标为 $CI(j)$,随机一致性指标为 $RI(j)$,则二级指标层排序的随机一致性比率为:$CR = \dfrac{\sum_{j=1}^{m} a_j CI(j)}{\sum_{j=1}^{m} a_j RI(j)}$。当 $CR < 0.1$,认为该层次排序是满意的。

对第二层指标进行总体一致性检验为:

$$\sum_{j=1}^{3} a_j CI(j) = 0.016, \quad \sum_{j=1}^{3} a_j RI(j) = 0.232,$$

$$CR = \frac{\sum_{j=1}^{3} CI(j) a_j}{\sum_{j=1}^{3} RI(j) a_j}, \quad CR = 0.004 < 0.1$$

由此便知,6个指标层次总排序结果具有较满意的一致性,并认为该分析结果是可接受的。

按照此方法计算,得到6个指标在总目标高职学生特质评价中的层次排序,没有隶属影响的权值计为0,可以得到二级指标权重总排序,如表6-4所示。

表6-4 二级指标权重总排序

评价目标	一级指标	权重	二级指标	权重	二级指标
O	A1	0.4000	A11	0.9000	0.3600
			A12	0.1000	0.0400
	A2	0.4000	A21	0.2782	0.1113
			A22	0.3434	0.1374
			A23	0.3784	0.1550
	A3	0.2000	A31	1.0000	0.2000

(2)三级指标权重的确定及一致性检验

①三级指标权重向量的确定及其一致性检验。运用类似的方法可以得到三级指标的权重向量、最大特征根、一致性检验分别为:

$W_{A11} = [0.500, 0.500]^T$, $\lambda_{\max} = 2.000$, $CI = 0$, $RI = 0$, $CR = 0 < 0.1$;

$W_{A12} = [0.400, 0.600]^T$, $\lambda_{\max} = 2.000$, $CI = 0$, $RI = 0$, $CR = 0 < 0.1$;

$W_{A21} = [0.950, 0.050]^T$, $\lambda_{\max} = 2.000$, $CI = 0$, $RI = 0$, $CR = 0 < 0.1$;

$W_{A22} = [0.250, 0.750]^T$, $\lambda_{\max} = 2.000$, $CI = 0$, $RI = 0$, $CR = 0 < 0.1$;

$W_{A23} = [0.900, 0.100]^T$, $\lambda_{\max} = 2.000$, $CI = 0$, $RI = 0$, $CR = 0 < 0.1$;

$W_{A31} = [0.500, 0.500]^T$, $\lambda_{\max} = 2.000$, $CI = 0$, $RI = 0$, $CR = 0 < 0.1$

②三级指标总体一致性检验。对 A_1 总体一致性检验：

$$\sum_{j=1}^{2}a_jCI(j)=0, \quad \sum_{j=1}^{2}a_jRI(j)=0, \quad CR=\frac{\sum_{j=1}^{2}CI(j)a_j}{\sum_{j=1}^{2}RI(j)a_j}=0<0.1$$

可见，$A1$ 的 2 项三级指标因素对于 $A1$ 指标评价目标的权向量是可接受的。

对 $A2$ 总体一致性检验：

$$\sum_{j=1}^{3}a_jCI(j)=0, \quad \sum_{j=1}^{3}a_jRI(j)=0, \quad CR=\frac{\sum_{j=1}^{3}CI(j)a_j}{\sum_{j=1}^{3}RI(j)a_j}=0<0.1$$

可见，$A2$ 的 3 项三级指标因素对于 $A2$ 指标评价目标的权向量是可接受的。

对 $A3$ 总体一致性检验：

$$\sum_{j=1}^{3}a_jCI(j)=0, \quad \sum_{j=1}^{3}a_jRI(j)=0, \quad CR=\frac{\sum_{j=1}^{3}CI(j)a_j}{\sum_{j=1}^{3}RI(j)a_j}=0<0.1$$

可见，$A3$ 的 2 项三级指标因素对于 $A3$ 指标评价目标的权向量是可接受的。

③高职学生特质评价三级指标权重总排序。由以上的计算，可以得到高职学生特质指标评价各层次指标的权重总排序，如表 6-5 所示。

表 6-5　高职学生特质评价指标权重总排序

评价目标	一级指标	权重	二级指标	权重	二级指标最终权重	三级指标	权重	三级指标最终权重
O	A1	0.4000	A11	0.5000	0.2000	A111	0.5000	0.1000
						A112	0.5000	0.1000
			A12	0.5000	0.2000	A121	0.4000	0.0800
						A122	0.6000	0.1200
	A2	0.4000	A21	0.2782	0.1113	A211	0.9500	0.1057
						A212	0.0500	0.0055
			A22	0.3434	0.1374	A221	0.2500	0.0343
						A222	0.7500	0.1030
			A23	0.3784	0.1550	A231	0.9000	0.1362
						A232	0.1000	0.0151
	A3	0.2000	A31	1.0000	0.2000	A311	0.5000	0.1000
						A312	0.5000	0.1000

为此我们可以看出:

第一,高职学生特质评价指标体系中的实践动手能力权重最高,说明了企业非常强调高职学生的实践解决问题的能力,要求高职毕业学生在生产一线能够干活,干好活,巧干活。企业希望缩短员工培训时间,降低成本,即要求毕业生到了企业就能够上岗解决实际问题,其动手能力权重高是情理中事。因而高职学生实践动手能力强的特点是吸引企业用人单位来校择人的重要原因之一。

第二,执行能力的权重仅次于实践动手能力,这说明了执行力是极为重要的,好的企业特别需要一个执行力强的团队,每个员工执行力强,整个企业在行业内才有竞争力。而员工的实践动手能力强,产品具有核心竞争力,这是企业参与竞争的法宝,从这个角度来看,实践动手能力与执行能力这两者相辅相成,相互影响,相互促进。执行力强带来一个团队的欣欣向荣,欣欣向荣的团队必定具备了该行业内所应具有的核心竞争力。

第三,及时发现问题权重仅次于实践动手能力和执行能力,说明企业用人单位要求高职学生工作踏实勤奋,在实际工作中具有锐敏、独到的眼光,在工作中及时发现问题,改进生产工艺,拥有探索并解决问题的能力,从而提高生产效益,这正是企业所追求和看重的。

第四,明确职业角色的权重也相对较高。该指标说明高职学生在做职业规划时,要脚踏实地,不要好高骛远,在做具体工作时明确该做什么,不该做什么,一步一个脚印地工作。特别是工作过程中,具有"不浮躁,沉得下去"的特点,踏实、肯干、定位准确,与本科生相比,高职学生的明确职业角色更受企业的欢迎。

通过对高职学生特质评价指标体系的分析,可以看出高职学生的实际动手能力、执行能力、及时发现问题能力、明确职业角色等特质,在整个评价指标体系中所占权重比例较大,正是企业所看重的,是高职学生应具有的核心竞争力。这些核心特质也为辅佐学生就业求职、职业规划奠定深厚而长远的基础,同时也促使高职学生其他特质如自我学习能力、环境适应能力等得到进一步的发展。

第七章

高职学生特质评价指标体系设计

前面结合管理学、经济学、教育学等相关理论的指导和分析,确定构建了高职学生的特质概念模型,下面需指明高职院校制定学生特质评价的调查方案设计、指标的形成与筛选,制定高职学生特质评价的指标体系,使高职院校在培养社会需要的高职人才中,取得良好效果,推动社会高职学生特质不断适应社会经济发展的需要。

一 高职学生特质评价指标体系设计的思想和原则

我国自1998年开始启动大规模的高等职业技术教育后,高职教育的办学规模得到了迅速发展,专业、课程设置日趋完善、教学管理日渐成熟,在十余年的办学过程中积累了许多经验,取得了一定的成绩,成为我国高等教育不可或缺的重要组成部分。但是,纵观高职教育的整个过程,我们对于高职人才质量的评价,特别是针对高职学生特质的评价却一直处于摸索阶段,至今尚未形成一套科学实用的评价体系。许多高职院校只是简单地照搬照抄了普通高校的评价模式,往往注重以"知识为核心"的评价系统,而忽略了高职背景下的学生特质在评价中的地位。"评价办法与高职人才培养目标脱节、缺乏科学的论证、无法很好地引导和调节学校教育。"[1]这样的评价体系往往无法真实全面地反映学生的综合素质,也就无法正确引导学生的后期培养。同时也制约了高职教育的健康快速发展,已经越来越成为高职教育的发展瓶颈。由此可见,建立一个科学的高职学生特质评价体系,是目前各高职院校普遍关心的问题,也是大家积极探索、努力追求的目标。高职学生评价体系的构建应以引导并促进需求发展为出发点,以主体性是否得到充

---

[1] 符娟:《高职学生综合素质评价体系的研究》,《山东行政学院山东省经济管理干部学院学报》2006年第115期,第37–41页。

分发挥为根本尺度,以企业需求的评价为主线,由于大学教育的多样性,其评价也必须注重多样化。

(一)评价指标体系设计的原则

在整个高职教育过程中,学校对学生培养的评价工作贯穿其中,占据着非常重要的地位,在学生培养过程中起着承上启下的重要作用,也是人才培养的航标。对学生特质的评价工作既是对前一个教育环节的检查,又直接影响下一个教育环节的顺利进行,从而渗透到对学生的全面发展和人才培养的全过程,也直接影响到能否满足市场需求的人才培养问题。因此,建立一个适应企业环境要求,立足我国国情,针对学生学习的各个不同阶段、不同层次能够进行定性与定量分析相结合,与高职人才培养目标高度吻合的评价指标体系是十分必要的,这也是关系到推进高职教育发展的大事。

鉴于目前高职学生特质评价体系的现状,我们对新的评价指标体系设计的原则需要先从适应企业环境要求、我国的高等职业教育实际情况的价值导向等因素密切结合的角度入手,主要就设计原则在目标一致、引导性、科学性、实用性、可比性、开放性和系统优化七个方面进行阐述。

1. 以适应企业环境要求的设计为起点

高等职业教育的特殊性决定了其对学生的评价在评价内容、评价方法等方面都应不同于学术型或研究型教育评价。高职教育的人才培养目标是为经济建设和社会发展培养面向基层的生产、管理、服务第一线的应用型高级人才。职业教育已从单纯的"适应岗位、工种需求"的教育,逐渐转向适应"劳动力市场变化"和"产业结构调整"的"能力本位"教育。许多评价体系往往注重学校教师对学生的评价,评价指标由学校制定,学生被动接受等级评定结果,缺乏企业及用人单位的及时反馈和评价,从而导致了评价体系的不完整。

高职教育的人才培养目标始终要与社会和用人单位的需求相吻合,要与企业建立密切的联系。不仅要使企业成为高职教育的生产实践基地,而且要力求人才培养适应企业环境要求,这是现阶段我国经济和社会发展对高职教育提出的要求。这决定了"人才培养一定要遵循市场发展规律、行业专业发展规律、教育发展规律以及作为个体'人'的发展规律"[①],离开了这些,高职教育培养的"人才"就难

---

① 郑军:《论高职院新的学生综合素质评价体系的建立》,《市场周刊. 管理探索》,2005 年第 113 期,第 23 - 25 页。

以在企业的发展进程中发挥应有的作用。

2. 以立足于国情的价值为导向

人才培养目标永远是为社会需求而设定的。如果离开了这一基本原则,就无法实现社会进步以及国家的发展。但是,社会需求与人才培养之间总是充满了矛盾,人才培养相对社会需求要滞后一些,学校培养的人才与社会的需求总是存在着差距。我国经济体制已经逐渐从计划经济向市场经济过渡,并且得到了较大程度的发展,同时,我国的产业结构也在不断进行调整,导致高科技产业的持续增长,这样的变革和发展需要大批量多种类型的高级人才做保障,对我国高等教育提出了新的要求,同样也要求高等职业技术院校的人才培养应该为社会培养其所需的大批实用型、技术型高级人才,从而促进经济的发展,并解决好社会需求与人才培养的矛盾。

虽然国家非常重视高职教育的发展,给予了许多政策和制度上的扶持,高职教育也呈现出较好的发展势头,但是综观高职教育的实际,还存在许多不尽乐观的现象。高等职业教育在许多人眼中还处于高等教育的较低层次,还是一种次教育或者说是普通高等教育的一种补充,是学生和家长不得已的选择。我国经济的高速发展使得社会对各种类型人才的需求急剧增长,这在使我国高等教育面临前所未有的挑战的同时,也给高职教育带来了新的课题。一方面,高等职业技术教育一时难以提供社会所需要的大量实用型、技术型高级人才,两者之间的供求矛盾依然尖锐。另一方面,大规模教育培养的人才出现"浪费"。一些用人单位甚至把现在的高职生当成原来的中专生来用,出现了"毕业即失业"的现象。挖掘立足于我国国情适应社会需求的高职学生特质是化解以上矛盾的有效手段,建立一套科学的学生特质评价体系是验证特质是否适应国情的重要依据。

基于对以上因素的考虑,本书研究高职学生特质评价指标体系的设计遵循以下原则:

(1)目标一致性原则

目标一致性原则既要使评价指标与评价目标一致,又要使下一层次的指标与上一层次的指标一致。否则,设计学生特质评价指标体系过程将遇到难以两相适应的局面,导致评价工作的失败。另一方面,人才培养目标决定了一切活动,评价工作必须服务于这一目标。评价只是一种手段,为评价而评价的活动是毫无价值的。因此,评价的目的和人才培养目标的一致性,也是目标一致性原则所要求的。高职学生特质评价体系的设计指标涉及了高职教育背景下学生政治思想、学习、生活、工作的方方面面,全面的指标收集是高职学生特质评价体系中非常重要的一环。高职学生特质的指标作为一个整体,应该围绕目标一致性的原则进行设计,应该从各个角度来反映被评价系统的主要特征、状态及发展趋势。

评价目标决定评价指标的构成,指标作为具体的目标,决定着目标能否切实地得到落实。因此,建立评价指标体系时,必须根据评价目标来设置相应的评价指标。评价指标体系内部各项具体内容之间必须相互协调,不能把相互矛盾的指标放在同一级指标体系中。还应考虑高职教育与普通高等教育的区别,使得高职教育学生特质的评价体系与普通高等教育的评价体系区分开来,体现出高职教育学生培养的特点。

(2)引导性原则

受到经济全球化的影响,人才培养由本土化向国际化趋近,为更好地与市场需求相适应,教育评价也从注重选择和淘汰转向注重诊断和指导,并且更加突出教育评价的导向、激励和教育功能。引导性原则的含义在于要将评价办法贯穿于教育教学活动整个过程中,不断取得有关教学活动、学习活动以及其他相关活动的反馈信息,促使教师和学生能够不断地了解、改进、完善自己的教学活动和学习活动,随时调节教学活动和学习活动,引导教学进程向着人才培养目标迈进。故而,评价办法不仅是检查、鉴定学生的标准,更是指引学生前进的航标灯、引导学校教学工作重点调整的信号灯、个性化特质培养的重要依据。

引导性原则要求指标体系设计所设置的评价指标应能为人才培养目标的实现和学生特质的培养指明方向。评价活动的主要目的是通过对日常教育教学活动进程进行阶段性的检查和评估,将获取的反馈信息进行分析、整理和提炼,发现各个教学环节出现的漏洞和不足,及时采取调整、矫正、补救措施,为下一阶段的教学活动的开展和安排提供较为准确的基础数据和理论依据,使得下一个教学目标得以顺利实现,从而匡正每一个教学环节,使它们不偏离人才培养的大目标,不断将学校教育的健康发展引向深入,真正达到教育评价的目的。

(3)科学性原则

目前许多高职院校采用以量化为基础的定量评价体系,倾向于将学生的各种表现尽量以分值来衡量。这种定量化的评价体系从表面上看似乎比较准确合理,但是仔细观察后,发现其存在着严重不足:量化后的评价体系突出了选优拔尖的功效,激励的是少部分学生,而使绝大多数学生的自信心受到打击,不利于大学生的健康成长,不能真实、准确地反映学生的特质,也不符合高职人才的要求。

高职学生特质评价指标的科学性原则体现的是既要遵循教育教学活动的客观规律,能够客观、真实、全面地反映高校教育教学活动,能够体现高职学生特质;又要能保持绝对与相对、定量与定性、静态与动态指标之间的平衡性。

"各种指标概念必须清楚、科学,不能含糊其辞;含义要确切,不能存在多种不同的解释;计算范围要明确,不能各取其所;指标的数量要取决于实际需要和理论研究的完善程度,各指标之间必须相互联系,相互衔接,相互制约,具有严密的逻辑关系。"[1]科学性原则要求高职学生特质评价体系要科学、系统、客观地反映学生真实的情况,采用多元化评价。在评价形式上,他评与自评相结合,既关注学生课程成绩,又注重学生实际能力和综合素质的提升,共性与个性发展相结合,发挥评价的激励和促进作用。"在评价内容上,要按照思想品德、专业素质、技能水平、身心素质等要素设计出多层次、多指标、权重清晰的评价标准体系,力争客观全面地反映学生发展的实际情况。在评价程序上,应按照制定的评价标准的要求,先逐项评价,再逐级综合,经过分析、解释、价值判断后,得出整体的评价结果。"[2]

只有构筑起科学评价指标体系基础上的符合中国国情的高职学生特质评价,才能真正反映我国高职教育的发展状况,从而更好地促进高等教育的发展。

(4) 可比性原则

学生特质指标体系应具有纵向可比和横向可比的原则,即体现可比性原则。通过纵向比较即同一对象这个时期与另一个时期作比较,可以观察不同时期学生个体的发展过程和趋势;通过横向比较即不同对象之间的比较,找出共同点,按共同点设计评价指标体系。可以观察不同学生个体、不同高职院校学生之间的差异性,架构出学生评价的立体空间。评价指标体系要有通用可比性,条件是指标体系与各项指标、各种参数的内涵和外延保持稳定,用以计算各指标相对值的各个参照值不变。

可比性原则要求将评价贯穿于整个教学活动的始终,定期做好学生个体的详细相关记录,定期将数据比对应用于学生个体,使得学生了解到自身的变化情况。同时,了解与其他学生之间的具体差异,通过比较,找出差距,挖掘潜力。评价体系能科学鉴定学生的特质,凸显学生的个性差异;能适应于不同专业、不同院系、

---

[1] 曾孟军:《疏浚企业理财效益指标体系的构建》,《交通财会》2008 年第 65 期,第 16 – 20 页。
[2] 武正林:《高职院校学生综合素质评价体系研究》,《教育与职业》2006 年第 27 期,第 13 – 22 页。

不同学校学生特质的量化评价,让学生更加客观地进行自我认知,便于形成自我激励的内部动力和良性竞争的外部环境,实现全体学生的共同发展。

指标的设计还要注意避免不可比因素的出现,以免使评价无法进行。在经济全球化背景下的我国高等职业教育应尽可能保持与国内同类甚至国外同类院校评价指标相一致,从而使得学生特质的培养更加适合国内的要求、实现与国际环境的接轨。

(5)实用性原则

虽然评价体系的指标设计考虑的因素较多,体系的结构比较复杂,但是评价体系的可操作性如何将会直接影响此评价体系的实际应用和推广。实用性原则指的是实用性、可行性和可操作性。要使指标体系真正能够满足实用性原则要求,除了必须使指标体系符合我国国情,从我国高等职业教育的现状出发外,就指标本身的设置应该具有简明、直观、清晰等特点,要求数据获取过程简便,并且在实际当中应有足够的信息可以获取,所得数据便于计算、分析、考核与评价,具有较强的可操作性。实行评价过程中的质量控制,即对数据的准确性和可靠性加以控制,同时利于构建具有普遍意义的数学模型,对大量数据进行数理统计,并根据计算要求编制出相应软件,便于计算机快速分析、整理,达到更准确的评价效果。

实用性原则还要求所设置的评价指标要有利于促进学生素质的发展,切实起到引导学生成才的作用。指标体系的设计不在于大而全,而在于能够紧紧围绕学生特质的真实体现,抓住关键要素进行评价,剔除那些不能反映学生特质或者与学生特质相关度不高的指标,从而使所设指标在评价实践中起到真实有效的作用。

(6)开放性原则

开放性原则要求自我评价、班组评价和各级组织评价相结合,做到评价人员、评价过程、评价结果公开,提高参评人员对评价的认同度。大学生是敏感群体,自主意识较强,富有批判精神,对每个学生的评价都要坚持公平、公正、公开,实事求是,有理有据。学生是评价的主体,要充分发挥学生的主观能动性,调动学生参评的积极性,允许学生进行自我评价,允许学生对他人的评价提出质疑,评价工作应予以明确的解释和说明,使学生综合素质评价工作不断得到完善和提高。

(7)系统优化原则

评价对象必须用若干指标进行衡量,这些指标是互相联系和互相制约的。有的指标之间有横向联系,反映不同侧面的相互制约关系;有的指标之间有纵向关系,反映不同层次之间的包含关系。同时,同层次指标之间要尽可能地界限分明,避免相互有内在联系的若干组、若干层次的指标体系,体现出很强的系统性。评价指标体系要统筹兼顾各方面的关系,指标数量的多少及其体系的结构形式要达到最优化,用较少的指标较全面系统地反映评价对象的状况,采用系统的方法,组成树状结构的指标体系,体系的各个要素及其结构都能满足系统优化要求。

(二)评价指标体系设计的思想

随着高等职业教育的发展和日渐成熟,高职学生特质的评价日益成为高等教育管理中一项重要的内容。高职学生特质评价是学校对学生进行激励和约束的基础环节和重要内容,有效的评价将有助于协调教与学之间的关系,使得教学效果得到明显改善。然而在整个学生特质评价系统中最为关键的构成要素则是评价指标,指标选择的是否合适将直接关系到评价系统的目标能否实现,以及在此基础上对经营者进行的激励和约束是否有效。高等职业教育既有职业教育的特点又有高等教育特点。建构一种适应高职院校学生特质的评价体系,是决定高等职业教育能否培养出国家需要的人才以及高等职业教育本身能否健康持续发展的关键因素之一,同时也是高等职业教育改革的重要内容。

高职学生特质评价指标体系的构建必须以一系列的理论为基础。管理理论尤其是现代管理理论的发展为构建高职学生特质评价指标体系提供理论及方法论的指导,为高职学生特质评价指标体系的建立奠定了坚实的理论基础。

1. 评价的权变思想

权变理论认为,没有什么一成不变的、普遍适用的、"最好的"管理理论方法,其核心思想是在企业管理中要根据企业所处的内外条件随机应变,做到因时制宜、因地制宜、因人制宜和因势制宜。

根据这一理论,学生评价指标也应具有权变性,这种权变性,一方面体现在指标的选择上,另一方面体现在指标的权重设置上。学生评价指标应根据学校的战略的不同、年级的不同、专业的不同及当年学校所处的环境的不同而有所改变;而指标的权重代表了该指标在学生评价体系中的作用,虽然所有学校对学生的评价都有一些共性指标,但这些共性指标的价值驱动力度会随环境的不同而存在差异,学生评价指标的价值驱动力度的强弱将通过指标的权重加以体现。

2. 评价的平衡思想

20世纪90年代,平衡计分卡是被广泛应用的一种业绩评价工具。它是由哈佛大学教授卡普兰和美国复兴方案公司总裁诺顿经过多年研究而提出的。据统计,在世界500强公司中,有60%的公司使用平衡计分卡。平衡计分卡是将业绩评价与企业战略相结合,根据企业总体战略,分别从财务、客户、内部经营过程、学习和成长四个方面设置衡量指标,并且将这些指标逐步分解到企业各个部门和员工,使每个员工都了解自己的工作对企业战略所起的作用,这些指标并不是相互孤立的,它们之间由一系列因果关系链连接,只有实现每个指标才能实现企业战略,这使企业的各个部门和员工彼此相互联系,为实现企业战略共同努力。

3. 评价的因果思想

世间的任何事物都存在着一个因果关系,在进行评价指标体系设计的时候,也应该本着这个思想,就像之所以要进行业绩评价,一方面是因为希望通过对员工业绩的评定和认可,使员工体验到成就感、自豪感,从而增强其工作满意感,继而促进企业目标的实现;另一方面也是希望通过这种方式,促使员工以有助于企业目标实现的方式来工作。

因此,在进行高职学生评价指标体系设计的时候,也应该通过设计的指标把相关部门的目标同学校的战略联系在一起。所有设计的指标都应与学校的战略目标和职能定位紧密相连,能够推动学校战略目标的实现。用每个指标对学生进行考评后,都可以从其因果关系的指标中分析导致学校业绩好坏的原因。

4. 评价的整合思想

所谓整合就是使一些零散的东西通过某种方式彼此衔接,从而实现信息系统的资源共享和协同工作。其主要的精髓在于将零散的要素组合在一起,并最终形成有价值有效率的一个整体,获得整体的最优。

学生素质评价指标的设计承载了学校战略要求、组织要求、系统整体状况、学生特质等不同层次的内容,各个层次的指标之间是相互作用的,完成一个指标是有可能通过牺牲其他指标来实现的,但是在战略分解的过程中,未必能准确看到不同指标之间的内在联系,所以为了达到整体的最优,应该对所设计的指标进行整合。在整合中要把握不同层次要求中的共性,找到指标定位的学校政策内涵,从而保证指标体系在政策、理念和管理措施上面的一致性。

5. 评价的系统思想

系统科学理论指出,任何客观的事物都是系统与要素的统一体。任何客观事物都是由若干相互联系、相互作用的要素组成的有机体。要素是构成系统的组成单元,系统的组成单元又可分为不同的层次。在一个稳定的系统中,一方面,要素之间相互独立,彼此存在,有着差异性;另一方面,要素之间又按一定比例,相互联系和相互作用,形成一定的层次结构。

根据这一基本原理,我们可以把评价对象根据某种特定的目标分解为若干层次,每个层次又可分解出若干组成要素,依据每个要素和每一结构层次所起的作用和功能形成评价指标体系。因此,指标实际上是目标在一个方面的规定,它是具体的、可测的、行为化和操作化了的目标。

二 调查方案的设计

这部分主要是对调查问卷的内容与结构进行设计以及对数据收集的过程进行描述。

(一)问卷的设计

1. 问卷设计的原则

本书以结构化的问卷作为测量工作来收集数据,因此,问卷的设计就成为调查研究的关键环节。为保证问卷能有效反映真实情况,在问卷设计时要遵循相关的原则。参照萨兰托和迪尔曼(1994)提出的测量工具开发原则,在本次问卷设计时,遵循以下原则:①测量工具(问卷)的长度要控制在3—5页纸之间;②对研究的目的加以简单明了的介绍;③提供简单的问卷填答指导;④使用日常、简单、朴素的语言,避免使用复杂术语、没有经过定义的缩写和行话;⑤问题和格式没有可能引起偏差的主观或个人风格;⑥问卷设计简单,使回答者感兴趣,问题具有相关性;⑦问卷设计的方式能够使回答者愿意并正确回答问题;⑧选项之间要保证互相排他。

2. 问卷设计的过程

本书的问卷设计也参考了《心理学研究方法》(王重鸣,1990),先根据研究问题和概念模型进行问卷量表的构思,再根据不同的目的进行问卷项目的总体编制以及内容和量表的构成。

第一步,确定主要的研究构面(constructs)和维度(dimensions)。确定研究构面指将概念模型中的变量用具体可测量的指标明确地表达出来。从本书的特质概念模型中发现,发展能力、职业能力和知识结构是本书研究的主要构面。再通过文献综述和研究模型的开发过程,归纳出各构面的具体可测量的指标。

第二步,问卷的修订及项目的编制,确定具体问题测量本书需要了解的研究构面和具体指标。为了提高问卷的信度和效度,本书查阅了大量的文献资料,进行了深入的文献研究。通过对已有研究的归纳与总结梳理,根据基于需求导向的高职高专特质评价指标三级指标体系,设计了问卷初稿,并对各类型企业的领导、学校的专家以及高职高专的教师和学生进行了深入的个别访谈,征求他们对问卷的题目设计、题目措辞和问卷格式等方面的意见,经修改形成了调查问卷的最终稿。

3. 问卷构成

本研究的问卷一共包括三个部分。

第一部分为企业基本信息,主要获得单位性质、单位业务领域、单位规模以及单位发展状况方面的信息。

第二部分为企业对高职高专人才定位的理解,主要获得企业认为合格的高职高专人才在技术、管理和社会地位方面的定位。

第三部分为企业对高职毕业生的特质需求和企业对高职毕业生的特质评价。

(二) 样本选择与调研过程设计

选取样本时,为确保样本选择具有代表性,本书必须有一定代表性的数量和同类的高职院校为此次调查的学校。由于各院校的招生就业部门是与用人单位联系最紧密的部门,由招生就业部门负责与各企业人力资源部联系,将有毕业生在该企业工作的单位列为调查对象,向该企业中层干部以上及人力资源部门的负责人发出问卷后,由专人对没有反馈的调查对象进行联系,善意地提醒他们尽快填写问卷。由各学校的招生就业部门负责及时回收调查问卷,同时,为保障调查问卷的真实性与可靠性,要求他们在调查问卷的结尾处加盖单位公章。对于收回来的问卷,要首先进行初选,如果全部题项的答案相同或只填写了部分答案,则视为无效问卷,做作废处理。

三 指标的筛选与形成

建立科学合理的指标体系是构建评价模型的基础,而科学筛选评价指标是构建科学合理的评价指标体系的关键环节。基于需求导向的高职学生特质评价体系指标不是主观形成的,而是在对用人单位进行广泛调研的基础上,掌握用人单位的人才需求结构,根据相关统计学方法科学地进行筛选,并经过反复论证切实可行之后才能最终确定。

(一) 高职学生特质的特征

培养高职学生特质,就是培养适应企业需求的高职人才,实现高职院校人才与企业需求的无缝对接,使高职人才市场的供给与需求不断趋于动态平衡,因此高职学生特质评价是高职教育的重要组成部分,是高职院校优化教育过程、检验教育效果、提高人才培养质量的重要环节,也是促进高职学生自我准确定位、自我改进和完善的重要手段,是促进教育科学化、提高教育实效性的有力保障,对高职学生的成长和未来发展具有重要的意义。

本书提出的高职学生特质的最重要的特征即以需求为导向,这是本书所进行研究的前提和基础,在设计高职学生特质评价指标体系的过程中始终离不开对企业和社会需求的把握,这是此处"特质"一词的特殊意义所在,是本书中高职学生特质的重要内涵。

同时,高职教育的自身定位以及高职教育本身高等性和职业性特征的融合也是高职学生特质的重要特征。高等职业教育与普通高等教育和中等职业教育相比,在人才培养目标、人才培养模式、教学方式与教学过程、专业与课程设置、师资队伍建设等方面都有着自身的独特性。高职教育是职业教育中的高层次,人才培养规格更高,其高等性就决定了高职学生掌握的职业能力和职业能力的科技文化含量比中职生要高,知识、能力和素质等方面的要求更高,高职学生特质要体现出其高等性所在;职业性要求高职学生要成为与我国社会主义现代化建设要求相适应的,掌握本专业必备的基础理论和专门知识,具有从事本专业实际工作的良好综合素质和职业综合能力,在生产、建设、管理和服务第一线工作的应用型人才,因此高职学生与本科生相比,对职业基本技能、动手实践能力等方面要求更高,高职学生特质要体现出其职业性所在。高职学生应具备的素质和能力与本科生、中职生存在一定的差异,究竟哪些特质是社会和企业对高职学生特有的要求,具备了哪些特质才能体现高职学生的优势,才能更好地满足企业和社会的需求,基于以上对高职学生特质特征的认识,本书从理论到实证进行了深入的研究和探讨。

(二)特质要素筛选过程

本书按照全面性、实用性和可行性原则,结合相关文献研究,并通过问卷调查及专家反复评定和论证,经过科学的统计研究,确定高职学生特质评价的具体指标。本书筛选高职学生特质要素的具体维度、指标等要遵循这样一个过程:

1. 问卷调查

根据前期文献分析得出的高职学生特质概念模型的研究,编制出《高职高专学生特质评价调查问卷(面向用人单位的调查问卷)》,问卷共分为一般综合能力、职业能力、知识结构、综合素质四个维度,根据相关文献研究,综合19个二级指标57个三级指标,设计李克特量表对企业需求内容及程度进行调查,并对学校毕业生的社会评价对不同层次的企业进行问卷调查。一共发放问卷1000份,回收问卷906份,其中,有效问卷783份,无效问卷123份,有效回收率为78%。无效的原因主要是填写不完全或填写完全一致。同时,与相关企业负责人进行个别访谈。通过问卷调查及访谈进行数据统计及分析,有效掌握当前用人单位对高职学生的人才需求结构。通过因素分析等科学方法统计发现,目前企业对高职学生的人才需求除基本的素质要求外,在选拔人才的过程中主要侧重于知识结构、职业能力和发展能力,由此初步确定基于需求导向的高职学生特质评价指标体系的4个一级指标:基础素质、知识结构、职业能力和发展能力。

2. 问卷修订及项目编制

确定一级指标内容后,针对知识结构、职业能力、发展能力和基础素质,进行二级指标的筛选和三级指标的确定。通过对上述的《高职高专学生社会评价调查问卷(面向用人单位的调查问卷)》中的二级指标和三级指标内容进行数据收集和分析,对二级、三级指标进行初步筛选。为更精确地掌握高职学生应具备的特质及其程度,并与本科学生进行对比分析,特编制《高职高专学生特质调查问卷》,分用人单位卷和高校教师卷,从用人单位和高校教师方面对本问题进行深入调查研究,详细了解对高职学生与本科学生及中职学生的特质需求的不同之处,对不同层次学生应具备的特质要素进行调查。在问卷设计方面,使用3点计分量表,分为需要、一般、不需要,分别赋值为3分、2分和1分。经过文献检索和资料整理,根据管理学、人力资源、教育学、心理学相关理论,结合高职学生特点,将评价指标体系初选为4个一级指标、12个二级指标和51个三级指标。

3. 问卷结果初步分析

本书研究目的是高职生特质的评价,在对象和内容上发生变化,在评价主体上更多关注用人单位的需求。以市场需要为导向来研究高职学生的特质评价问题,从市场对学生素质的需求差异上进行实证研究。为了更好地突出高职学生这一特殊群体的特质,本书请用人单位管理者和人力资源部负责人配合对本科、高职生素质进行评价,并依据高职学生与本科生的特质需求差异的统计结果,探讨高职大学生与本科大学生在知识结构、职业能力和发展能力等方面的显著差异及自身特点,提炼出高职学生特质独特的地方。通过分析发现,一级指标基础素质下的3个二级指标内容都没有显示出任何差异性,说明无论对任何层次的人才而言,基础素质都是最为基本的要求,不是侧重于高职人才的特质需求,因此,在特质模型中不进入特质的组成部分,企业对高职生和本科生在基本素质维度,如思想道德素质、职业素质、身心素质要求是一致的,基本素质对其他几个特质维度存在影响,也就是说无论哪种类型的高等教育,对学生基本素质的培养都是学校和教育工作者必须考虑的基本问题。在知识结构、发展能力、职业能力的评价方面,企业对高职生和本科生的需求存在差异。因此,基于需求导向的高职学生特质评价体系共包括知识结构、发展能力、职业能力三个维度,基础素质作为调节因子对其他三个方面的评价具有特定的影响。

4. 初步形成指标体系

根据用人单位和高校教师反馈回的问卷,依据高职学生与本科生的特质需求差异的统计结果,探讨高职大学生与本科大学生在知识结构、职业能力和发展能力等方面显著差异的方面及自身特点,初步提炼出高职学生特质独特的地方。统计结果表明:与本科生和中职生相比,用人单位更看重高职生的专业技能知识、特定职业知识、及时发现问题、总结经验、树立沟通意识、明确职业角色、实际动手能力、电脑操作能力、环境适应能力、抗挫折能力、自我学习能力、执行能力等品质。然后,根据企业问卷,抽取其中分数靠前的几项数据,将其总结整合为心理调适能力、自我管理能力、解决问题能力、团队合作能力、实践操作能力和专业技术知识6个因子。

5. 专家评定

在利用问卷进行高职学生特质评价体系的指标初选后,本书又采用德尔菲法进行了专家评定。德尔菲法又称专家调查法。由美国兰德公司在20世纪40年代首先使用。它主要是采用通信方法,通过向有关专家发出预测问题调查表的方式来综合、整理、归纳本研究领域专家们的意见,做出预测判断。本书针对研究主题即基于需求导向的高职学生特质评价,请四川大学、西南交大、西南财经大学和本校等10多所高校的管理学院的教授;70多个公司老总、人力资源部部长或经理;部分高校的博士,以及四川省部分高校就业指导处处长,针对研究主题做出独立的判断,提交书面意见(以e-mail形式)。他们身在高职学生就业的第一线,了解高职学生就业的现状,更了解市场对高职学生特质的需求,对学校教育和管理工作有着丰富的实践经验,对高职学生培养问题十分关注。共发放了150份调查问卷,收回121份问卷,保证了对研究主题判断的专业性和针对性。整理归纳各位专家的意见,然后再反馈给部分专家,与部分专家在此基础上进行多次沟通,对问卷进行了新一轮修正,使判断更具科学性。

最后,通过专家的评定,综合各位专家的意见,最终从12个二级指标51个三级指标中确定了概括高职学生特质的职业技术知识、解决问题能力、团队合作能力、实践操作能力、心理调适能力、自我管理能力6个二级指标和专业技能知识、特定职业知识、及时发现问题、总结经验、树立沟通意识、明确职业角色、实际动手能力、计算机操作能力、环境适应能力、抗挫折能力、自我学习能力、执行能力12个三级指标,三部分组成基于需求导向的高职学生特质评价指标体系,如表7-1所示。

表7-1 基于需求导向的高职学生特质评价指标体系

一级指标	二级指标	三级指标
知识结构	职业技术知识	专业技能知识
		特定职业知识
职业能力	解决问题能力	及时发现问题
		总结经验
	团队合作能力	树立沟通意识
		明确职业角色
	实践操作能力	实际动手能力
		计算机操作能力
发展能力	心理调适能力	环境适应能力
		抗挫折能力
	自我管理能力	自我学习能力
		执行能力

6. 初步验证三级指标

针对初步形成的指标体系,本书采用适当方法最后进行不同意见的综合归纳,在利用第一次问卷对高职学生应具备的特质的维度、要素和指标进行初步筛选后;确定第二次问卷,经高校和企业专家反复探讨,反馈专家的信息;进一步设计《高职高专毕业生特质评价调查问卷(面向用人单位的调查问卷)》第三次问卷,此次调研共发放问卷1100份,回收问卷938份,其中,有效问卷836份,无效问卷102份,有效回收率为76%。无效的原因主要是填写不完全或填写完全一致。对高职人才定位、企业对高职人才的需求程度及毕业生特质评价再次进行专项调查,对3个维度、6个特质要素和12项指标内容进行了进一步调研和验证。

三 高职学生特质评价指标体系

本书在广泛调研的基础上,综合相关研究,从知识结构、职业能力和发展能力三个维度筛选了职业技术知识、解决问题能力、团队合作能力、实践操作能力、心理调适能力、自我管理能力6个二级指标和专业技能知识、特定职业知识、及时发现问题、总结经验、树立沟通意识、明确职业角色、实际动手能力、电脑操作能力、环境适应能力、抗挫折能力、自我学习能力、执行能力12个三级指标,完成了基于需求导向的高职学生特质评价指标体系的构建,如图7-1所示。

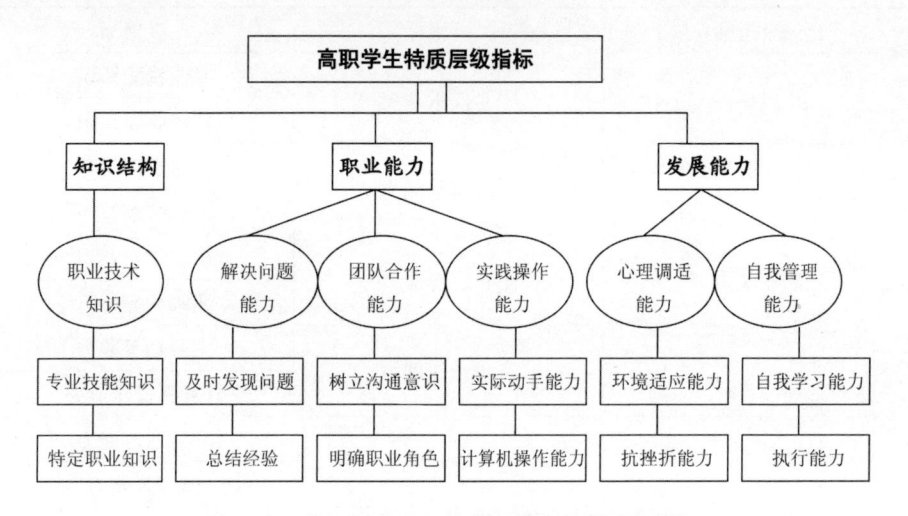

图7-1 基于需求导向的高职学生特质层级指标

(一)一级指标

基于需求导向的高职学生特质评价体系包括知识结构、职业能力和发展能力3个一级指标,三者相互影响,有机统一。知识结构是高职学生特质的基础;职业能力是高职学生特质中的一种实践能力;发展能力在高职学生特质中居于重要的地位,是在高职学生具备一定的知识结构和职业能力基础之上形成的,对高职学生的职业生涯发展有着重要的影响。

1. 知识结构

知识结构指不同内容、不同形式的知识在学生认知结构中所积淀的层次与比例关系。① 知识结构可以从以下几个方面进行分析：一是自然科学知识和社会科学知识的比重；二是普通知识和特殊知识的比重；三是基础知识和专业知识的比重；四是传统知识和现代知识的比重。这里所讲的"比重",不仅指数量关系,也指质量关系。

所谓合理的知识结构,就是既有精深的专门知识,又有广博的知识面,具有事业发展实际需要的最合理、最优化的知识体系。专博相济,一专多通,广采百家为我所用。合理知识结构的建立,必须从低到高,在纵向联系中,划分基础层次、中间层次和最高层次,没有基础层次,较高层次就会成为空中楼阁,没有高层次,则显示不出水平。因此,任何层次都不能忽视。各种知识在顾全大局时,数量和质量之间配比合理。比例的原则应根据培养目标来定,成才方向不同知识结构的组成就不一样。

高职学生的知识结构应遵循"必需"和"够用"的原则,满足针对性和适应性的要求,包括全面牢固的基础知识、宽口径的专业知识和相关学科的广泛知识。高职学生知识的构成方式可以是"模块化"。

2. 职业能力

职业能力是人们在职业活动中表现的实践能力,即从业者在职业活动中表现出来的能动地改造自然和改造社会的能力。具体指从业者在劳动中能够顺利从事和完成某一社会职业的任务、承担职业责任的能力。本书提到的职业能力应该是一个"大职业观",也就是除了达到某一特定职业或职业群所需要的工作标准、工作要求,具备从事某一职业所必备的知识、技术和能力的基本要求,还应包括在工作中应具备的解决问题的能力和团队合作精神。

培养职业能力是职业技术教育与其他种类教育在教育内容和要求上的主要区别,是职业教育的又一个重要特征。高职学生的职业能力应该包括职业能力和职业素质。实践操作技能,是高职学生最重要的能力之一,也是高等职业技术教育的显著特征。

高职学生必须掌握扎实的基础知识、够用的专业知识和熟练的专业技能。高职教育对理论的要求以"必须""够用""实用"为度,按照职业岗位工作的需要去精选适合的专业理论知识,并着眼于理论在实际中的应用,突出知识形态的技术

---

① 刘元丰:《关于修订高职专业培养计划的思考》,《重庆职业技术学院学报》2004年第2期,第43-44页。

应用。

高职学生与本科学生的特质内容具有较大的差异性,这在指标的内容结构中有具体的体现,也显示了企业对高职学生应具备的特质有着更富针对性的要求:高职学生是具有某一专门技能,能在生产、管理、服务一线的技术应用型人才,能从事某一种职业或某一类工作的人才,企业对高职人才的职业能力要求更为具体,对高职学生的实践操作能力、解决问题能力与团队合作能力的要求比对本科学生的要求更为突出,强调高职学生在某一专业或者行业内的发展,注重培养环境适应能力、抗挫折能力和执行能力,要求横向的职业岗位知识模块,强调专业技术知识,理论以"够用""实用"为度,较为侧重"做什么"和"怎么做"。而本科学生更侧重掌握一般方法,能适应和胜任多变的职业领域,注重培养科学思维能力和创造能力。要求在系统掌握本学科的基础理论、专门知识和基本技能的基础上具有从事科学研究工作或担负专门技术工作初步能力。在知识方面更注重纵向的框架式知识体系,强调课程的整合、学科的完整和综合,注重跨学科知识的交叉融合,比较侧重"是什么"和"为什么"。因此,企业对高职人才特质的需求有一定的侧重,高职学生与本科学生的内在差异性决定了高职学生特质评价指标体系的构建具有自身的特点。以需求为导向,掌握企业的人才需求结构,提高人才培养的适应性对于高职院校改革人才培养模式、提高人才培养质量和高职学生就业竞争力具有重要的指导意义。

3. 发展能力

发展能力是指树立终身学习观念,具有依据自身特点和职业需要不断学习的能力,其根本目的在于促进自身的职业发展,表现为对自我管理和自我调适能力。通过不断学习和训练而获得新知,掌握现代信息处理技术,不断提高自我综合素质来适应不断发展的工作实践的需要,通过自身的不断提高带动工作效能的提升,从而得到自身的最大发展。

值得一提的是,基础素质不是高职学生特质的组成部分,但对高职学生特质的形成却有着重要的影响和调节作用。基础素质是每一个社会人都应该具备的素质,这些素质包括思想道德素质、职业素质、身心素质和一定的科学文化素质等。基础素质不纳入学生特质组成部分,突出知识与能力目标并不否定思想道德素质、身心素质和一般职业素质培养目标,而是把学生思想品德、心理等素质教育同知识学习、职业能力培养、发展能力挖掘等紧密结合,贯穿其中。高职院校首先要把学生培养成适应社会、对社会有用的人,在这个基础上再考虑培养高职学生的特质以适应企业需求。

(二)二级指标

基于需求导向的高职学生特质评价体系包括心理调适能力、自我管理能力、解决问题能力、团队合作能力、实践操作能力和专业技术知识6个二级指标,如表7-2所示。

表7-2 基于需求导向的高职学生特质评价体系的二级指标

二级指标	指标内涵	说明
专业技术知识	专业技术知识是指掌握一定的专业技术知识,并运用这些知识去解决领导实践中遇到的专业技术难题的一种能力	包括专业技能知识和职业特定知识
解决问题能力	运用已有的知识经验,对不熟悉的问题情景进行分析、思考,寻求解决办法的心理活动	包括及时发现问题和总结经验
团队合作能力	在团队中与他人合作的主动性和技巧性,突出个体的主观意愿和实际人际交往能力和沟通技巧	包括树立沟通意识和明确职业角色
实践操作能力	从事某一岗位、某一具体行业工作的实际本领,在实际活动中通过操作实现	包括实际动手能力和计算机操作能力
心理调适能力	心理调适能力是指一个人受到外界刺激而产生情绪波动时在心理上进行自我调整适应外界环境的能力	包括环境适应能力和抗挫折能力
自我管理能力	自我约束管理的能力,突出体现在工作的积极性和创新意识,强调个体能够独立自觉地完成各种任务	包括自我学习能力和执行能力

二级指标专业技术知识属于一级指标知识结构。专业技术知识的内容和构成对知识结构有很好的预测作用。专业技术知识是高职大学生的知识结构最重要的构成要素,除此以外,高职生的知识结构还应该包括基础理论知识和相关学科的广泛知识。

二级指标解决问题能力、团队合作能力和实践操作能力属于一级指标职业能力，反映了企业对职业能力的深层次结构要求。高职学生职业能力培养是高等职业教育同以学科、以知识为本位的传统本科高等教育的区别所在。高职教育的培养目标定位于基层一线和工作现场的高素质技能型专门人才，具有良好的技术应用能力和实务操作能力是其主要特征。实践操作能力是高职学生最重要的职业能力之一，是满足岗位需求的基本要素。注重学生实际操作能力的培养，通过实验、实训、实习，让学生了解生产与服务的工作过程，培养学生操作各种设备、工具的实际技能；通过一定的项目练习、毕业设计，让学生在现场操作、服务、管理，提高学生解决实际问题的能力。[1] 随着计算机在各个领域的广泛使用，必然要求进入社会就业岗位的劳动者具有不同层次的计算机应用能力，这是信息社会对未来劳动者的要求，也是对培养社会新型劳动者的职业技术教育的必然要求。[2]

问题解决能力是能够准确地把握事物的本质，有效地利用资源，通过提出解决问题的意见，制定并实施解决问题的方案并适时进行调整和改进，使问题得到解决的能力。它是从事各种职业活动必需的一种社会能力。解决问题能力以最终解决问题为最终目的。高职教育要培养学生在面临问题时，能够充分运用已掌握的知识、技能进行分析、判断，在实践中解决问题、完成任务的能力。这一过程不仅包括发现问题和解决问题，也要善于总结问题解决的经验，在问题处理过程中不断积累实践经验。

团队合作能力包括一个人的团队意识和合作能力，既是构成职业能力的必备要素，又是提高职业能力的保障要素。在职业环境中，个体明确自己在团队中的定位和角色，出现问题时，加强与团队成员的沟通和协调，保证项目的顺利完成。在团队合作中，通过互相学习、互相观摩和互相交流，职业能力也在一定程度上得到提高。

二级指标心理调适能力和自我管理能力属于一级指标发展能力。在培养高职学生发展能力的过程中，心理调适能力和自我管理能力的形成和培养起着重要的作用，这也是企业最看中的高职学生应具备的发展能力。心理调适能力建立在环境适应能力和抗挫折的能力的基础上。面对环境的改变，个体积极主动调整自己的心态，努力熟悉和适应环境；面对困难和挑战，遭遇挫折和失败时，不怨天尤

---

[1] 郭杨：《近年来高职教育人才培养模式的七大转变》，《中国高教研究》2009年第5期。
[2] 孙卫：《加强高职高专计算机教学中应用能力的培养》，《福建电脑》2006年第1期。

人,积极努力地寻找解决问题的办法,及时总结经验。良好的环境适应能力和抗挫折能力是构成心理调适能力的因素,对发展能力的形成和培养起着重要的作用。

自我管理能力是另一个内生潜变量,对外生潜变量发展能力有一定的预测作用。自我管理能力的观测变量为自我学习能力、执行能力。高职学生能及时完成工作任务,根据岗位变化、职业需要不断学习新知识、新技术,满足职业岗位的需求。

(三)三级指标

基于需求导向的高职学生特质评价体系包括专业技能知识、特定职业知识、及时发现问题、总结经验、树立沟通意识、明确职业角色、实际动手能力、计算机操作能力、环境适应能力、抗挫折能力、自我学习能力和执行能力12个三级指标。

就知识结构维度而言,企业最为看重的高职学生应具备的特质为专业技能知识和特定职业知识。

专业技能知识是指符合专业要求的专业知识和技能。与高等职业院校的培养目标相适应,高职学生面对的岗位是一线的技能性岗位,实践性很强,职业性鲜明。扎实的专业技能是高职毕业生成功就业,发挥特长,满足岗位需求的能力。高职学生仅有丰富的基础科学文化知识还不够,还必须拥有精深的专业知识和技能。专业知识和技能越深入,在工作中解决实际问题的能力就越强。

对于高职学生而言,职业性、应用性和岗位性的知识是其特色,强调培养学生的实际动手能力和操作能力,适应岗位所必需的常规性、前提性知识,这样的特定职业知识主要包括生产第一线、现场工作环境中的必知、必会的技术性要求等。

就职业能力维度而言,企业最为看重的高职学生应具备的特质为及时发现问题、总结经验、树立沟通意识、明确职业角色、实际动手能力及计算机操作能力。

及时发现问题是指在工作过程中,能积极主动地思考,仔细观察,及时发现存在的问题,并努力提出有效的解决措施。总结经验是指问题解决后,能及时总结解决问题的思路和方法,善于倾听,吸取并能有效借鉴宝贵的经验。

树立沟通意识是在创造积极的氛围引导交流的进行,并能对他人的观点和情感表示理解。对他人态度诚恳,虚心接受,是好的聆听者,主动开拓人际关系,与周围的人和睦相处,与团队人员进行很好的沟通,尊重和信任他人,当矛盾出现时,能够顺利沟通协调。明确职业角色是指明确作为职业人应该具备的职业心理素质和岗位要求,养成一定职业素养。遵守职业角色规范,正确行使职业角色的权利,忠实履行职业角色的义务,使自己的言行与职业角色的内在要求相适应,充分发挥自己的职业功能,实现自己的职业理想。

实际动手能力是在实际活动中通过操作实现的,指完成学习活动、专业训练的实际操作能力,从事某一岗位、某一具体行业工作的实际本领,它是理论的延伸和深化,能熟练操作机器,解决实际问题,是高职学生核心竞争力之一。计算机操作能力包括计算机基础操作能力和相对深层次的应用能力,满足职业岗位需求基本的、应会的计算机操作技能。

就职业发展能力维度而言,企业最为看重的高职学生应具备的特质为环境适应能力、抗挫折能力、自我学习能力及执行能力。

环境适应能力是指外部条件和环境突然变化时,能够迅速适应新环境,相应地调整自己行为的能力。具备适应客观环境的能力,在新环境中的不适感很低,在任何环境下都能保持情绪和行为的一致性。

抗挫折能力是指从挫折、逆境中走出来,重新获得心理平衡的能力。对于挫折有成熟积极的心理适应和应对机制,表现为一种自信、进取、愉快接受挑战的倾向。

自我学习能力是指根据工作和职业岗位需要,学习主体自觉主动地获取、探索和应用知识的能力。在职业环境中,自我学习意识及能力是员工适应环境、发展自我的必备条件。它包括在工作实践中,能根据工作岗位和个人发展的需要,独立确定学习目标、独立制订自学计划、独立选择自学材料,灵活运用各种有效地学习方法,善于调整学习目标和计划并创造性地应用知识和技能不断提高自我综合素质的能力。它是从事各种职业必备的方法能力之一,目的在于学会学习,服务于职业发展,包括自我检查、自我调节、自我调控等反馈阶段。

执行能力是指将想法即时化为行动的能力。能自觉果断地做出决定,并迅速付诸行动,不拖沓,不瞻前顾后,想做的事立刻行动,勤奋肯干。对于高职学生而言,执行能力的高低对自身职业发展具有重要的影响。

五 高职院校与普通高校学生特质比较分析

通过以上指标的筛选和形成的指标体系,我们发现企业对高职人才的需求呈现多元化发展,对高职人才的要求不断提升。目前企业对高职学生的人才需求除基本的素质要求外,在选拔人才的过程中主要侧重于知识结构、职业能力和发展能力,从而有效掌握了当前用人单位对高职学生的人才需求结构。为了更好地突出高职学生这一特殊群体区别于本科学生的特质,提炼出高职学生独特的素质,

根据调查问卷有针对性地对其进行比较分析如下:

(一)发展能力比较

1. 自我管理能力

独立思考能力、自我评价能力、综合分析能力、竞争意识、创新意识均介于本科与中职之间,自我学习能力高于本科。

评价:调查结论与本书的理论假设基本一致,这部分能力和意识较为综合,同时也是发展能力的核心部分,不可否认高职学生在这部分能力和意识方面与本科学生是存在一定差距的,同时也是优于中职层次的。一般情况下,高职学生的自我学习能力应该也在本科学生之下,但从被调查的对象来看,无论调查单位的人力资源部门的部分负责人还是近几年高职的毕业生,来自高职较为优秀的毕业生,大都在毕业后感到学习的迫切性,还在继续更高学历层次的学习,可能自我学习能力的分值打得较高,因而自我学习能力高于本科。

2. 心理调适能力

环境适应能力与抗挫折能力高于本科,情绪管理能力略低于本科,可视为基本持平。

评价:心理调适能力与学历层次之间确实存在着一定的关联,影响此种心理调适能力更重要的因素是个性心理。个性心理品质一方面是由先天因素决定的,更为重要的是后天的人生历练。总体来看,本科和高职的这个方面素质和能力均有待提高,这种能力的欠缺与独生子女的成长环境和较为优越的成长历程是紧密相连的。但就环境适应能力和抗挫折能力方面,调查结果高职高于本科,是否可以这样理解:本科生一直学习很优秀,顺利考上大学,然后参加工作,一直很顺,几乎不曾有过挫折,内心深处一直较为优越,一旦进入社会,社会就不再像学校老师那样仅仅以分数评价,心理调适能力与个性心理品质更需在今后的工作中不断磨炼和提高;高职学生在报考大学以前的中学期间,学习肯定不如本科学生的中学学习成绩,相对本科学生的中学期间得到老师的肯定要少,加之进入高职乃至参加工作以后来自社会的压力也高于本科,因而环境适应能力和抗挫折能力要高于本科。

3. 组织管理能力

判断能力和应变能力略低于本科,决策能力和监控能力远低于本科,特别是决策能力。但执行能力高于本科。

评价:这方面的结论也基本符合我们的心理预期。高职高专毕业生的职能更多地体现于执行层面,而本科毕业生在决策方面肩负更多责任。而对于判断能力和应变能力而言,本书认为在本科层次与高职层次不应该存在差别。在监控能力方面也没有直接原因导致这种差别。

(二)职业能力比较

1. 解决问题能力

在及时发现问题和总结经验方面,高职略高于本科。而在"整合资源,提出方案""分析对比、选择方案""监督控制、实施方案"方面,需要程度均低于本科。

评价:本书认为在这里的"问题"可以进行具体分析,对于理论性问题而言,本科层次应高于高职层次,而在工程实践类问题方面则可能是相反的状况。对于"整合资源,提出方案",以及"分析对比,选择方案"等方面也应该取决于具体问题的理论化程度。因为高职学生的工程实践经验与本科层次毕业生相比要丰富一些,在这方面的能力应该优于本科毕业生。

2. 团队合作能力

"掌握表达技巧""遵守合作承诺""理解合作目标""合力应对意外事件""相互激发工作热情"等方面的需要程度均略低于本科,"协调合作关系"方面与本科持平,而在"明确职业角色""树立沟通意识"方面高于本科。

评价:高职学生与本科学生相比具备更为丰富的工程实践经验,那么他们从理论上讲应该具备更加强烈的团队合作意识。但一般来说,高职毕业生的职业活动领域较本科毕业生而言可能略小,所以在"理解合作目标""表达技巧"等方面可能会略弱一些,从对于"明确职业角色""沟通意识"的需要程度上来看,高职高专高于本科正是说明了用人单位对于高职学生的定位更明确一些。

3. 实践操作能力

"实际动手能力"和"计算机操作能力"的需要程度均高于本科,而"外语应用能力"则低于本科。

评价:这种差别说明了用人单位对于高职毕业生和本科毕业生的定位差别,用人单位对高职毕业生的定位更基层一些。当然这也符合这两种不同层次教育的教育目标。

4. 信息处理能力

获取信息、整合信息与传递信息的情况类似,均介于本科与中职之间。

评价:此调查结果应该比较真实地反映了学生信息处理能力在不同学历层次中的位置,本科层次的毕业生对于知识体系的广度和深度的介入都优于高职学生,相应地,高职学生对于抽象概念的理解和把握能力相对于本科学生就显得稍弱一些,而这也直接影响到其获取信息、整合信息和传递信息的能力。同理,中职层次在这方面就会显得更弱一些。

(三)知识结构比较

1. 专业技术知识

"专业理论知识"略低于本科,"特定职业知识""专业技能知识"高于本科。

评价:这充分说明了用人单位对于高职毕业生的专业技能要求高于本科层次。这也为高职的培养方向和培养方式的确定提供了决策依据。

2. 科学文化知识

"人文基础知识"和"自然科学知识"均低于本科,"社会科学知识"与本科持平。

评价:从知识基础而言,高职与本科相比确实存在着较为明显的差别。高考虽然存在着一定程度的不公平性,但总的来说,其结果是能够反映学生对基础知识的掌握情况的。所以,与本科层次相比,基础性知识决非强项。

(四)基本素质比较

在思想道德素质(思想品德、遵纪守法、社会公德、诚实守信)、职业素质(工作态度、爱岗敬业、吃苦耐劳、服从管理、责任感强、职场礼仪)和身心素质(身体健康、心理健康)等方面均无差别。

评价:用人单位对高职毕业生和本科毕业生的需求差别主要体现在发展能力、职业技能和知识结构方面。对于基本素质而言,企业对于高职毕业生的要求并不会低于本科毕业生,简单地说,无论是更倾向于系统理论的本科教育还是更倾向于应用技能的高职教育,都是建立在教育对象的良好的基本素质基础之上的,这也是用人单位对员工的基本要求。

高职教育的特殊性决定高职学生的自身定位,决定了高职学生特质需求的方向。教育部《关于以就业为导向深化高等职业教育改革的若干意见》进一步明确了今后我国高等职业教育的走向:引导学校正确定位,以培养高技能人才为目标,以实施职业资格证书制度为切入点,以就业为导向,走产学结合的发展道路。因此,高职教育的目标应该是高级技术教育,专业应定位为直接对应地方经济发展。高职教育的定位直接决定了高职人才既不同于普通高等教育培养的理论型、设计型人才,又不同于中等职业教育的技能型人才。汪珊(2007)认为,高职教育是高等教育的重要组成部分,但不能把高职教育与普通高等本科等同。前者属于职业类教育,培养技术型、技能型人才;后者属于科研类教育,培养科研型、学术型人才。两者是分工协作、相互补充的关系。[①] 高职人才具有以下一些独特的素质：人才层次的高级型，知识、能力的职业性，人才类型的技术性。[②]

下面更进一步说明高职学生与普通高校学生特质的区别和联系，如表 7-3 所示。

表 7-3 高职院校与普通高校学生特质的区别和联系

项目	高职院校学生特质	普通高校学生特质
培养目标差异	职业类教育：培养职业技术型、技能型人才 就业为导向，走产学结合的发展道路	科研类教育：培养学术科研型、理论应用型人才
特质方向	满足企业和社会需求，主要为地方经济发展服务 人才层次——高级型； 人才类型——技术性； 知识能力——职业性	满足国家科研和社会需求 人才层次——高等型； 人才类型——理论型、设计型； 知识能力——综合性
素质结构特色	以职业素质为核心	以学科发展需要为核心
能力侧重点	侧重掌握新技能、强调实际应用，注重职业能力训练以及适应职业变化的先进能力、职业角色整合能力等	注重科学思维能力、创造能力、创新精神、核心技术能力、组织管理等综合能力培养
知识侧重点	横向的职业岗位知识模块，强调岗位业务知识和实践操作技能，满足职业发展需要的专业技能知识、职业特定知识	纵向的框架式知识体系，强调学科整合，注重跨学科知识的迁移
共同基本素质	思想道德素质（思想品德、遵纪守法、社会公德、诚实守信等） 职业素质（工作态度、爱岗敬业、吃苦耐劳、服从管理、责任感强、职场礼仪等） 身心素质（身体健康、心理健康等）	
相互联系	两者是分工协作、相互补充的关系	

---

① 汪珊：《我国职业教育定位浅谈》，《企业家天地》2007 年第 8 期。
② 吴德民、汤国栋：《重新审视高等职业教育的定位》，《教育与职业》2005 年第 11 期。

对此,我们得以看出:

第一,扬长避短还是取长补短?特色才是生存之道。

本科教育和高职教育各有所长,虽然绝大多数高职教育工作者都知道培养的方向是应用型、技能型人才,但在实际工作中,还是有不少高职学生教育和管理工作者在以本科层次的教育为学习方向。对待优势和劣势有两种思路:一是扬长避短,二是取长补短。具体到高职教育而言,"扬长避短"就是放弃冗余的理论知识,更加强化职业知识和职业技能培养;"取长补短"就是在现有框架内,补充理论知识的欠缺,使培养对象具有更广泛的职业适应性。从操作的层面来看,不少教师并不能够非常清晰地把握这一对矛盾。这份调查结果告诉我们,从社会需求特别是企业需要的角度来看,用人单位对高职毕业生的实际使用情况和知识技能期待都有着比较明显的差别,在这种情况下,完全没有必要(事实上也不可能)在培养过程中按本科要求去培养高职学生。那么,就必须对于这种差别部分加以仔细研究,将差别加大。这也就是"扬长避短"思路的体现。只有在坚定而清晰的教育理念指导下,在富有特色的培养方式下,才有可能培养出富有特色的高职毕业生,这才是高职院校的出路,同时也是高职毕业生的出路。

第二,要高度重视学生的基本素质教育。

虽然在职业发展能力、职业技能和职业知识等方面,用人单位对于高职层次和本科层次的毕业生有着较为明显的差异要求,但从基本素质层面上来看,这种差别基本不存在。无论对任何层次的人才而言,基础素质都是最为基本的要求,企业对高职学生和本科学生在基本素质维度,如思想道德素质、职业素质、身心素质要求是一致的,基本素质对其他几个特质维度存在影响,也就是说无论哪种类型的高等教育,对学生基本素质的培养都是学校和教育工作者必须考虑的基本问题。这种调查结果给予我们的启示是在教育理念上,我们应该秉承"求同存异"的思路。这个"同"是指在基本素质教育方面与本科层次的"同",也就是说在思想道德教育、职业素质教育与培养和身心素质等方面绝不能降低要求;这个"异"是指在职业发展能力、职业技能和职业知识等方面的"异",有的"异"是对本科的要求高于高职,有些"异"是指"高职"优于本科,这种"异"不仅要允许其存在,更应该允许其扩大,特别是高职优于本科的"异",因为这种"异",正是高职特色的体现。

第三,帮助学生确立职业生涯方向。

用人单位对于本科和高职的需求差别不仅应该被每位教育工作者熟知,也应该被每名高职学生所熟知。当然这并不意味着学生必须坚持这种差别化培养的道路,部分学生是希望有机会接受进一步的本科教育的,由于个性和人生期望的不同,学生当然有权力选择自己的职业生涯道路。但对于多数学生而言,他们会以高职毕业生的身份进入社会,进入用人单位来开始自己的职业生涯。他们应该知道用人单位对他们的具体要求和期待,当认真分析了这份调查结果以后,学生可以更好地知道他们与本科毕业生相比较的优势在哪里,可以把优势放大,从而更加理想地适应岗位需要。这份调查同时带来的启示是基层工作岗位和中层管理岗位在素质要求方面的一些差别,在就业的初期,高职毕业生应该承认并接受那部分弱于本科生的特质,但随着职业生涯的推进与发展,高职毕业生应该逐渐缩短这种差距,从而走向更高的管理位置。

综上所述,明确高职教育特殊性、帮助高职学生准确定位、培养适应企业和社会需求的高职学生特质是提高高职学生质量,优化结构,进一步增强高等教育与经济社会发展需求适应性的必然要求,通过比较分析,更加明确了本书的研究内容和研究方向,并为后续的评价研究奠定坚实基础。

第八章

高职学生特质评价的实证分析

本书从理论的学理属性角度深入探讨了高职学生特质评价的理论模型构建。为了回答构建的基于需求导向的高职学生特质评价理论模型是否符合现实需要、是否有助于实现企业需要与高职教育人才培养的无缝对接的问题,本书采用定量分析法,通过调查方案的设计、数据分析与结构方程的分析,对基于需求导向建立的高职学生特质评价模型进行修正,从而使该评价模型能够充分指导高职学生特质培养。首先,通过综合文献研究线索,结合对调查资料的探索性因子分析(EFA),旨在实现原始多维度资料的"公因子",达到降低维度的目的,本书提取了高职学生特质的发展能力、职业能力、知识结构三个潜在维度,构建各自的测量模型,并提出了针对测量路径"显著与否"而非测量关系"是否存在"的假设加以检验;其次,进行验证性因子分析(CFA),旨在验证公因子间的"结构关系假说"。具体做法是先理论,后实证。

一 变量设计与假设提出

(一)模型构建及理论假设

在前两章理论分析的基础上,本部分将提出一个以需求为导向的高职学生特质评价研究模型的相关研究假设。模型分为两个层次,第一个层次是由3个外生潜在变量构成,分别为发展能力、职业能力、知识结构;第二个层次由12个观测(测量)变量构成,分别为环境适应能力、抗挫折能力、自我学习能力、执行能力、及时发现问题、计算机操作能力、树立沟通意识、明确职业角色、实践动手能力、总结经验、专业技能知识、特定职业知识。同时,模型又分为3个模块,第一个模块是高职学生的发展能力要素;第二个模块是高职学生的职业能力要素;第三个模块是高职学生的知识结构要素。模型中,每一个模块包括若干维度,各维度之间又互相作用、相互影响,形成一个个高职学生特质的评价及要素的高阶结构方程研究模型(如图8-1所示)及相关研究假设。

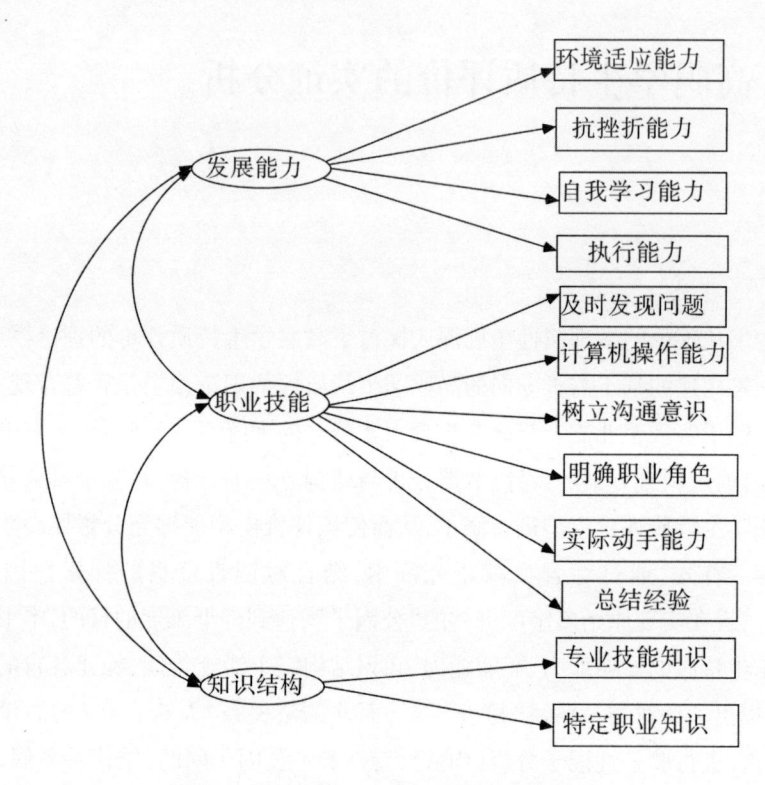

图8-1 高职学生特值评价概念模型

第一,假设1:发展能力与职业能力具有正相关;假设2:职业能力与知识结构具有正相关;假设3:知识结构与发展能力具有正相关。

目前相关文献研究中,大部分文献都对高职学生应具备的基本特质进行了相关研究和阐述,集中体现在高职学生应具备的知识、素质和能力上,这为本书研究高职学生特质评价和培养提供了有益的理论和实践探索经验,为高职学生特质内容与评价指标的产生奠定了基础。高等教育模式下的培养对象其特质应表现在三个方面:职业能力是指学生的职业知识和职业素养,这是高职学生特质中的一种实践能力。发展能力是指学生的再学习的能力,在高职学生特质中居于重要的地位,是在高职学生具备一定的知识结构和职业能力基础之上形成的,对高职学生的职业生涯发展有着重要的影响,高职院校学生能力特质首先要确定核心能力,即该目标市场用人单位普遍重视的能力,这是用人单位挑选人才的关键。将高职院校学生的核心能力定位为以自我管理为中心的发展能力和以实践操作能力为中心的职业能力,这是用人单位对高素质应用型人才的核心要求。而知识结构是指学生的专业理论知识和实际操作技能,它是高职学生特质的基础。知识结构、职业能力和发展能力三者相互影响,有机统一,高职教育培养适应企业需求的高职学生特质的目标决定了高职院校的新型人才培养方式要满足高职学生特质三个方面的要求:一是传授高职学生必要的知识,建立适宜的知识结构;二是培养学生适应岗位的职业能力;三是培养学生在未来的职业生涯中具有可持续发展的能力,即发展能力。

第二,假设4:环境适应能力、抗挫折能力、自我学习能力和执行能力对发展能力有显著表征作用。

高职教育的培养模式有别于其他高等教育模式,它是具有很强实用性的进行专业知识和技能传授的职业能力教育,人才培养模式以技术应用为主。目前,有些地方高职教育吸引力不强,其中一个重要原因就在于办学质量不高、办学无特色,因此,培养高职学生的核心能力,是提高高职教育教育质量,办出自身特色的前提。当今社会对高职学生的综合素质要求较高,当前的职业技术人才的主要去向是生产第一线,这就要求高职学生掌握好娴熟的相关岗位及专业技能,相应地,在高职教育中必须培养他们的核心能力,即加强培养他们的自我学习能力、环境适应能力、抗挫折能力、执行能力,以满足现代社会对高职人才的需求。

第三,假设5:及时发现问题、计算机操作能力、树立沟通意识、明确职业角色、实际动手能力、总结经验对职业能力有显著表征作用。

能力是一种心理特征,是顺利实现某种活动的心理条件,包括从事某项活动的现有成就水平和个体具有的潜力和可能性。[1] 职业能力是一种从事任何职业都需要的,能适应岗位不断变换和技术飞速发展的综合能力或基本能力。[2] 而从分类来讲,职业能力分为一般职业能力和特殊职业能力。一般职业能力是人们在各种职业活动中必须具备的基本能力;特殊职业能力则是为某种职业活动所必需的,并在某种职业活动中表现出来的能力的综合。[3]

邓泽民等人分析了职业能力的条件定义、性质定义、过程定义和结构定义,认

---

[1] 彭聃龄:《普通心理学》,北京师范大学出版社2001年版,第390~390页。
[2] 于兴艳:《高职学生核心能力培养研究》,《湖南财经高等专科学校学报》2008年第3期,第145~146页。
[3] 俞文钊主编:《职业心理与职业指导》,人民教育出版社1996年版,第291~297页。

为职业能力定义既要在教学中具有很强的可操作性,又要符合职业技术教育的特点,因而把职业能力定义为"个体将所有知识、技能和态度在特定的职业活动或情境中进行类化迁移与整合所形成的能完成一定职业任务的能力"[1],这一定义较为综合和全面,其中更加强调了职业教育必须注重操作性。德国劳动力市场与职业研究所所长梅腾斯在其所著的《职业适应性研究概览》和《关键能力——现代社会的教育使命》两篇文章中提出了"关键能力"的概念,并对关键能力做了系统论述,他把"关键能力"概括为基本能力、水平迁移能力、共同的知识原理、传统而又经久不衰的能力。[2] 这样便使人们对职业能力的定义有了更深一步的了解;目前比较有影响的职业能力的定义是凯泽等人的概念和联邦职教所与西门子合作开发的"项目与迁移培训"对"关键能力"的定义。前者认为关键能力包括系统和方法能力、团体或社会能力明确主题的能力、反省能力、独立性与参与能力;后者把关键能力分为组织和执行任务的能力、承受能力、学习技能和思维能力、交往与合作能力、独立性与责任感这五种能力。[3] 基于此,本书依据文献的研究和高职学生的优劣势分析,及高职高专学校为社会经济发展培养实用型、技能型人才的办学目标提出职业能力由及时发现问题、计算机操作能力、树立沟通意识、明确职业角色、实际动手能力、总结经验来共同影响。

第四,假设6:专业技能知识和特定技能知识对知识结构有显著表征作用。

知识结构主要指专业技术知识,其属概念又包括专业技能知识和特定职业知识。熟练的专业技能知识对高职学生在生产管理服务第一线的各岗位,都有与专业相关的基本技能要求。如烹饪专业的刀功、配菜技能,房屋建筑专业的测量、识图技能,导游专业的口才、服务技能,文秘专业的公关礼仪、公文会务、文字处理技能,化工与检测专业的仪器使用技能,等等。[4] 同时,因为在知识结构方面,用人单位希望高职学生知道"做什么"和"怎么做",强调完成任务的专业技术与方法,注重横向的职业岗位知识模块,理论方面则以"够用""实用"为度。高职教育培养的是从事第一线工作的高级技术人才,具有较强的实践动手能力,所以在专业

---

[1] 邓泽民、陈庆合、刘文卿:《职业能力的概念特征及其形成规律的研究》,《煤炭高等教育》2002年第3期,第104~107页。

[2] 唐以志:《关键能力与职业教育的教学策略》,《职业技术教育》2000年第7期,第7~8页。

[3] 吕景泉:《借鉴德国职教经验注重"关键能力"培养》,《中国职业技术教育》2000年第4期,第7~11页。

[4] 丁继安、吴建设:《高职学生应用能力特征浅析》,《中国职业技术教育》2002年第8期,第47~48页。

技术上有其独特的要求。一要一技多能;二要有较强的动手能力。高职教育一般是两到三年时间,其中一年是实践时间,所以高职教育是以培养一批具有实践经验的技术人才,而不是具有高深的理论知识的学生为目标。目前用人单位一般都希望所招新人进厂就能顶岗,不需长期见习,所以高职学生在校实践要相应多一些,要在操作中解决实际问题,即需要高职学生的知识结构中在具有熟练的专业技能的同时,对特定的岗位具有特定的职业知识。

(二)变量设计

研究的变量是指某些因素的组成成分间,在性质或数量上可调节、操纵或测量的条件或事物的特征。通常研究要探讨的是自变量与因变量的对应关系,自变量是研究者要安排或操纵的因素,因变量是研究者要观察或测定的因素。自变量的变化能引起或影响因变量的变化,而因变量的变化依赖于或取决于自变量的变化。从这个意义上说,自变量和因变量的关系可以看作某种因果关系,即自变量是假定的原因,因变量则是假定的结果。

在假设1—3中,本书要检验的是发展能力、职业能力、知识结构之间的结构关系。高职学生特质由知识结构、职业能力和发展能力三部分组成,三者相互影响,有机统一。知识结构是指学生的专业理论知识和实际操作技能,它是高职学生特质的基础;职业能力是指学生的职业知识和职业素养,它是高职学生特质中的一种实践能力;发展能力是指学生的再学习的能力,在高职学生特质中居于重要的地位,是在高职学生具备一定的知识结构和职业能力基础之上形成的,对高职学生的职业生涯发展有着重要的影响。

在假设4中,本书要检验的是环境适应能力、抗挫折能力、自我学习能力和执行能力对发展能力的表征作用,并设计了发展能力的观测变量为环境适应能力、抗挫折能力、自我学习能力、执行能力。

在假设5中,本书要检验的是及时发现问题、计算机操作能力、树立沟通意识、明确职业角色、实际动手能力、总结经验对职业能力的表征作用,并设计了职业能力的观测变量为及时发现问题、计算机操作能力、树立沟通意识、明确职业角色、实际动手能力、总结经验。

在假设6中,本书要检验的是专业技能知识和特定技能知识对知识结构的表征作用,并设计了知识结构的观测变量为专业技能知识和特定技能知识。

二 数据收集与统计描述

这部分主要是数据的收集情况与受调查对象的特征描述。

(一)数据收集及录入

此次调研共发放问卷1100份,回收问卷938份,其中,有效问卷836份,无效问卷102份,有效回收率为76%。无效的原因主要是填写不完全或填写完全一致。

(二)数据统计分析软件

此次问卷统计分析采用AMOS11.5进行。

在受调查的企业中,如图8-2样本特征所示:民营企业问卷为559分,占总问卷的66.87%;股份制企业问卷为174份,占总问卷的20.81%;事业单位问卷为12份,占总问卷的1.43%;国有企业问卷为28份,占总问卷的3.35%;其他问卷为63份,占总问卷的7.54%。

(三)样本特征

在受调查的企业中,如图8-2样本特征所示:民营企业问卷为559份,占总问卷的66.87%;股份制企业问卷为174份,占总问卷的20.81%;事业单位问卷为12份,占总问卷的1.43%;国有企业问卷为28份,占总问卷的3.35%;其他问卷为63份,占总问卷的7.54%。

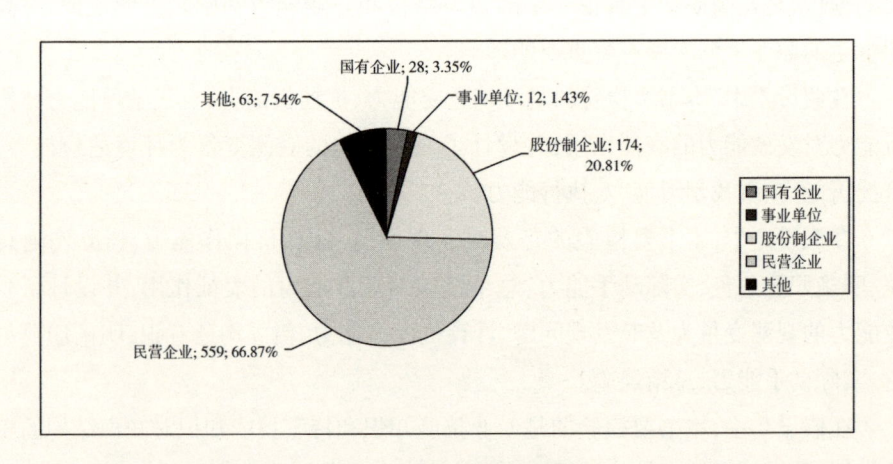

图8-2 受调查企业类型

在受调查企业业务领域中,如图8-3样本特征所示:制造业问卷为232份,所占问卷比例为 27.62%;建筑业问卷为 17 份;所占比例为 2.02%,服务业问卷为 576 份,所占比例为 69.05%;其他问卷为 11 份,所占比例为 1.31%。

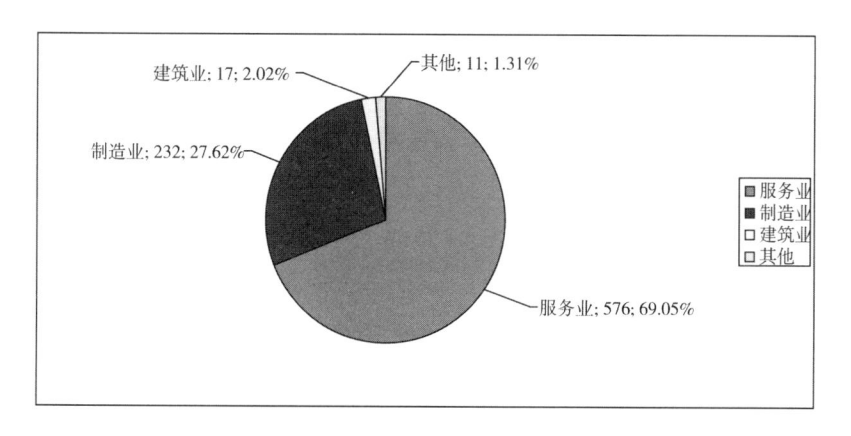

图 8-3 受调查企业业务领域

受调查企业近 3 年年平均营业额中,如图 8-4 所示:近 3 年平均营业额占 1000 万以下的单位问卷为 474 份,占总问卷的 56.90%;1001 万—5000 万的单位问卷为 175 份,占总问卷的 20.83%;5001 万—10000 万的单位问卷为 47 份,占总问卷的 5.61%;10001 万—50000 万的单位问卷为 59 份,占总问卷的 7.02%;50001 万—100000 万的单位问卷为 58 份,占总问卷的 6.90%;100001 万以上的单位问卷为 23 份,占总问卷的 2.74%。

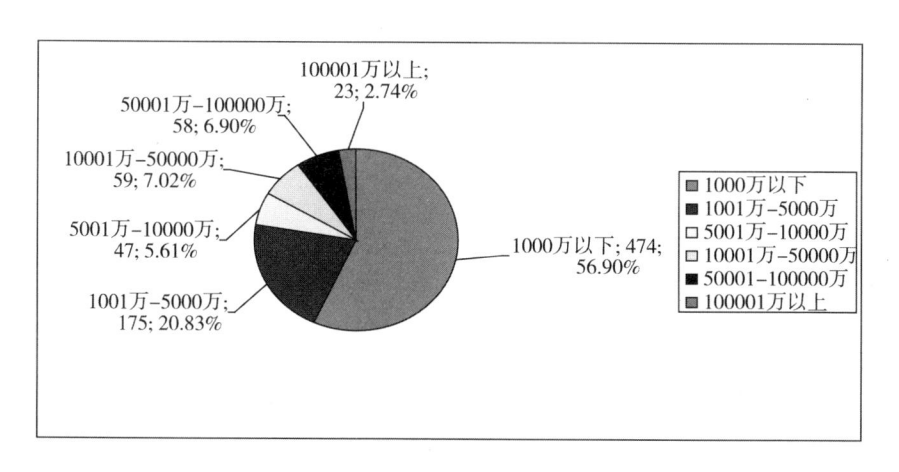

图 8-4 受调查企业近 3 年平均营业额

三 探索性因子分析

(一) 研究数据的描述性统计分析

本部分主要目的在于说明各个测量指标的描述统计。一方面，利用描述每个测量指标的得分情况，包括最小值、最大值、平均数与标准差信息，来了解被调查对象在各题项回答的差异性。另一方面，对各测量指标的得分，进行峰度和偏度的分析，获得其集中与分散的情形。

本书的各个测量指标的描述性统计分析结果如表8-1所示。

表8-1 研究数据的描述性统计量

描述统计量

	样本量	最小值	最大值	均数	标准差	偏度系度		峰度系数	
	统计量	统计量	统计量	统计量	统计量	统计量	标准误	统计量	标准误
VAR00001	835	1.00	10.00	8.3341	1.11496	-1.182	0.085	7.671	0.169
VAR00002	835	3.00	10.00	8.2024	1.02942	-0.543	0.085	2.764	0.169
VAR00003	835	2.00	10.00	7.9868	1.43603	-0.344	0.085	-0.760	0.169
VAR00004	835	2.00	10.00	8.9617	1.13256	-1.271	0.085	2.466	0.169
VAR00005	835	3.00	10.00	8.1305	1.20936	-0.573	0.085	1.366	0.169
VAR00006	835	1.00	10.00	8.1677	1.11106	-1.385	0.085	8.206	0.169
VAR00007	835	3.00	10.00	8.3952	1.07878	-0.885	0.085	3.378	0.169
VAR00008	835	5.00	10.00	8.2156	1.08134	-0.114	0.085	0.129	0.169
VAR00009	835	5.00	10.00	8.6575	1.02723	-0.245	0.085	-0.323	0.169
VAR00010	835	5.00	10.00	8.2072	1.02496	-0.127	0.085	0.204	0.169
VAR00011	835	5.00	10.00	8.3593	1.06852	-0.237	0.085	-0.239	0.169
VAR00012	835	5.00	10.00	7.9569	1.22692	-0.315	0.085	0.114	0.169
列删除后的有效样本量	835								

说明：VAR00001表示环境适应能力；VAR00002表示抗挫折能力；VAR00003表示自我学习能力；

VAR00004表示执行能力；VAR00005表示及时发现问题；VAR00006表示计算机操作能力；

VAR00007表示实际动手能力；VAR00008表示明确职业角色；VAR00009表示树立沟通意识；

VAR00010表示总结经验；VAR00011表示专业技能知识；VAR00012表示特定职业知识

表8-1数据显示，12项指标的最小值有5项指标都是5,3项指标为3,2项指标为2,2项指标为1，最大值均为10，这表明被调查对象对每个题项的回答具有一定的差异性。从整体水平来看，12项指标的均值最小值为7.9545,最大值为8.9617,均值偏大，介于"有点符合"和"极其符合"之间，说明目前用人单位对高职

生的总体要求还是偏高的。

从表8-1所显示的每个测量指标得分的偏度和峰度来看,偏度最小值为-1.399,最大值为-0.116,峰度最小值为-0.758,最大值为7.583,表明测量指标普遍偏离正态分布,个别指标偏离严重。从理论上讲,AMOS 是线性结构方程模型,要求所处理的数据应遵循正态分布。但不少研究表明,在多数情况下,就算变量不是正态分布,用极大似然估计法仍然是合适的、可信的。因此,本研究采用极大似然法进行求解,并在结构方程求解前,对数据进行了标准化处理。

(二)探索性因子分析

因子分析的基本目的就是用少数几个因子去描述许多指标或因素之间的联系,以较少的几个因子反映原资料的大部分信息。一般在因子分析时需首先做因子分析的前提条件,即原有变量是否相关进行研究。通常可采用巴特利特(Bartlett)球度检验与 KMO 检验方法进行分析。

1. 巴特利特球度检验与 KMO 检验[①]

巴特利特球度检验以原有变量的相关系数矩阵为出发点,其零假设是 H_0,相关系数矩阵是单位阵,即相关系数矩阵为对角矩阵(对角元素不为0,非对角元素均为0)且主对角元素均为1。巴特利特球度检验的检验统计量根据相关系数矩阵的行列式计算得到,其近似服从卡方分布。若检验统计量的对应概率值大于给定的显著性水平且观测值较小,则不拒绝零假设,说明相关系数矩阵与单位矩阵无显著差异,原有变量不适合做因子分析;若该统计量对应的概率值小于给定的显著性水平而观测值比较大,则拒绝零假设,说明相关系数矩阵不可能是单位矩阵,原有变量适合做因子分析。

KMO 检验统计量是用于比较变量间简单相关系数和偏相关系数的指标,数学定义为:

$$\mathrm{KMO} = \frac{\sum\sum_{i \neq j} r_{ij}^2}{\sum\sum_{i \neq j} r_{ij}^2 + \sum\sum_{i \neq j} p_{ij}^2}$$

其中,r_{ij} 是变量 x_i 和其他变量 x_j 间的简单相关系数,P_{ij} 是变量 x_i 和变量 x_j 在控制了剩余变量下的偏相关系数。由上式可知,KMO 统计量的取值在 0 和 1 之间。当所有变量间的简单相关系数平方和远远大于偏相关系数平方和时,KMO

---

① Hair, Black, Dabin, Anderson, Tatham, *Multivariate Data Analysis* (6th edtion, 2006).

值接近1。KMO值越接近于1,意味着变量间的相关性越强,原有变量越适合做因子分析;当所有变量间的简单相关系数平方和接近0时,KMO值接近0。常用的KMO度量标准为:KMO值在0.9以上表示非常适合;0.8表示适合;0.7表示一般;0.5以下表示极不适合。

在对调查问卷进行因子分析之前,首先对样本进行KMO与球形巴特利特卡方检验。

表8-2 样本KMO与球形巴特利特卡方检验

样本充分性 KMO 检验		0.851
样本分布的巴特利特检验	卡方检验值	4527.657
	自由度	66
	显著性	0.000

表8-2数据结果显示:根据(kaiser,1974)的观点,如果KMO的值小于0.5时,较不宜进行因子分析,此处样本充分性KMO检验的值为0.851,表示适合进行因子分析。此外,从样本分布的巴特利特球形检验的 χ^2 值为4527.657,显著性为0.000,代表母群体的相关矩阵间有共同因子存在,适合进行因子分析。

2. 因子分析①

因子分析是用少数几个不可观测的随机变量去描述原有的许多指标或因素之间的联系,达到降维及综合研究的目的。我们从指标变量的相关矩阵R出发,研究因子 F_j 与变量 X_i 相关结构的因子分析。其数学模型为:

$$\begin{cases} X_1 = a_{11}F_1 + a_{12}F_2 + \cdots + a_{1m}F_m + \varepsilon_1 \\ X_2 = a_{21}F_1 + a_{22}F_2 + \cdots + a_{2m}F_m + \varepsilon_2 \\ \vdots \\ X_P = a_{p1}F_1 + a_{p2}F_2 + \cdots + a_{pm}F_m + \varepsilon_p \end{cases}$$

简记为 $X = A \times F + E$

其中A称为因子载荷阵,a_{ij} 为因子 F_j 在变量 X_i 的权重,ε 称为特殊因子。以上模型同时要求

---

① Hair,Black,Dabin,Anderson,Tatham,*Multivariate Data Analysis* (6th edtion,2006).

$$\begin{cases}(1)\ m\leq p\\(2)\ \mathrm{Cov}(f,\varepsilon)=0,即\ F\ 与\ \varepsilon\ 不相关\\(3)\ \mathrm{Var}(F)=I,即\ D(F_j)=1,\mathrm{Cov}(F_i,F_j)=0(i\neq j)\\(4)\ \mathrm{Var}(\varepsilon)=\mathrm{diag}(\sigma_1^2,\sigma_2^2,\cdots,\sigma_p^2)\end{cases}$$

在此,我们采用主成分分析法提取公因子,采用方差最大法进行因子旋转,得到了如下结果。

如表8-3所示,根据文献①,本书前3个因子的累积贡献率为71.172%,综合起来考虑,本书以选取3个因子数为宜。

表8-3　总体解释方差表

公因子数目	特征值			旋转前累计平方荷载		
	总分	方差百分比	累积贡献率%	总分	方差百分比	累积贡献率%
1	4.886	48.860	48.860	4.886	48.860	48.860
2	1.184	11.843	60.703	1.184	11.843	60.703
3	1.047	10.469	71.172	1.047	10.469	71.172
4	0.725	7.252	78.424			
5	0.480	4.803	83.226			
6	0.449	4.488	87.715			
7	0.380	3.802	91.516			
8	0.350	3.496	95.013			
9	0.264	2.645	97.658			
10	0.234	2.342	100.000			

通过分析,得出旋转后的因子载荷矩阵表,如表8-4所示。数据结果显示,可以提取出三个反映高职学生特质的因子。其中,因子1由V1、V2、V3、V4题项构成,反映的是高职学生的发展能力;因子2由V5、V6、V7、V8、V9、V10题项构成,反映的是高职学生的职业能力;因子3由V11、V12构成,反映的是高职学生的知识结构,这表明概念模型8-1得到了验证。

---

① Hair, Black, Dabin, Anderson, Tatham, *Multivariate Data Analysis* (6th edtion, 2006).

表 8-4 旋转后的因子载荷矩阵

	提取的因子		
	因子1	因子2	因子3
V1	0.685	-0.165	-0.331
V2	0.793	-0.096	-0.189
V3	0.534	-0.593	0.264
V4	0.735	0.251	0.082
V5	0.168	0.771	-0.364
V6	0.146	0.575	-0.209
V7	-0.156	0.762	-0.292
V8	0.041	0.762	-0.182
V9	-0.282	0.620	0.396
V10	0.183	0.643	0.104
V11	0.398	0.063	0.644
V12	0.417	0.317	0.670

进一步地,上述因子分析的碎石图如图 8-5 所示。

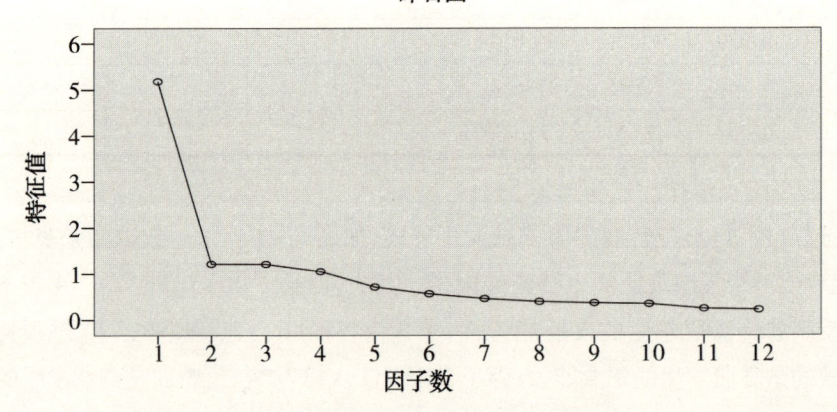

图 8-5 因子分析碎石图

图 8-5 显示,第 1 个因子特征根的值较高,对解释原有变量的贡献最大;而

第 4 个以后的因子特征根值都较小,对解释原有变量的贡献很小,因此进一步表明,提取 3 个因子是合适的。

(三)信度分析

信度表示对同样的对象,采用同样的观测方法,得出同样观测数据(结果)的可能性,它表明了度量结果的重复性,数值与平均值之间的差异程度,即数据的可靠性。在实证研究中,采用纠正条目的总相关系数(Corrected Item – Total Correlation, CITC)净化调查问卷的测量条目。如果 CITC 指数低于 0.5,除非有特别的理由,一般就应该删除这个条目。如果删除这些条目可以带来 α 系数的改善并且内容信度没有改变,就可以对这些条目进行删除,并再次计算 α 系数。

如前所述,利用因素分析中共抽取的 3 个因子,因子 1 是发展能力,因子 2 是职业能力,因子 3 是知识结构。三个共同因子所对应的因素分别为:

因子 1:环境适应能力、抗挫折能力、自我学习能力、执行能力。

因子 2:及时发现问题、树立沟通意识、计算机操作能力、明确职业角色、实际动手能力、总结经验。

因子 3:专业技能知识、特定职业知识

分别对三个因子计算 Cronbach α 系数。其中,表 8 – 5 是发展能力因子的 Cronbach α 系数。表中数据显示发展能力的 Cronbach α 系数为 0.7743,大于 0.7,表明该因子具有较好的内部一致性,信度检验通过。但是当删除指标 var00001,即环境适应能力项目之后,Cronbach α 系数有小幅度提高。同时观察校正的项总计相关性,其值为 0.6419 > 0.35,没有达到删除该测量指标标准,因此我们仍然在模型分析中保留该项测量指标。

表 8 – 5　发展能力各个变量和计量指标的 CITC 分析

变量	Cronbach α	项目数	问题项	CITC	对应指标删除后的信度系数
发展能力	0.7743	4	环境适应能力	0.5580	0.6419
			抗挫折能力	0.6705	0.7700
			自我学习能力	0.7783	0.7907
			执行能力	0.6559	0.7086

表 8 – 6 是职业能力问卷的 Cronbachα 系数。表中数据显示职业能力因子的

Cronbach α 系数为 0.8188,大于 0.7,表明该因子具有较好的内部一致性,信度检验通过。但是当删除指标 var00010,即总结经验之后,Cronbachα 系数有小幅度提高。同时观察校正的项总计相关性,其值为 0.7044 > 0.35,没有达到删除该测量指标标准,因此我们仍然在模型分析中保留该项测量指标。

表 8-6　职业能力各个变量和计量指标的 CITC 分析

变量	Cronbach α	项目数	问题项	CITC	对应指标删除后的信度系数
职业能力	0.8188	6	及时发现问题	0.7322	0.7541
			树立沟通意识	0.5380	0.7998
			计算机操作能力	0.6830	0.7682
			明确职业角色	0.6194	0.7822
			实际动手能力	0.5183	0.7225
			总结经验	0.5122	0.7044

表 8-7 是知识结构因子的 Cronbach α 系数。表中数据显示知识结构因子的 Cronbach α 系数为 0.7319,大于 0.7,表明量表具有较好的内部一致性,信度检验通过。

表 8-7　知识结构各个变量和计量指标的 CITC 分析

变量	Cronbach α	项目数	问题项	CITC
知识结构	0.7699	2	专业技能知识	0.7319
			特定职业知识	0.7319

综上所述,三个因子的各个变量和计量指标的一致性系数如表 8-5、表 8-6 与表 8-7 所示,测项数量超过 6 项的变量的 Cronbach α 值均大于 0.7,测项数量低于 6 项的变量的 Cronbach α 值也在 0.6 以上,表明本书设计的问卷具有较高的可靠性。

(四)效度分析

效度是测量工具能正确测量出想要衡量的性质的程度,即测量的正确性。效度可分为内容效度(content validity)、构建效度(construct validity)和准则相关效度(criteria – related validity)三类。本书中的各测量指标都是直接测量,在同一时期内很难找到其他标准资料作为辅助,无法进行准则相关效度的分析,因此仅讨论内容效度和建构效度。

内容效度旨在检测衡量内容的适切性,本书为提高内容效度,以相关理论为基础,参考现有实证研究的问卷设计,并加以修订。问卷初稿完成后,多次与相关领域学者和企业界人士讨论修正,因此,确信应有较高的内容效度。

所谓建构效度指测量出理论的概念和特征的程度。本书利用验证性因子分析(Confirmatory Factor Analysis,CFA)来检验建构效度。在验证性因子分析中,建构效度水平可以由模型的拟合指数和标准化因子负荷系数来检验(穆勒,1996)。如果模型的拟合指数表明拟合水平是可以接受的,即理论模型较好地拟合了样本数据,那么研究人员就可以进一步通过观察标准化负荷系数的大小来检验其建构效度。一般地,标准化负荷系数大于0.7,表明问卷具有较高的效度,但对于新开发的量表、模型,大于0.5也是可以接受的(Chin,1998)。

表8-8为高职学生特质模型测量项目在变量上的载荷显示,模型样本的各项拟合程度指标均大于0.5,基本都在可接受的区间以内。

表8-8 高职学生特质模型测量项目在变量上的载荷

测量项目	标准化载荷值	CR 值
var00004	0.553	14.639
var00008	0.833	18.641
var00009	0.525	14.093
var00001	0.758	15.263
var00002	0.892	16.184
var00005	0.842	19.398
var00007	0.899	19.559
var00006	0.578	14.468
var00012	0.817	16.411
var00011	0.733	15.119
var00010	0.632	14.860

续表

测量项目	标准化载荷值	CR 值
var00003	0.567	14.659

说明：var00001 表示环境适应能力；var00002 表示执行能力；var00003 表示自我学习能力；

var00004 表示抗挫折能力；var00005 表示及时发现问题；var00006 表示计算机操作能力；var00007 表示实际动手能力；var00008 表示明确职业角色；var00009 表示树立沟通意识；var00010 表示总结经验；var00011 表示专业技能知识；var00012 表示特定职业知识。

四 证实性因子分析

(一)测量关系参数检验

结构方程模型主要是一种证实性因子分析技术(EFA)，建立结构方程模型的第一步是从设定一个待定的模型开始的，最直接的方法就是通过路径图将模型描述出来，路径图有助于对变量之间的关系清晰地进行描述，并且可以直接转化为建模方程。

我们认为，仅仅通过前面的探索性因子分析就认定"某潜变量的因子结构是怎样"还不够，除了进行探索性分析外，还需要验证该结构才可以接受。在运用验证性因子分析时，一般遵循以下步骤：①提出几种可供比较的假设模型；②按照假设模型进行编程和计算；③比较各种假设模型拟合指标和各种模型的差异性；④选择可以接受的模型或者最优模型。按照以上步骤，本部分将针对各层面变量的测量模型进行验证性因子分析，以检验其因子结构的合理性。

我们针对高职学生特质要素提出了 3 个可供比较的假设验证模型(运用主成分分析强迫提取 1 个、2 个、3 个因子得到)，分别是高职学生特质要素评价单因素、二因素、三因素测模型(如图 8-6、图 8-7、图 8-8 所示)。

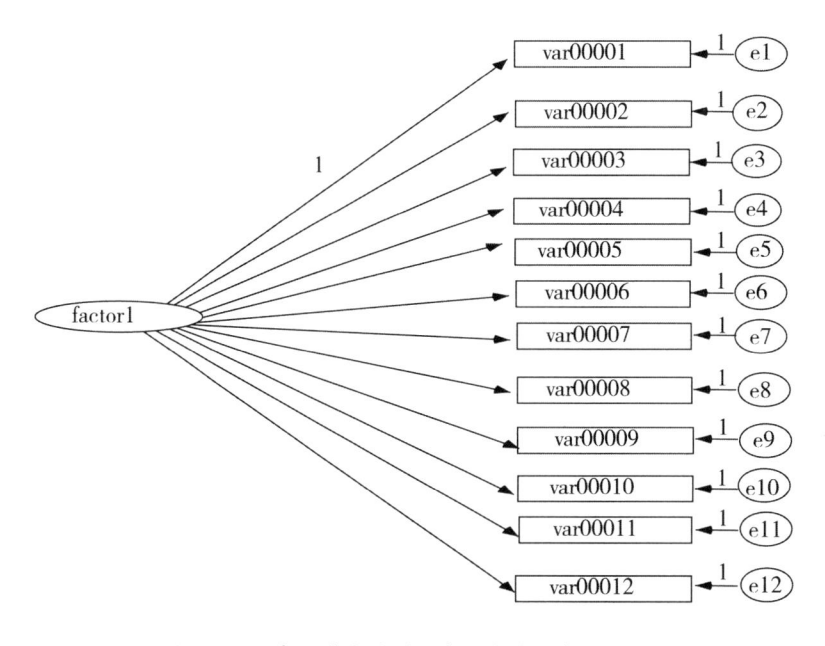

图 8-6　高职学生特质要素评价单因素模型假设

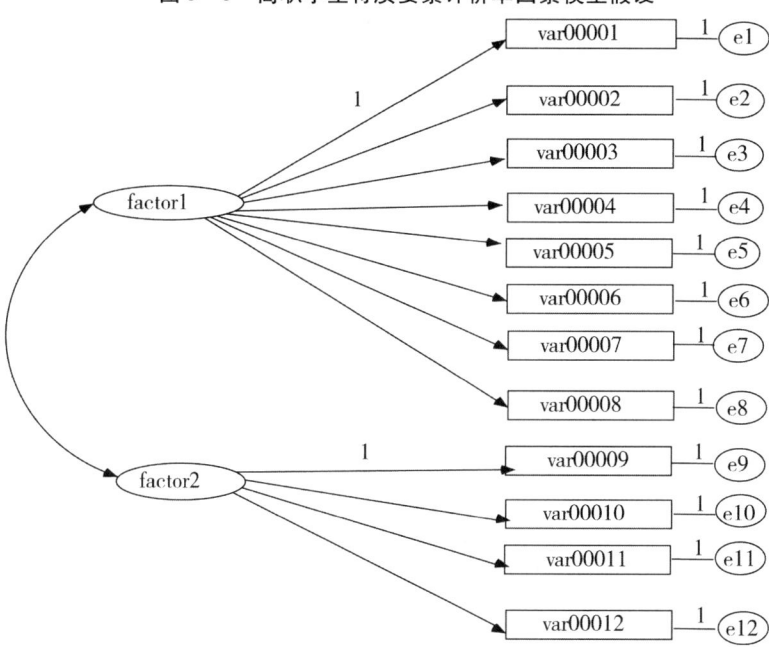

图 8-7　高职学生特质要素评价二因素模型假设

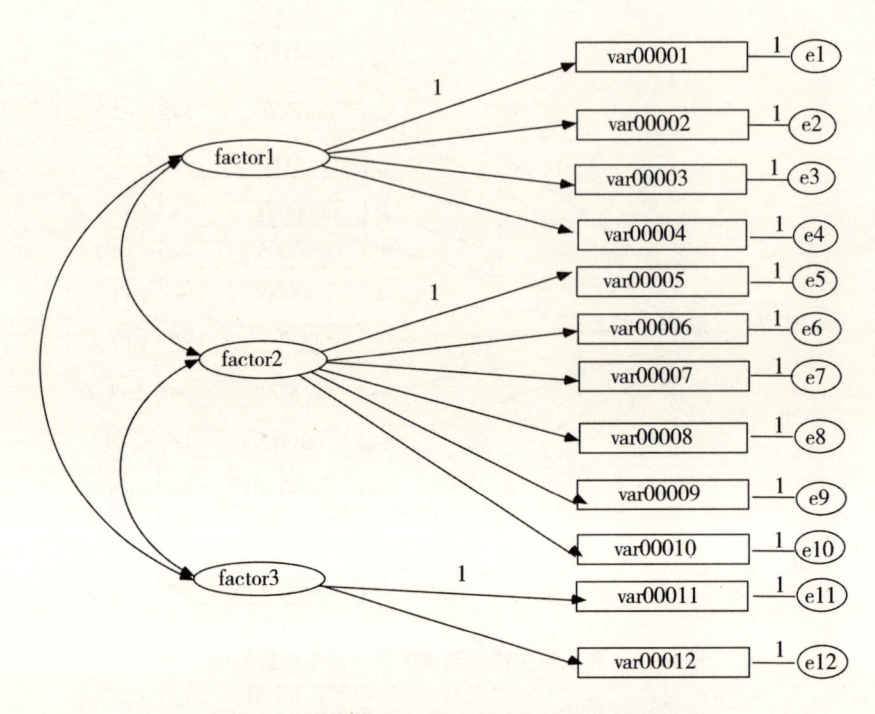

图 8-8　高职学生特质要素评价三因素模型假设

对三种高职学生特质要素评价的测量模型进行验证性因子分析,得出如表 8-9 所示的模型拟合指数。

表 8-9　高职学生特质要素评价三种假设模型的各种拟合指数

拟合程度指标	单因素模型	二因素模型	三因素模型	指标可接受区间
GFI	0.793	0.839	0.842	≥0.80
AGFI	0.702	0.763	0.859	≥0.80
NFI	0.721	0.782	0.914	≥0.90
IFI	0.730	0.791	0.903	≥0.90
CFI	0.729	0.790	0.903	≥0.90
RMSEA	0.163	0.145	0.094	≤0.10

从表 8-9 反映的拟合指数看,高职学生特质要素评价从单因素模型到二因素模型再到三因素模型,拟合程度有了非常明显的提高,而三因素假设模型更为接近,且其拟合模型达到良好的程度,表明假设 4—6 得到了验证。高职高专学生

特质评价模型如图 8-9 所示。

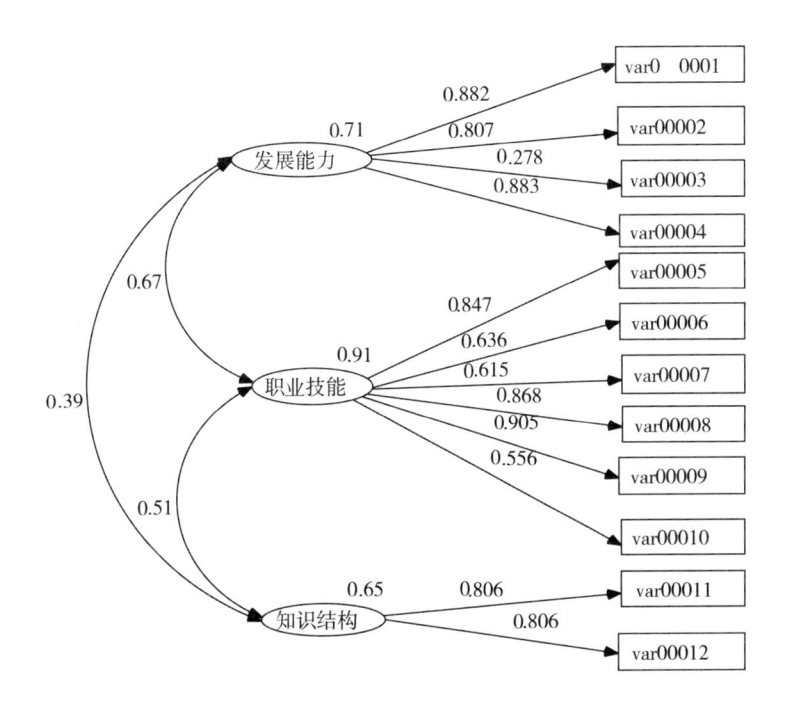

图 8-9 高职学生特质评价假设模型

(二)结构关系参数检验

本书使用最大似然估计(maximum likelihood)进行模型参数估计,参数估计估计结果如表 8-10 所示。模型评价首先要考察模型结果中估计出的参数是否具有统计意义,需要对路径系数或载荷系数进行显著性检验,这类似于回归分析中的参数显著性检验,原假设为系数等于零。AMOS 提供了一种简单便捷的检验,利用 CR(critical ratio)。CR 值是一个 Z 统计量,使用参数估计值与其标准差之比构成。

表 8-10 参数估计结果

		Estimate	S. E.	CR	P	Label
var00003	发展能力	0.791	0.061	12.937	***	par_4
var00004	发展能力	0.301	0.049	6.090	***	par_5
var00006	职业能力	0.602	0.040	15.239	***	par_6

续表

		Estimate	S. E.	CR	P	Label
var00008	职业能力	0.935	0.044	21.387	***	par_7
var00011	知识结构	1.000				
var00012	知识结构	1.277	0.067	18.954	***	par_8
var00001	发展能力	1.000				
var00002	发展能力	1.087	0.046	23.861	***	par_9
var00005	职业能力	1.000				
var00007	职业能力	0.996	0.044	22.402	***	par_10
var00009	职业能力	0.639	0.041	15.601	***	par_11
var00010	知识结构	0.832	0.050	16.751	***	par_18

表 8–11　方差估计结果

	Estimate	S. E.	CR	P	Label
发展能力	0.713	0.059	12.154	***	par_31
职业能力	0.776	0.064	12.064	***	par_32
知识结构	0.606	0.054	11.297	***	par_33
e1	0.528	0.033	16.039	***	par_34
e2	0.216	0.025	8.641	***	par_35
e3	1.602	0.081	19.693	***	par_36
e4	1.217	0.060	20.263	***	par_37
e7	0.396	0.028	14.184	***	par_38
e9	0.722	0.037	19.398	***	par_39
e10	0.631	0.036	17.559	***	par_40
e6	0.951	0.049	19.468	***	par_41
e8	0.489	0.030	16.411	***	par_42
e5	0.634	0.037	17.119	***	par_43
e11	0.523	0.035	14.860	***	par_44
e12	0.492	0.046	10.659	***	par_45

模型中假设的各变量之间的关系可以通过 SEM 中的 CR 值检验,本书选取国

内外文献使用频率较高的多个指标来检验模型参数,包括卡方指数、GFI、AGFI、NFI、IFI、CFI 与 RMSEA。

根据国内外文献,巴戈乔和易(1988)建议在衡量模型拟合度时采用卡方和自由度的比值作为标准。一般认为卡方指数值在 3 以下是合理的(巴戈乔和易,1988);GFI 和 AGFI 大于 0.9 表明模型与数据的拟合程度高(赛发斯和格罗夫,1993);规范拟合指数(NFI)大于 0.9 表明模型与数据的拟合程度高,FI 大于 0.9 表明模型与数据的拟合程度高(博伦,1989);比较拟合指数(CFI)大于 0.9 表明模型与数据的拟合程度高(本特勒,1990);近似均方根残差(RMSEA)取值在 0.08 下表示较好的拟合,在 0.05 以下表明数据与模型拟合很好,大于 0.1 表明拟合很糟糕,需要重新修订模型(斯泰格尔和林德,1980)。

另外,在样本数量要求中,农纳利(1978)指出,样本数只要大于测项数目的 10 倍就可以接受;哈尔(1998)指出在利用最大似然估计时,样本数量不得少于 150 个,否则模型可能不会收敛。本书所用量表的有效测项数目为 835 个,有效样本数量符合要求。

分别以两样本的相关系数矩阵为输入矩阵,使用 AMOS 软件中的最大似然估计程序进行结构方程模型分析,各项拟合程度指标如表 8 - 12 所示。从模型输出的拟合指标来看,RMSEA、GFI、NFI、NNFI、CFI,皆可说明模型拟合可以接受。那么,该理论模型修正后能够与所采数据拟合,并可以反映变量之间数据所说明的问题。

表 8 - 12　结构方程拟合程度指标

拟合程度指标	结果	指标可接受区间
卡方(χ^2)	398.159	
自由度(df)	45	
拟合优度指数(GFI)	0.931	≥0.80
调整后的拟合优度指数(AGFI)	0.880	≥0.80
规范拟合指数(NFI)	0.912	≥0.90
增加拟合指数(IFI)	0.921	≥0.90
比较拟合指数(CFI)	0.921	≥0.90
近似均方根残差(RMSEA)	0.097	≤0.10

表 8-12 中的结果显示,结构方程模型的各种参数估计均通过了检验,表明三个维度潜在变量结构关系的假设 1—3 得到了检验。

在高职学生特质模型中,将高职学生的发展能力、职业能力、知识结构作为外生变量,模型中的其他变量环境适应能力、抗挫折能力、自我学习能力、执行能力、及时发现问题、计算机操作能力、树立沟通意识、明确职业角色、实际动手能力、总结经验、专业技能知识、特定职业知识则为内生变量。外生变量与内生变量之间的关系以及内生变量之间的关系如表 8-13 所示。

表 8-13　高职学生特质评价模型中各变量因子载荷表

		因子载荷值
var00004	发展能力	0.525
var00008	职业能力	0.763
var00009	职业能力	0.553
var00001	发展能力	0.758
var00002	发展能力	0.892
var00005	职业能力	0.742
var00007	职业能力	0.813
var00006	职业能力	0.578
var00012	知识结构	0.817
var00011	知识结构	0.733
var00010	知识结构	0.632
var00003	发展能力	0.567

从参数估计结果的报表数据可以得知,所有的参数值均达显著,因素载荷以 var00002 的 0.892 最高,var00004 的 0.525 最低。

高职学生特质要素评价模型中的路径分析如表 8-14 所示。

表 8-14　高职学生特质要素评价模型中的路径分析

			路径负荷值	C.R.	P
发展能力	<-->	知识结构	0.611	11.158	***
知识结构	<-->	职业能力	0.674	11.634	***

续表

			路径负荷值	C.R.	P
职业能力	<-->	发展能力	0.842	13.611	***

说明：*、**、***分别表示0.05、0.01、0.001的显著性水平。

表8-14中的路径负荷值为标准化系数,是对假设关系的一个基本验证,说明各个潜变量之间的作用关系。路径负荷值为正说明各潜变量之间是正影响关系,路径负荷值为负说明各潜变量之间是负影响关系,绝对值越大表示在路径关系中的重要性越高。通过这些路径负荷估计值,我们可以看到各潜变量之间的直接关系或效应。直接效应是两个潜变量间具有的单一直线关系的结构系数。透过效应的鉴定,便可了解变量之间的线性结构关系。根据表8-14来分析各个潜变量之间的影响效应为:

第一,发展能力与职业能力之间的整体效应。其直接效应为0.842,达到了p＜0.001的显著水平;但两变量间不具有间接效应,故发展能力与职业能力之间相关的整体效应为0.842。

第二,知识结构与职业能力之间的整体效应。其直接效应为0.674,达到了p＜0.001的显著水平;但两变量间不具有间接效应,故发展能力与职业能力之间相关的整体效应为0.674。

第三,发展能力与知识结构之间的整体效应。其直接效应为0.611,达到了p＜0.001的显著水平;但两变量间不具有间接效应,故发展能力与职业能力之间相关的整体效应为0.611。

五 模型参数假设及检验结论

本书对两两层面构成的结构模型中的各变量之间的关系,以及完整的假设模型中的各变量关系进行了探讨,发展能力、职业能力、知识结构关系的假设及检验结论如表8-15所示。

表 8-15 发展能力、职业能力、知识结构之间关系的假设及检验结论

	假设	验证结果
假设1	发展能力与职业能力具有正相关	支持
假设2	职业能力与知识结构具有正相关	支持
假设3	发展能力与知识结构具有正相关	支持
假设4	发展能力由发展能力是由环境适应能力、抗挫折能力、自我学习能力和执行能力来共同影响	支持
假设5	职业能力由及时发现问题、计算机操作能力、树立沟通意识、明确职业角色、实际动手能力、总结经验来共同影响	未完全支持
假设6	知识结构由专业技能知识和特定技能知识来共同影响	基本支持

同时,得到修正前的高职学生特质评价模型图,如图 8-10 所示。

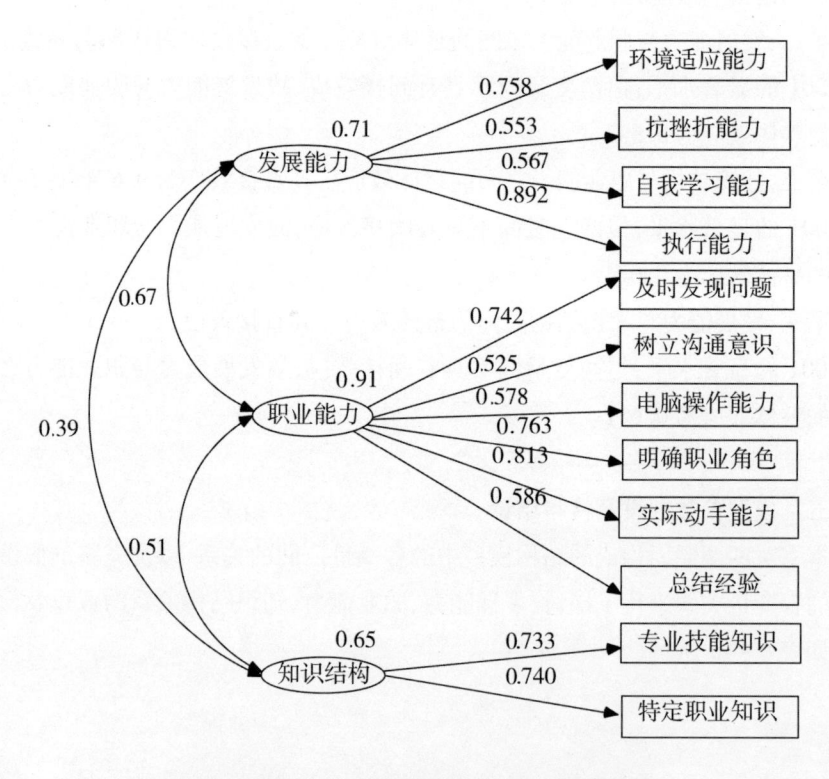

图 8-10 修正前的高职学生特质评价模型图

综合以上假设检验结果和修正前的高职学生特质评价模型图,对模型涉及的

各种关系的假设进行总结归纳:

第一,发展能力与职业能力之间存在着显著正相关关系。

假设1在高职学生特质要素模型中取得了支持。发展能力与职业能力在假设中是正相关的,验证的结果证明两者间存在着显著正相关关系(路径负荷值为0.842)。

第二,职业能力与知识结构之间存在着显著正相关关系。

假设2在高职学生特质要素模型中取得了支持。职业能力与知识结构在假设中具有正相关,验证的结果证明两者间存在着显著正相关关系(路径负荷值为0.674)。

第三,知识结构与发展能力之间存在着显著正相关关系。

假设3在高职学生特质要素模型中取得了支持。职业能力与知识结构在假设中具有正相关,验证的结果证明两者间存在着显著正相关关系(路径负荷值为0.611)。

第四,发展能力由环境适应能力、抗挫折能力、自我学习能力和执行能力来共同影响。

假设4中认为发展能力是由环境适应能力、抗挫折能力、自我学习能力和执行能力来共同影响的,从验证的结果来看,发展能力与环境适应能力之间的因子载荷值为0.758,发展能力与抗挫折能力之间的因子载荷值为0.553,发展能力与自我学习能力之间的因子载荷值为0.567,发展能力与执行能力之间的因子载荷值为0.892。假设4得到支持。

第五,职业能力由及时发现问题、计算机操作能力、树立沟通意识、明确职业角色、实际动手能力、总结经验来共同影响。

从假设5的验证结果来看,职业能力与及时发现问题之间的因子载荷值为0.742;职业能力与计算机操作能力之间的因子载荷值为0.578;职业能力与明确职业角色之间的因子载荷值为0.763;职业能力与树立沟通意识之间的因子载荷值仅为0.525,相对其他因子载荷值最低,而根据实际的情况来看,树立沟通意识属于基础素质,在各个层次的学生培养中均是很重要的,当初设计该指标在职业能力内就考虑欠妥,其并不能很突出地反映基于就业导向的高职学生的特质,所以综合全面地考虑,在此删除此指标;职业能力与实际动手能力之间的因子载荷值为0.813;职业能力与总结经验之间的因子载荷值为0.586,但是二者的修正指标MI指标显示,总结经验的残差项与知识结构之间的MI值达到72.591,而总结经验的残差项与职业能力的 MI 值为 8.809,所以通过修正,把总结经验放在了知识结构要素中,这样使模型的拟合度更佳。通过以上分析,原假设未得到全部验证。

第六,知识结构由专业技能知识和特定技能知识来共同影响。

假设 6 中认为知识结构是由专业技能知识和特定技能知识来共同影响的,从验证的结果来看,知识结构与专业技能知识之间的因子载荷值为 0.733,知识结构与特定职业知识之间的因子载荷值为 0.740,而通过模型修正,总结经验与知识结构之间的因子载荷值为 0.632,所以,通过修正,知识结构可以由专业技能知识、特定职业知识和总结经验来共同影响,原假设得到基本验证。

六 讨论及建议

本章综合了以往文献中的研究,形成以需求为导向的高职学生特质研究模型。在调查所收集数据的基础上,运用多种统计分析方法,包括描述性统计分析、探索性因子分析、结构方程测量模型分析等,对各层面变量的因素结构进行了探讨,对量表的信度和效度进行了检验,对高职学生特质中的发展能力、职业能力、知识结构之间的关系进行了研究,得到以下结论。

第一,各层面变量的因子结构经过修正更为合理,经验证具有良好的信效度。

本书的目的是分析高职学生特质的影响因素,探讨以需求为导向的学生特质模型。经探索性因子分析,模型确定了三个高职学生特质要素,分别是发展能力要素、职业能力要素、知识结构要素,并借由测量模型分析,验证了该因子结构的合理性。三个高职学生特质要素变量分别有 4、4、3 个测量指标,共 11 个测量指标。经检验,量表具有较好的内部一致性信度和良好的建构效度。

第二,各层面相关变量之间的关系经过修正更为合理,并通过了模型的验证,构建了修正后的基于需求导向的高职学生特质评价模型图,如图 8-11 所示。

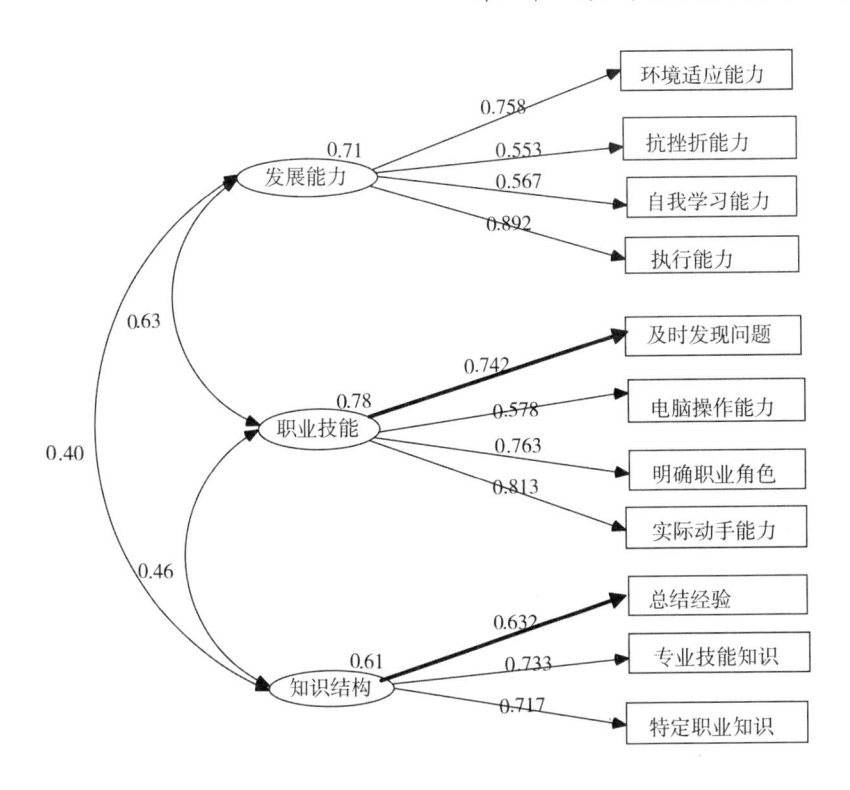

图 8-11 修正后的高职高专学生特质评价模型图

依据图 8-11 所示的特质评价模型图,每单个评价指标对总体的作用和各单项评价指标间的相互关系的分析如下:

(1)发展能力与环境适应能力、抗挫折能力、自我学习能力和执行能力之间的关系:发展能力与环境适应能力之间的因子载荷值为 0.758,发展能力与抗挫折能力之间的因子载荷值为 0.553,发展能力与自我学习能力之间的因子载荷值为 0.567,发展能力与执行能力之间的因子载荷值为 0.892,且均在 0.001 的显著水平,其中,抗挫折能力和环境适应能力的影响程度较大,根据本书结论,现阶段在高职学生的发展能力方面,用人单位希望高职学生具有较强的自我管理能力,特别是环境适应能力、抗挫折能力。

(2)职业能力与及时发现问题、计算机操作能力、明确职业角色、实际动手能力之间的关系:职业能力与及时发现问题之间的因子载荷值为 0.742,职业能力与计算机操作能力之间的因子载荷值为 0.578,职业能力与明确职业角色之间的因子载荷值为 0.763,职业能力与实际动手能力之间的因子载荷值为 0.813,其中,明确职业角色和实际动手能力的影响程度较大,根据本书结论,职业能力方面,企业希望高职学生具有某一专门技能,成为能服务在生产、管理、服务一线的技术应用型人才,能从事某一种职业或某一类工作,对高职学生的明确职业角色和在工作中有良好的实际动手能力的要求比对本科学生的要求更为突出。

(3)知识结构与总结经验、专业技能知识、特定职业知识之间的关系:知识结构与专业技能知识之间的因子载荷值为 0.733,知识结构与特定职业知识之间的因子载荷值为 0.717,总结经验与知识结构之间的因子载荷值为 0.632,其中,特定职业知识的影响程度较大,当然专业技能知识和总结经验的影响程度也比较大,根据本书结论,在知识结构方面,用人单位希望高职学生知道"做什么"和"怎么做",强调完成任务的专业技术与方法,注重横向的职业岗位知识模块,理论方面则以"够用""实用"为度,所以对相关行业的特定职业知识要求比较高。

第三,运用结构方程建立评价模型,构建高职学生特质评价模型,验证和修正模型并进行实证研究。选择不同产业类型、不同人数规模、不同资产类型的用人单位,通过问卷调查的收集,进行数据分析、建立结构方程模型,对模型进行验证。通过对数据分析和处理,了解高职院校学校教育与用人单位之间的"供给"与"需求"之间的差异,寻找各指标要素之间的关系,最终设计出高职学生特质评价体系。同时建立结构方程模型,对高职学生特质评价体系的建立过程与结果进行估计与检验,最后通过并得到相应的验证。

第九章

适应新常态,培养高职学生的特质

高职教育在近年来高等教育迅速扩张的大背景下,就业率尽管相对较高,但技术人才,特别是高级技术人才的短缺与部分高职学生就业难的问题仍是一个不争的事实。如何兴办特色鲜明的高水平高职院校,培养出符合市场需要的高职学生,是解决这一问题的关键。

随着企业向技术密集型转变,实现集约化经营,劳动分工从单一工种向复合工种转变,这就要求劳动者具备跨岗位工作的能力,培养高职学生特质,就是培养适应企业需求的高职人才,实现高职院校人才与企业需求的最大可能的对接,使高职人才市场的供给与需求不断趋于动态平衡,因此高职学生特质培养是高职教育的重要组成部分,是高职院校优化教育过程、检验教育效果、提高人才培养质量的重要环节,也是促进高职学生自我准确定位、自我改进和完善的重要手段,是促进教育科学化、提高教育实效性的有力保障,对高职学生的成长和未来发展具有重要的意义。

一 准确定位,实现高职院校的可持续发展

目前,我国正处于经济增长速度换挡期、结构调整阵痛期、前期刺激政策消化期三期叠加的阶段,要摒弃不平衡、不协调、不可持续增长的粗放型增长模式,要使生产的产品从"中国制造"走向"优质制造",需要高职院校培养数以亿计的高素质应用型人才,将大量的创新成果转化为现实生产力,这需要高职院校准确定位,在稳定规模的基础上,适应技术进步和生产方式变革以及社会公共服务的需要,促进高职院校与社会需求紧密对接,为经济社会发展提供有力支撑。从市场营销学的角度来解释,定位是"公司为自己的产品或者形象在目标顾客心目中占据一定的特殊位置而采取的行动。其目标是在消费者心目中定位品牌以最大化

公司的潜在收益①"。若将高职院校的运营比作企业,也需将高职院校进行准确定位。高职院校的定位是指高职院校在社会大环境和自身实际的双重约束下,综合权衡确定的目标或方向。就其本质而言,高职院校的定位是要确定高职院校在教育体系中的层次(发展空间),明确自身发展的使命与特色。高职院校的定位涉及方方面面,是一个复杂的系统工程;准确的定位,有助于高职院校的可持续发展。

(一)新常态下高职教育定位

据 2013 年的教育部统计数据,全国共高等学校 2491 所,其中本科院校 877 所,独立学院 293 所,高职院校 1321 所。高职教育作为高等教育的重要组成部分,已具有相当规模,高职教育的学校数绝对占据了高等教育的半壁江山。但从目前高职教育的发展趋势而言,高职教育半壁江山的地位岌岌可危:

第一,整个高等教育进入生源危机时代,高职教育陷入生源发展困境。人力资源和社会保障部中国人事科学研究院在《中国人力资源发展报告(2011—2012 年)》中一方面指出了高考生源自 2008 年的 1050 万人已降至 2013 年的 891 万人;另一方面也指出高考录取率一路攀高,2013 年全国高考录取率已迈入"8 时代"、部分省市超过 90% 的事实。随着人口出生率降低导致的高考生源的下降与随着高等教育发展导致的高考录取率的攀高,导致高职教育招生数量与质量受损:教育部统计数据显示:2008 年高职院校招生数占高校招生总数的 51.1%,到 2012 年降为 45.6%;在校生从 2008 年的 45.4% 降为 2012 年的 40.3%。高职教育为了吸纳生源,势必会降低学业门槛,较多不具备良好学习习惯和学习能力的高中毕业生也进入了大学,②不利于高职教育的长足发展。

第二,本科院校转型职业教育的过程,会在一定程度上影响高职教育质量的整体提升。在 2014 年发布的《国务院关于加快发展现代职业教育的决定》中,提出要引导普通本科高等学校转型发展,"采取试点推动、示范引领等方式,引导一批普通本科高等学校向应用技术类型高等学校转型,重点举办本科职业教育。独立学院转设为独立设置高等学校时,鼓励其定位为应用技术类型高等学校"。这些学校既可以是新建本科学校,也可以是历史发展悠久的学校,它们转向职业教

---

① 菲利普·科特勒、凯文·莱恩·凯勒等:《营销管理》(第 13 版·中国版),中国人民大学出版社 2009 年版,第 197 页。
② 刘鹈根:《高职院校新生适应性问题分析及对策研究》,《职业技术教育》2012 年第 35 期,第 87-90 页。

育的过程,会在一定程度上影响高职教育的质量提升:在办学定位中的思维定式,使其将自己定位于研究型大学或教学研究型大学,沿袭传统本科办学思路;在生源普遍下降的局势下,出现生源不如高职院校的尴尬局面;服务社会的能力薄弱,与地方经济脱节;就业率低于全国本科院校平均水平,也低于高职院校。教育部2012年关于毕业生就业率的统计结果显示,高校学生就业率从高到低分别排序为985高校、高职院校、211大学、独立学院、科研院所、普通高校。[1] 基于此严峻局面,必须对高职教育进行准确的类型定位,才可以为高职教育的顺利发展指明航向。

1. 高职教育培养目标的定位

高职教育作为高等教育的一种类型的政策表达,最早可追溯到1996年的全国职业教育工作会议,时任国家教委副主任王明达在《全国职业教育工作会议上的总结讲话》中提出:"高等职业教育是属于高等层次的职业教育,是高等教育的一部分,是一种特殊类型的高等教育。"[2]1996年开始实施的《中华人民共和国职业教育法》第13条规定,"高等职业学校教育根据需要和条件由高等职业学校实施,或者由普通高等学校实施"[3],明确了高职教育与高职院校的不同、高职教育的主体既包括高职院校也包括普通高校。2010年,国家颁布《国家中长期教育改革和发展规划纲要(2010—2020年)》,提出"到2020年,形成适应经济发展方式转变和产业结构调整要求、体现终身教育理念、中等和高等职业教育协调发展的现代职业教育体系",再一次明确了高职教育是高等教育的一种类型。

高职教育属于高等教育,"高等性"是其培养目标定位的基准,"职业性"是培养目标定位的基本内涵。高职教育的高等性不同于普通高等教育的高等性,其的培养目标也不相同。联合国教科文组织1997年推出的最新版本"国际教育标准分类(ISCED1997)"提出新的教育层次分类方案中,将普通高等教育与高职教育归为5级,自初中教育后(2级)教育即分为以文化知识延伸、学术性研究为主的教育(A)和以技能操作、技术性应用为主的教育(B)。其中,5A是"面向理论基础/研究准备/进入需要高精技术专业的课程",以完全高中文化程度(3A)为入学条件,课程计划具有较强理论基础,可与ISCED6衔接,传授历史学、哲学、数学等

---

[1] 李剑平:《地方本科高校就业率垫底现象引关注》,《中国青年报》2013年7月3日。
[2] 陈英杰:《中国高等职业教育发展史研究》,中州古籍出版社2007年版,第98页。
[3] 全国人大法规库:《中华人民共和国职业教育法》(http://www.gov.cn/banshi/2005-05/25/content_928.htm)。

基础科学知识,以达到具有高等研究领域的能力的要求,或传授如医药学、牙医学、建筑学等技术科学知识,以达到能进入一个高精技术要求的专门职业要求。5B课程计划,实际上是一种定向于某个特定职业的课程计划,它主要设计成获得某一特定职业或职业群所需的实际技术和专门技能,对学习完全合格者通常授予进入劳动力市场的有关资格证书,它不直接通向高等研究课程,比5A更加定向于实际工作,更加体现职业的特殊性。高职教育(5B)的高等性与普通高等教育(5A)的高等性就此区分。

高职教育培养目标的职业性,蕴含三层含义:

第一,职业与专业不同,是专业的符合、综合和融合。普通高等教育强调专业、研究方向,要培养宽基础、适应性强的知识通才,而在新常态背景下的高职教育强调的是要培养能够解决职业岗位复杂问题的职业通才。

第二,职业的具体化,即高职教育的培养目标应定位在岗位上。高职教育必须立足于具体的岗位,从社会需求、企业需求的角度,有针对性地进行本书提出的知识结构中的专业技能培养、特定职业知识培养,才能使人才具备该岗位需要具备的岗位操作能力,也方能凸显高职教育的优势。

第三,高职教育要体现知识与技术的应用性,技术与管理的结合性。除了特殊性的岗位知识之外,高职学生还应具备一定的综合能力,即本书提出的环境适应能力、抗挫折能力、自我学习能力、执行能力、及时发现问题能力、计算机操作能力、明确职业角色能力、实际动手能力以及总结经验能力,才能满足新常态对于人才的需求。

2. 高职教育办学功能的定位

从高职教育办学功能的定位看,高职教育应该是高素质高技能人才培养与多层次、全方位社会服务的有机结合。

首先,高职教育的首要职责是育人。高职教育属于高等教育的重要组成部分,应贯彻育人为本、德育为先的原则。2004年颁布的《中共中央关于加强和改进大学生思想政治工作的若干意见》中明确阐释了加强大学生思想政治教育工作的重要性,十六届六中全会通过的《中共中央关于构建社会主义和谐社会若干重大问题的决定》、十七大报告、十八大报告中均对此做了再次强调。新常态背景下,社会阶层结构发生深刻变化,社会的组织形态发生了新的变化,劳动方式和生活方式日趋多样化,大学生需要处理好传统与现代、理想与现实、精神与物质、个人与集体等多重关系,才能做到社会主义核心价值观所倡导的"爱国、敬业、诚信、友善"。为此,高职教育只有加强对大学生社会主义核心价值体系教育工作的领导,用社会主义核心价值体系引领大学生健康成长,才能使之成为社会主义核心价值体系的深入学习者和自觉践行者。

其次,以需求为导向进行教学设计。通过开展各个行业各个企业对高职学生特质的重要性的调查可以发现,需求导向的特质培养,不仅要培养适应市场需求的特质,还要根据企业、行业特征进行相应的调整。调查发现,并不是所有的行业对各项特质的相对重要性都是一样,行业间的分歧是比较大的。如适应环境能力,一些环境变化比较大,容易对一线工人生产能力产生重要影响的行业,就十分看重该项能力,而另一些行业,比如餐饮业,并不十分看重。又如学习能力,也有一些行业认为不是那么重要。各行业对同一指标重要性的认识分歧比较大。由此可以看出:即便是培养特质,因行业不同也会有所区别。高职教育要培养特质,要基于企业、行业的实际需求进行特质培养,还要分析各行业对该项特质指标独特的要求,从而进行有针对性的训练与培养。

(二)新常态下高职院校的科学定位

作为高职教育的重要组成部分,高职院校在高职人才培养中扮演了非常重要的角色。适应新常态背景的高职人才培养,必须对高职院校进行科学定位。高职院校的科学定位有助于高职院校调整专业与课程设置,使高职院校培养出的高职人才更能满足各方需求,更具竞争力,最终也能推动高职院校良性发展。如果高职院校的定位不科学,则会使高职院校在新常态背景下陷入茫然状态,迷失方向。

1. 新常态背景下,高职院校定位原则

严格来说,高职院校在高等教育中发展历史还很短暂,虽然很多高职院校都有定位,但这些定位或多或少都存在着问题,具体表现在以下几个方面:

第一,定位模糊,流于形式。很多高职院校虽有定位,但在办学过程中,常常会忽略定位,使学校的发展偏离既定航道。例如,很多高职院校为了短期利益,随意开设专业、调整课程、扩大办学规模,甚至以普通本科院校的指标体系作为评价自身的指标体系,最终办成了普通本科院校的"压缩版"。

第二,定位脱离区域发展实际,脱离社会需求。一个企业的发展依赖于它生产的产品,如果企业生产的产品能够满足顾客的多样化需求,那这个企业就能够基业长青。高职院校的存在是为了服务于区域发展、满足社会需求,有些高职院校在发展过程中忽略了这一点,犹如无本之木,很难得到社会认同。

第三,定位趋同,缺乏特色。某些高职院校在专业设置、学科设置的时候,不是根据地区特点和自身特长,而是盲目学习其他学校,导致重复建设严重,缺乏竞争力。新常态背景下,高职院校要实现科学定位,必须要规避以上问题。因此,高职院校的科学定位需遵循系统性、需求导向性、凸显特色性以及可持续发展四个原则。

高职院校的科学定位必须建立在系统性的基础上。高职院校不是作为独立的个体孤立地存在于社会之中,因此高职院校的定位应充分考虑到高职院校的发展所涉及的时代背景和各个层面。因此,在新常态背景下,高职院校的定位要认识到高职院校的特殊性,遵循高等职业教育发展的规律,以发展的观点对高职院校定位。同时,高职院校的定位不是某方面的定位,而是要考虑到高职院校在发展过程中的一切问题,进行全方面、系统性的定位。其次,高职院校定位还应遵循需求导向性原则。高职院校的每一步发展,都会受到市场这只无形大手的影响,因此高职院校在定位时必须深刻分析市场的需求、企业的需求以及高职院校自身的需求,把握住新常态背景下的时代脉搏,用前瞻性的眼光去洞察市场对于高职人才的需求,充分尊重市场运作规律,在高职院校的专业调整、课程设置等方面进行规范管理,促进高职院校的发展。对任何组织而言,特色也许正是其生存之道,只有特色才能满足人们日益多元化与个性化的需求,高职院校也不例外。全国诸多高职院校,要想脱颖而出,让上级领导、用人单位、学生生源能够看到、能够满意,高职院校必须凸显自身的特色,做到人无我有、人有我优,只有这样的特色才能具有强大的核心竞争力、更长久的生命力。此外,高职院校的科学定位还应遵循可持续发展原则,具体表现在高职院校生源的可持续、师资力量的可持续、专业发展的可持续性、校园文化的可持续性等多个方面。这些可持续性要求高职院校必须具备长远的战略规划,不能涸泽而渔、焚林而猎。

2. 新常态下高职院校的科学定位

(1)高职院校办学目标定位

高职院校办学目标的定位与高职教育的类型密切相关,基于教育部相关文件中对于高职教育具有的高等教育和职业教育双重属性的界定,高职院校的办学目标定位应充分考量以下因素:

第一,高职院校应充分考虑区域的教育需求。多数高职院校的建立都是基于服务区域经济与区域的行业发展,高职院校要长足发展,必须因地制宜,将区域经济发展的所需与区域行业发展的特色作为办学定位的重点考虑,才能找准位置,实现办学的科学定位。

第二,高职院校的办学定位需重视政府教育发展规划的安排和政策引导。高职院校办学也离不开政府的宏观调控与政策引导,政府会制定教育发展规划,指导或规定高职院校的办学方向。无视政府的教育发展规划要求,无疑会使自身陷入迷茫,甚至背道而驰的局面。

第三,高职院校的办学要充分考虑社会对办学的期待。从一定意义上来说,高职院校承担了为用人单位输送人才、为学生提供就业、为国家培养合格的社会主义建设者的职责,高职院校的办学定位就必须考虑到社会需求、回应社会各界对自身的期待。

第四,办学者的诉求与办学理念。随着教育改革与发展的深入,高职院校的办学主体已然多元化,公办高职院校与民办院校并存的格局决定了在考量高职院校的办学定位时,应将办学者的利益诉求与办学理念考虑其中,不同的利益诉求与办学理念必将产生不同的办学定位。

第五,办学传统与优势基础。对于高职院校而言,现有的办学条件与优势基础既可能成为新常态背景下高职院校确定办学定位的包袱,也可能继续成为优势。

(2)高职院校的办学规模定位

关于组织规模,倾向于规模越大越好的理由是规模出效益,能够发挥资源的整合与集聚效应;倾向于"小的是美好"的理由是企业组织机构成为庞然大物,会带来经济的无效率、环境的污染和非人性的工作环境。高职院校的办学规模不能单纯地确定为"大"或"小",以美国加州理工学院为例,这所以小而精闻名于世的学校,办学规模一直维持在2000人左右,但其培养的科学家、工程师的人数与层次却遥遥领先于很多著名大学。因此,高职院校的办学规模应根据自身实际与现实环境来确定。从现实层面而言,高职院校的生源已由于学龄人口的减少而成为办学者不得不考虑的问题,全国高考生源下降的态势将延续至2017年到2020年前后。[1] 依靠扩大数量来发展高职院校的思路已不利于高职院校的生存与发展,内涵式发展成为高职院校应走的路。办学规模可大可小,但要从内涵式发展的角度,处理好规模与质量、效益之间的关系。

(3)高职院校的办学模式定位

---

[1] 王南:《2011年高考人数锐减30万 生源下降将延续6年》2011年6月1日(http://edu.cn.yahoo.com/pen/20110601/392604-1)。

一直以来,高职院校都在摸索、实施校企合作的办学摸索,但大多处于比较浅层次的合作层面。为了促进高职院校的长足发展,《教育部关于推进高等职业教育改革创新引领职业教育科学发展的若干意见》中提出:"要与行业(企业)共同制订人才培养方案,实现专业与行业(企业)岗位对接;推行'双证书'制度,实现专业课程内容与职业标准对接;引入企业新技术、新工艺,校企合作共同开发专业课程和教学资源;继续推行任务驱动、项目导向等学做一体的教学模式,实践教学比重应达到总学分(学时)的一半以上;积极试行多学期、分段式等灵活多样的教学组织形式,将学校的教学过程和企业的生产过程紧密结合,校企共同完成教学任务,突出人才培养的针对性、灵活性和开放性。要按照生源特点,系统设计、统筹规划人才培养过程。要将国际化生产的工艺流程、产品标准、服务规范等引入教学内容,增强学生参与国际竞争的能力。"在新常态背景下,高职院校更应该据此不断摸索校企合作的途径,由现在的浅层次校企合作等模式逐渐深入发展。

(4)高职院校的办学特色定位

高职院校办学的首要战略选择是确定自己的办学特色,突出反映在专业设置、课程设置和校园文化构建等方面。高职院校的专业设置应凸显特色,形成其他高职院校无法模仿的核心竞争力;在课程设置上,应以需求为导向,培养高职学生的知识结构、职业能力和发展能力;在校园文化方面,突出建筑等物质文化和校风、班风等精神文化与学校的制度文化的有机融合,从文化层面凸显特色。

(三)新常态下高职学生职业生涯定位

2014年我国应届高校毕业生达727万,创历史新高。在高等教育从精英走向大众,我国经济进入中速增长、各产业向中西部梯度转移的时代大背景下,高职学生必须适应这种新常态,明确自己的职业生涯定位,掌握一技之长,才能在激烈的竞争中占据一席之地。职业生涯规划是个人根据对自身主观因素和客观环境的分析、总结和测定,确定自己的职业生涯发展目标,选择实现这一目标的职业,制订相应的工作、培训和学习计划,并按照一定的时间安排,采取必要的行动实现职业生涯目标的过程。职业生涯规划有利于大学生认清形势,转变就业的观念,明确自身的奋斗目标。基于职业生涯规划的重要性,很多高职院校均响应了国家号召,将职业生涯规划课作为必修课程设置。但是由于很多高职学生在高考填报志愿的时候就缺乏职业生涯定位的理念,进入高职院校后更是不清楚自己是否选对了专业、是否在正确的道路上前行,常常出现看别人、看热门的职业定位,既浪费自身优势,也容易出现某些岗位人才过剩的现象。结合我国高职教育面向地方、行业、和社区经济发展的需要,培养适应生产、建设、管理、服务第一线需要的高技术应用型人才的人才培养目标,高职学生应该对自己进行准确的职业生涯定位思考。

1. 认识自我

高职学生的职业生涯定位首先从认识自我开始,卡耐基曾说:"人性的弱点并不可怕,关键是有正确的认识,认真对待,尽量寻找弥补、克服的方法,使自我趋于完善。"认识自我包括了解自己的职业兴趣——我喜欢做什么、了解自己的能力——我能够做什么以及了解自己的价值观——什么对我来说是最重要的。

人们常说"三百六十行,行行出状元",这是说各行业都有自己的行业佼佼者,但并不是说不管你从事何种职业,你都能成为行业的佼佼者。对于高职学生而言,职业选择的首要因素是了解自己的职业兴趣。兴趣是最好的老师,是成功的前提。职业兴趣是人对某类专业、工作所持有的积极态度,表现为他对从事相关工作的愿望。人对某一行业、某种职业感兴趣,才会热爱自己从事的职业,才能主动学习和工作、创造性地学习和工作。从职业兴趣的发展历程看,职业兴趣一般会经历有趣、乐趣和志趣三个阶段。有趣是兴趣的初级水平,高职学生初进校时,常常处于有趣阶段,对很多职业都感兴趣,感兴趣的原因也是多方面的,有的是因为职业的名称听起来很酷,有的是因为职业的社会地位很高,这一阶段的职业兴趣的特点是短暂、易改变。乐趣是职业兴趣的第二阶段,是在有趣基础上发展起来的,乐趣阶段的学生比有趣阶段更"专一",愿意花时间去了解自己感兴趣的职业,愿意积极参加各种活动。职业兴趣的第三阶段是志趣,当人的乐趣与理想、奋斗目标等结合时,便由乐趣升华为志趣,社会性、自觉性和方向性是志趣的特点。由于职业兴趣受多种因素的影响,在职业兴趣最终定型时又有易变性的特点,因此,高职学生在职业生涯定位时,需要不断地探索自己的职业兴趣,评估自己的各种兴趣在职业兴趣中所扮演的角色、所处的阶段,这样才能更好地明确自己的职业兴趣。

能力与职业生涯定位关系也非常密切。能力是在先天素质的基础上,在一定的生活条件和教育环境的影响、熏陶下,在个体的生活实践当中形成、发展起来的,能力是高职学生开启职业大门的钥匙。人们常常将能力分为一般能力和特殊能力:一般能力是完成各项活动都必须具备的能力,即人们常说的智力;特殊能力是从事某种专业领域活动所必需的专门能力或几种专门能力的结合体。能力有差异性的特点,首先体现在性别差异上,不同的性别在某些特定能力方面差异显著,如女性在形象思维方面的能力显著高于男性,而男性在思辨能力方面显著高于女性;能力的差异性特点还体现在职业对于能力的要求方面,不同的职业也提出了不同的能力要求。高职学生在进行职业能力探索时,需要厘清以下几方面的问题:我有哪些能力?与我自己能力相关的职业有哪些?我如何运用自己的能力?我是否还有尚未被发掘的能力?我对自己的职业生涯定位需要我充实哪些能力?高职学生在进行职业生涯定位时,应对自身的能力有自我评价,扬长避短,选准与自己的职业能力倾向相同的职业。此外,人的职业能力可能会随着认识的提高、练习与反思而呈现出可变性的特点,高职学生在进行职业生涯定位时应充分认识到这一特点,及时调整自己的职业生涯定位。

职业价值观是价值观在择业选择上的体现,也称为择业观,是人们对待职业的信念和态度,也是人们在职业活动中表现出来的价值取向。在高职学生进行职业生涯定位时,"什么对我来说是最重要的,它到底重要到何种程度"是必须要考虑的重要因素。根据马斯洛的需要层次理论,人在进行职业选择时,总是倾向于选择能够满足自己需要的职业。由于每个人的身心条件、受教育状况、家庭背景、兴趣爱好不同,又由于不同职业具有不同特性,就决定了不同人对职业特性的评价与取向不同,形成职业价值观的差异。这种差异主要包括三类:注重保健因素的职业价值观,主要与物质利益保障有关,包括收入高、福利好、工作稳定、工作环境好、符合家庭需求或期望、不经常出差和加班、休闲时间充分、注重工作中的和谐人际关系;注重发展因素的职业价值观,主要与个人才智发展和发挥有关,包括工作内容符合兴趣爱好、工作压力不大、能发挥自己的才能、自主性大、能够提供培训、继续教育等机会、工作内容具有一定的挑战性且自己能够胜任、工作内容丰富多样、工作机会均等;注重声望因素的职业价值观,主要与声望地位有关,主要包括单位知名度高、晋升机会多、单位规模大、单位在大城市、较高社会地位、容易成为该领域专家或成名、能够助人、能够为社会做贡献。人们倾向于认为,在保障因素确定且物质待遇差别不大的情况下,人们会更可能将职业定位于满足高级的精神需要,即发展需要方面;若保障因素不确定,而又存在较多物质利益可能性的情况下,人们会倾向于满足低层次需要,即物质需要。这种差异对高职学生的职业生涯定位造成了深远影响。

2. 了解职业社会动向

知己知彼,才能百战不殆。即将进入社会的高职学生,应在准确认识自我的基础上去把握时代的脉搏,要深刻地认识到人是社会的人,高职学生需要在社会大环境背景下去定位自己的职业生涯。新常态背景下,高职学生早就不该是象牙塔里的两耳不闻窗外事、一心只读圣贤书的学子状态,高职学生要把自己看作社会大环境下的一个微小组成部分。要找准自己的位置,就要学会分析社会大环境,了解社会主义核心价值体系、经济形势、依法治国、科学技术都对高职学生提出了哪些新要求,了解职业领域的发展趋势,因为经济社会的变化会对高职学生的定位产生直接影响,职业领域的变化会直接改变高职学生的职业定位。因此,高职学生在校期间,应该关注时政、关注社会、关注民生,拓展自己的知识阅历,培养社会责任感和正确的价值观,在日益复杂的政治和经济环境背景下,成为把握发展前沿、洞悉前进趋势的优秀人才。除了关注,高职学生还应通过社会实践、与差异学科人群交往"参与"社会。社会实践是假期实习或校外实习,它对于高职学生加深对本专业的了解、定位适合的职业等方面有重要的意义。高职学生可以通过社会实践扩大活动半径,从校园里的旁观者角色变成校园外职业(半)参与者的角色,更好地观察和了解社会。三人行,必有我师,通过与差异学科的人群交往,可以帮助高职学生进入新的专业领域,在交往中产生新的灵感和创新点,帮助自己进行职业定位。

3. 付诸行动,规划未来

千里之行,始于足下,高职学生的职业生涯定位需要在行动中来完成,具体体现在以下步骤:首先,借助于学校开设的职业生涯规划课程、职业生涯规划的咨询与团体辅导以及职业生涯测评的工具了解自己。通过教师的授课以及科学的测评工具,进行自我评估以及内外环境的优劣势评估,并据此设计出合理可行的职业生涯发展方向。其次,明确职业生涯目标。在确定了职业生涯发展方向后,需要制定职业生涯的长期目标、中期目标和短期目标。其中,短期目标应清楚、明确、现实可行;中期目标应既有激励价值,又现实可行;长期目标不要求详细具体,但要尽可能远大,与社会发展需求相一致。最后,制订行动方案。职业生涯的定位需思考三个问题:我想往哪方面发展?我能往哪方面发展?我可以往哪方面发展?发展的路线不同,对人的要求也就不同。职业生涯定位的选择,也是职业发展成功与否的关键步骤之一。因此,高职学生在职业生涯定位时,要先拟定合适的行业进行了解,收集这些行业发展的资料,再列出该行业涉及的职业的相关知识门类和能力特点清单,结合自身的情况加以学习和培养。对于高职学生而言,任何的职业生涯定位都是建立在拥有良好的专业知识与扎实的专业能力基础之上的。因此,高职学生的职业生涯定位需要高职学生努力提高自身的能力水平。

在学习期间,高职学生要不断地完善自我,提高自身的素质,才能有足够的条件进行更好的职业生涯定位。

二 互惠双赢,探索新常态背景下校企合作机制

新常态背景下,依靠传统劳动力和资源投入获得利润的时代已经结束,企业主要依靠信息、知识和技术等要素,依靠创新和核心竞争力获得利润;以现代信息技术、高新技术武装起来的物联网企业将成为企业发展的新趋势;中小企业成为主力军,企业的国际化趋势也越来越明显。企业要顺利度过这样的"增速换挡期",人是最关键的因素,企业可与高职院校合作,实现企业与高职院校的互惠双赢。

高职院校与企业的校企合作是高职院校办学的基本要求和显著特征,但"学校热、企业冷"局面一直未取得突破性进展。在一项对6个省15所高职院校的调查研究中,约有40%的被调查对象认为企业对于高职人才的培养是流于形式,仅有8.5%的被调查对象认为行业企业深度参与了高职人才的培养。[1] 新常态背景下,如何进一步深化校企合作,解决行业企业在高职人才培养中的参与不足问题,实现企业与高职院校的互惠双赢,关键在于积极付诸行动,探索高职院校与企业的良性合作机制。

(一)企业在高职教育发展中的角色定位

企业是高职人才培养的重要载体,普遍认为企业在高职人才培养中的动力不足问题,很大程度上是企业对校企合作缺乏信心,认为校企合作是投入高、回报少的事,因此在校企合作中常常处于心态与行动上的被动状态。新常态背景下,要构建校企合作的互惠双赢机制,首先需要企业明确自己的角色定位,在心态上认识到校企合作于己有利,才有可能在行动上更好地实践校企合作的构想。

1. 企业是校企合作的受益者

不管企业是否认同,企业都在校企合作中扮演了受益者的角色,这种受益主要体现在三方面:

第一,校企合作中的高职院校为企业输送了高技能人才,降低企业人力资源录用成本。一直以来,人力资源都是产业发展中最重要的战略资源。新常态背景下,企业的优化升级、技术创新都必须依赖高技能人才,而这些人才恰由高职院校

---

[1] 董仁忠:《社会与公立高职院校关系调查》,《职业技术教育》2011年第10期。

培养。校企合作中的企业可以优先在学校挑选人才,并将他们安排至企业实习。一方面实习学生为企业创造了一定价值,另一方面企业也可考察、选拔优秀学生作为企业员工,实现从学生到企业员工的快速转换,降低了人力资源录用的成本。

第二,企业可以凭借校企合作扩大影响力。企业为高职人才的培养贡献力量,高职院校也可以为企业带来明显的广告效应。通过招聘会、以企业命名的奖学金、以企业冠名的班级或各项活动,都在无形中提高了企业的知名度与美誉度,扩大了企业的社会影响力。

第三,企业还可以利用高职院校的各项资源提升自我的竞争力。高职院校可以为企业提供人力和智力支持,帮助企业进行重大问题决策分析,帮助企业研发、改进产品,帮助企业提高员工的理论水平和职业素养。

2. 企业是高职人才培养的重要责任者

新常态背景下,企业的竞争最终将成为人才的竞争。高职人才的质量如何,不能由高职院校自己认定,要将学生放进企业。企业才是生产、建设、服务和管理的一线,企业才能够更直接地感受经济的发展、经济结果的变化对职业岗位产生的影响、对人才提出的需求。因此,企业扮演着教育与产业的纽带角色,承担着高职人才培养的重要职责。从宏观的角度来看,企业可以根据自身发展现状及趋势,来预测未来企业对于高职人才的需求,从战略发展的高度预测高职院校发展的方向,指导高职院校调整、更新人才培养模式。从微观的角度来看,企业可以在校企合作中参与高职院校的课程开发,为高职人才的培养提供行业内的最新信息,将企业岗位所需的各项能力融入课程,开发出具有行业特色的课程与教材;企业可以参与高职人才培养的教学实施,优秀企业员工转变为教师,在实践中学习,通过"做中学",实现将理论付诸实践,又在实践中去反思理论的构想;企业可以参与高职人才培养的教学质量评价,教学质量的高低关系到高职人才培养的优劣,作为第三方参与评价的企业,既显得公正客观,又能从企业实际需求出发去评估教学文件质量、课堂教学、学习效果等诸方面,有助于促进高职教学改革,使人才培养的结果与企业岗位职业能力的要求一致。

3. 校企合作中的企业是企业文化的积极传播者

企业文化是企业在生产、建设、管理以及服务过程之中逐渐形成的、全体员工都普遍认可、共同遵循并且带有本企业特色的价值观念、行为规范,包括物质文化、精神文化和行为文化。企业的文化是企业的灵魂,也是企业发展的不竭动力。在校企合作中,企业参与高职人才培养,可以通过多种途径将企业的文化融入到校园中,实现企业文化与校园文化的有机融合,使高职学生在具有企业特色的校园文化环境氛围中学习与成长。学生如果在企业中学习、实践,也会在企业的规章制度中、领导的行事作风中、企业员工的言谈举止中,潜移默化地浸润着企业文化,感受企业文化,从而激发高职学生的职业情感,培养高职学生的职业意志。企业在校企合作中传播企业文化,不仅有利于高职学生感受企业环境,提高高职学生对职业岗位的吸引力和认同感,促进学生及早了解企业;也有利于企业传播企业文化,提高企业的知名度。

(二)构建"跨界"的校企合作组织

随着高职教育的不断发展,高职院校与企业之间的关系越来越紧密,校企合作从最初的意向演变为后来的浅层次合作,但是这样的合作机制远远不能满足高职人才培养的需要。企业需要优秀的高职人才,高职教育需要培养符合企业需要的高职人才,需要构建"跨界"的校企合作组织,让校企双方能够有制度化的对话平台,促成高职院校与企业之间的深度合作。

1. 以学校为单位,成立理事会(或董事会)

关于职业学校的办学要与企业建立董事会机构的观点,黄炎培先生早在70多年前就有谈及,他提道:"尤要者,将附近各工厂联为一气。未办以前,邀工厂专家组建校董事会和指导委员会就商课程及一切办法。办至相当时期,就商各厂,给学生以实地参观和练习种种机会。"[1]黄炎培先生的这一席话,强调了企业在职业教学办学中的重要作用,从学生在学校里的学习内容,到学生如何将所学运用于实践,都需要企业的积极参与。《国务院关于加快发展现代职业教育的决定》明确提出,建立学校、行业、企业、社区等共同参与的学校理事会或董事会,为高职院校与企业合作成立董事会提供了政策依据,从制度层面解决了企业深度参与人才培养的关键问题,从根本上保证办学方向不会偏离企业的需求,为校企合作打造了良好的制度平台。[2] 截至目前,在民办高职院校中理事会或董事会成立较多,而在公办高职院校则较少,很大程度上是因为公办职业院校理事会或董事会的地位不明确,最终导致校企双方的合作只能流于表面。新常态背景下,为了激发企业与院校之间合作的热情,可以首先明确公办院校的董事会或理事会的法律地

---

[1] 中华职业教育社:《黄炎培教育文轩》,上海教育出版社1985年版,第186页。
[2] 王寿斌:《苏州工业园区职业技术学院依托体制机制创新》,《中国教育报》2014年6月16日。

位,将高职院校、企业与教育主管部门的人员纳入董事会,为高职院校的发展以及高职人才的培养谏言。

2. 以系(二级学院)为单位,构建系(二级学院)企合作委员会

目前,公立高职院校成立理事会(董事会)尚未普及,公立高职院校成立校企合作委员会是高职院校的普遍做法。但是,由于专业对应的行业产业较多,建立统一的校企合作委员会涉及行业企业太多,构建难度大,即便建立也存在运行困难、不易操作、合作难以落实等困难。① 系(二级学院)涉及的专业不多,各专业之间的相关程度很高,合作企业的集中度高。由此,若成立系(二级学院)企合作委员会,由双方根据市场的需求变化共同参与重大事项的决策,如某专业或行业的高职人才培养方案的拟订、高职人才培养质量的评估、产学研合作的推动。通过系(二级学院)企合作委员会在系(二级学院)之间搭建沟通联系的桥梁,加速知识、技术、成果等的资源共享,使学校的教学、科研和高职人才培养都能够满足企业发展的要求。

(三)打造利益捆绑的校企发展共同体

新常态形式下,企业的转型升级、人才战略的需求态势,都需要企业和高职院校主动去寻求发展的途径。校企发展共同体是有共同或相互认同的价值观念、共同目标的高职院校和企业,以校企双方利益为基础,由学校或学校的一个优势专业或专业群与区域内相关行业领域内产业链长、成长性好的企业集团或多家企业共同建立的联合实体。② 它可以扩大高职教育与产业、高职院校与企业之间的交集,降低校企合作的交易成本,形成企业与高职院校利益捆绑、共同发展的新业态。

1. 利益捆绑是校企发展共同体的价值取向

价值反映人类社会中普遍存在的主客体关系,它是客体对主体需要的满足,其中既包括客体存在的有用性,也包括主体的需求和期待。在主体与客体的价值关系中,"需要"是最根本的动因,能够满足主体需要的事物即是有价值的。③ 对校企合作而言,它应是双价值主体的活动,既要能够满足高职院校培养社会需要

---

① 时宁国:《系为主体"33"模式的校企合作体制机制构建与实践》(http://www.tech.net.cn/web/article view. aspx? id = 20140422130932892&cata - id = N018)。
② 王振洪:《校企利益共同体:实现校企利益追求的有效载体》,《中国高教研究》2011 年第 8 期。
③ 罗崇敏:《教育的价值》,人民出版社 2012 年版,第 4 页。

的高素质技能型人才的需要,也要能够满足企业获得经济利益的需要。利益捆绑是校企发展共同体的价值取向,它以学校与企业双方的利益为基础,实行责任共担、利益共享、互惠双赢的底线;校企发展共同体以专业为校企联结的纽带,从市场需求、产业发展的时代要求来共同确定发展的方向,校企双方的设备、技术人才、资金等均汇合到校企发展共同体中,它们的身份、功能、结构等通过校企发展共同体得到转变,校企合作以校企发展共同体这一形式,由资源共享到资源共有、从组织分离到包容,构建出"我中有你,你中有我"的互惠双赢的和谐状态。

2. 校企发展共同体的载体

当前,校中厂、厂中校、校企共建二级学院、产学研基地是校企合作的有效载体,通过它们实现了校企合作的利益捆绑。

校中厂分校办企业和引进企业入校,建立校内生产性的教学工厂。根据建设主体的不同,前者以教学功能为主,兼顾营利性;后者以盈利为主,兼顾教学功能。不论何种形式的校中厂,高职院校与企业都需要明确双方职责,在校中厂的建设中,将学校的教学、企业的经营以及社会服务活动融为一体,既实现在教学过程中有计划、有目的地传授专业知识和技能,又能够使企业内涵融入教学过程。校中厂的意义在于能够利用高职院校的场地优势、人力资源优势,将企业引入学校,使学校的教学活动与企业经营活动有机结合。

厂中校是以校企利益共同体为平台,高职院校与企业实现全方位对接,由校企双方根据企业对人才的需求,制定人才培养方案,构建课程体系,遵循"校外基地教学化",将教室建在企业车间,将课堂链接到生产线,将教学回归到真实的产品制作,校企共管,由双方组建教师团队,实施专门化教学。厂中校的意义在于实现了企业资源与学校资源的共享,也实现了学生从学生到企业员工的零过渡就业、高职院校人才培养目标的实现与企业急需人才获得的三赢。

校企共建二级学院多由一所高职院校联合一家行业龙头企业或数家大中型企业,以单一专业群或多个专业群为依托,采取理事会(董事会)领导下的院长负责制,校企合作开展人才培养、员工培训和技术研发。在二级学院主体的选择上,需选择产业规模大、资本雄厚、生产资料和设施完善、对人力资源需求旺盛的行业,构建完善的组织框架和管理机制。二级学院的优势在于对办学者界定清晰,企业介入程度深,合作成本优势突出。

产学研基地主要包括校企共建的科技园、创业园、技术研发与应用中心等,它集技术研发、教学、生产、产业孵化等功能为一体。产学研基地并不仅由高职院校与企业构成,还包括地方政府、科研机构等多个主体。若基地能够合理定位,明确发展方向,完善管理体系,构建协同创新的科研团队,突出重点,完善成果转化机制等,以合作项目为纽带,将会实现多主体利益的有效捆绑。

(四)构建校企人员双向流通渠道

校企合作是高职院校与企业之间的交流与沟通,但核心是双方人员之间的交流与互动。随着校企双方的深度合作,校企之间的人员沟通必然越发深入,也越发频繁。

1. 校企人员双向沟通的渠道

根据校企双方合作的状态,大致可以将校企人员双向沟通的渠道分为五条。

第一条渠道是以理事会(董事会)、校友会、专业委员会以及各层面的合作委员会为平台,构建校企中高层管理人员定期交流制度,促进校企之间的信息交流与互换,从高层推动合作项目。

第二条渠道是专业教师定期深入企业一线制度。随着社会的不断发展,企业需要不断研发产品以适应人们的需求,这就要求高职院校必须培养出满足需求的高职人才。专业教师多缺乏一线经验,所教内容相对守旧,针对这一现象,《国务院关于大力发展职业教育的决定》专门提出"建立职业教育教师到企业实践制度,专业教师每两年必须有两个月到企业或生产服务一线实践"。专业教师到企业,通过和企业员工的交流,通过现场的实践验证,可以将扎实的专业理论知识和实践技能相融合,获得专业提升;通过不断发现问题并解决问题,教师可以将专业案例项目化,将企业文化融入课堂,使教学内容更具实用性与实践性,提高学生的素质。高职院校可以制定并不断完善专业教师深入企业一线制度,明确专业教师的任务与应承担的相应责任。专业教师在选择企业时,应结合企业实力与自己的专业相关度考虑,可根据自己的专业发展需要,以学校联系、自己联系等方式,确定企业。

专业教师深入企业一线的方式有多种:专业教师可以合理安排授课时间,在不影响学校正常教学的秩序下,到企业挂职锻炼,一边向企业贡献自己所学的知识与技能,一边向企业员工学习,将理论与实践紧密结合,提升自己的综合技能。专业教师挂职锻炼的面积毕竟有限,学院也可以大面积地安排专业教师到企业进行短期培训。利用假期安排专业教师到企业进行短期的专门学习,教师既可以在某一个岗位深入学习,也可以在多项岗位全面学习,在实践中了解岗位的工作内容和需具备的能力,学习该行业的新理念与新技术。

在入企业之前,专业教师需要明确到企业的意义和目标:一般的专业教师需要了解学习新技术、新工艺和新理念;致力于科研的教师需要将自己的专业设计和构思应用到企业实际生产中,进一步提高自己运用专业知识解决实际问题的能力。有了一线工作的经验,专业教师提高了自己的专业能力,也更明确企业对于高职人才的需求,在高职人才培养方案的制定、教材的开发上将会更加明确,使高职教育能够满足企业不断发展的需求。

第三条渠道是从人才强大企业的角度,鼓励企业人员积极参与高职人才培养,包括制定人才培养方案、开发课程内容、到高职院校进行业务进修及兼职等,让企业提前介入后备人才的培养。

第四条渠道是校企共同组建专业教学、科研团队,以人才培养、培训、科研等为载体,推动校企人员的交流与互动。

第五条渠道是构建工学交替的弹性学习制度,可以促使学生在学校与企业之间的自由流动,有效利用时间,成为满足企业需求的高职人才。

2. 构建提升企业动力对策,加强校企合作

校企合作能够有效地解决高职人才培养的针对性、实用性和时效性的问题,但由于企业在校企合作中的内动力缺乏,常常使校企合作呈现出企业参与度不高的现状,究其原因,企业虽关心人才培养,但企业存在的根本目的是效益,因此对校企合作不够投入。新常态形势下,高职院校要加强高职人才培养的校企合作,需要想出对策,让企业看到与高职院校合作的诸多优势,以此激发企业的原动力。

第一,让企业认识到企业可以经由校企合作提升员工的理论知识与水平。高职院校有教师、教材,企业的员工培训可以委托高职院校开展,既能够完成培训任务,也节约了培训成本。

第二,从人才培养的角度,让企业认识到校企合作有助于帮助企业获得长远发展。对企业而言,稳定的员工队伍是企业发展的重要条件。通过校企合作的多种模式,如企业参与高职人才培养方案的制定、与高职院校签订订单培养模式,培养企业所需人才,让高职人才在入职之前了解企业文化,以此减少入职后的人才流失现象。

第三,让企业认识到校企合作有利于企业的技术创新和突破。高职院校有一定的科研能力,若企业能够在校企合作中提出自己在产品制造时遇到的问题,高职院校可以共同攻关,以科研项目的形式进行研究,并在企业中实践,最终可以使企业获得新技术,在市场中具有竞争力。

第四,让企业认识到校企合作能够有效提高企业的知名度和美誉度,能够对企业起到良好的宣传作用。企业的校企合作,可以通过物质支持、经费支持,以合作办班、举办比赛等多种形式,让社会、让学生认识到企业、了解企业,以此即可提高企业的知名度与美誉度。

(五)促进企业文化与校园文化的对接

高职校园文化是高职院校在发展过程中积累形成的,比较稳定的思想作风、价值取向、行为准则以及体现上述内容的各项物质载体和行为方式,是物质文化、精神文化、制度文化和行为文化的总和。企业文化是企业员工在经营和发展过程中形成的,为大多数员工所认同的精神文化、物质文化、制度文化和行为文化的总和。高职校园文化和企业文化均包括学校或企业内建筑、设施等硬件物质构成的文化,由学校或企业内规章制度,纪律等制度构成的文化,由学校的校风学风或企业价值理念等精神提炼的文化、由学校教职工与学生或企业管理人员和职工日常活动等行为提炼出来的文化;它们均属于社会文化的一部分,高职院校以培养人才为目标,高职校园文化的目的在于培养学生们对学校的认同,企业以发展人为目标,企业文化的目的是以文化来规范成员的行为,这两者的文化都充分重视人的价值,重视人的作用,这是两种文化对接的重要基点。

1. 企业文化与校园文化对接的重要意义

恰如亚里士多德所言,"整体大于它各个部分的和",从整体的文化角度看,这一观点对高职校园文化和企业文化的对接融合,具有重要的指导意义。

第一,企业文化与高职校园文化的对接有利于培养高职学生的职业素质,让高职毕业生尽快融入到企业团队。高职院校是要培养针对企业的一线高素质应用型人才,这种基于需求为导向面向企业的教育,要求高职院校将企业文化的要求融入校园文化建设,才能培养出具备良好职业素质的人才,不仅可以从专业知识和技能方面满足企业生产经营需要,更能让他们在短时间之内适应企业文化,融入企业团队。

第二,企业文化与高职校园文化的对接有利于启发高职学生的创新意识、激发学生学习的热情。高职学生通过了解企业文化,感受企业哲学和企业精神,感受到知识、技能和综合素质在职场中的重要性和必要性,就会产生主动学习的动机,变被动学习为主动学习。从"要我学"转变为"我要学",将极大地启发高职学生的创新意识,激发学生学习的热情。

第三,企业文化与高职校园文化的对接可以满足为企业服务的需要。校企文化的对接,让高职学生在校期间就能够得到企业文化的熏陶,能够按照企业的标准严格要求自己,最终成为有服务意识、学会与人合作、懂得职业道德重要性的一线高素质应用型人才,从而实现高职教育服务于地区经济、服务于企业发展的目标。

第四,企业文化与高职校园文化的对接可以满足高职院校创建特色的需要。校企文化的对接有利于高职院校与企业文化进行全方位的融合,吸收借鉴企业文化中的灵魂,有利于高职校园文化的发展,是高职院校突出办学特色,形成特色校园文化的有效途径。

2. 企业文化与校园文化对接的原则

企业文化与高职校园文化对接的目的是实现校园文化的结构优化,并促使校园文化更加有助于培养满足企业需求的高职人才。因此,高职院校应是校企文化对接的主体,企业在校企文化对接中起着主导作用。校企文化对接是高职校园文化的重要内容,高职院校应遵循将文化对接纳入学院整体发展的原则,从师资配备、专业设置、课程开设等各环节重视企业文化的引进;在对企业文化的甄选方面,应遵循择优原则,在结合院校特点的基础上,主动选择适合引进校园的优秀的企业文化,加以融会贯通,衍变为有高职院校特色的校园文化。企业是校企文化对接的外在要素,但企业在其中并不仅仅扮演配合者的角色。企业通过物质支持、智力支持、制度以及组织保障等方式,将自己的价值观、文化理念渗透到高职校园文化中,通过两种文化的交融和互动实现高职校园文化的转化。

3. 企业文化与校园文化的对接路径

随着高职教育的发展,企业文化与高职校园文化的对接融合趋势明显。通过加强校企文化的理论研究,转变企业、高职院校的校企文化对接的理念,引进企业文化,加强工学结合的步骤,有效地探索出企业文化与高职校园文化对接的路径。

第一,校企文化对接可以从物质文化建设入手,融入企业元素。校园物质文化是满足师生员工教学、科研以及开展政治、文化、体育等各种活动需要的载体,是传播人类文明、提高师生文化修养的生动教科书。但高职院校在物质文化上应与普通本科院校有所区别,高职院校的硬件要求不是体现在教学楼和体育馆,其物质文化的特色应突出"职业"特点并呈现出企业文化的色彩,具体表现在先进的实训楼(实验楼)和一流的实训室(实验室),通过它们为企业文化进驻高职校园打下物质基础,让校园在硬件上充满企业的文化气息,让学生无形中接受企业文化的熏陶。

第二,校企文化对接要以精神文化建设为重,嵌入企业元素。精神文化最深刻和稳定地体现了校园成员的共同理想、信念和价值观,也能够让学生感受到自豪感、使命感和归属感。精神文化一旦在高职院校形成,就会成为该校最具生命力和向心力的标志。以团队精神为例,随着企业分工的日趋细化,团队精神成为企业文化的重要因素,团队精神强调的团结协作、奉献精神、共同分担等,都可以嵌入高职院校的精神文化建设。高职院校的精神文化建设,其重点就在于具有本校特色的、独特的文化体系,尤其是要突出校企结合的特色,用独特的人才培养目标、办学理念、质量价值观和校风学风培养学生正确的价值观。

第三,以专业文化为基础,对接校企文化。在高职校园文化建设的过程中,需要在专业的理念上学习企业文化的精髓。高职院校是培养能够满足企业需求的高职人才,高职院校在人才培养中要注重与企业的联系,从企业的岗位需求中提炼出符合专业理念的职业理念,并进一步将其提炼成专业理念,通过知识的传授、实际操作训练等方式,使培养出的学生能够适应岗位的要求。同时,为了提高学生的可持续发展能力,还可以在专业学习的基础上加强学生的责任意识和危机教育意识,培养学生的自主学习能力、创新能力等,做到理论联系实际,使学生受益。

第四,以实训文化特色,实现校企文化对接。实训是高职院校的发展特色,也是高职教育的客观要求,实训文化的发展也应突出其职业性特色。为了满足企业需要,高职院校一直重视对学生实践能力的培养。通过修建实训楼、实验室设施,通过工学结合、校企合作、实训实验、轮岗实习和社会实践等实训手段,让高职学生可以结合现实,学会创新。高职院校需加强与企业的合作,通过在企业实体、在企业的帮助下建立的高度仿真实训基地等进行培训的方式,充分借鉴与吸收企业文化的精华,才可以让高职院校及培养的高职人才在激烈的竞争中脱颖而出。

三 加强引导,发挥政府在高职教育发展中的主导作用

高职教育是高等教育的重要组成部分,承担着高职人才培养的重大责任。高职教育的发展离不开政府的支持。一直以来,政府在高职教育发展中扮演着高职教育法规、政策和制度的创制者、高职教育的调控者、高职教育的督导者和高职教育体制机制的保障者的角色。新常态背景下,政府不再是高职教育的唯一举办者,高职教育要取得跨越式发展,政府应改变角色,在高职教育中发挥主导作用。

(一)思想引领,保证高职教育的发展方向

完善的法规体系是一切政府行为的依据,是推进高职教育发展的首要保障。

高职教育要获得健康有序发展,需要有明确的方向,即有完整的教育行政法规为高职教育护航。以美国为例,美国的职业教育能够得以健康发展,很大程度上依赖于其教育制度的完善。

自1917年美国联邦政府通过了《史密斯－休斯法案》开始至今,由美国政府颁发的有关职业教育的法案一共有数十部,这些法案强化了美国对职业教育的保护性干预,保障了职业教育的发展。政府可以通过政策、法规的制定对高职教育进行思想引领,确保高职教育的方向,主要体现在:通过制定高职教育的政策法规来规定人们可以享受的权利以及应该承担的义务,以此对人们进行选择性指引,引导高职教育发展的方向;通过制定的法律法规为高职教育的发展创造良好的环境,对高职教育的发展起促进作用。

我国的教育法规体系总框架由教育法律、教育行政法规、教育部门规章三层次组成,完善法规建设也应从这三方面考虑。目前,我国高职教育的法规还不完善,要认清法规的不完善而制约高职教育发展的现实,全面落实国家召开的职业教育工作会议、教育振兴行动计划精神,认真研究高职教育中存在的问题。为了为高职教育的发展找到更多的法律依据,可以将现行的高职教育法规政策进行汇总与整理,明确现行法规政策中存在的缺失,出台相关的法规与政策。此外,高职教育主要由地方管理,它不但需要有国家统一的法规,还需要有地方政府及教育主管部门的具体的法规与政策,这是确保高职教育方向的重要部分。以高职院校的学生生源为例,目前高职学生的"入口"偏低,一些优秀的人才被扩招进普通高校,形成了错误的人力资本投资,无法得到市场的认可,造成人力资源的巨大浪费。政府可以针对高技术人才供不应求的现实,因地制宜地制定相关的政策与法规,鼓励品学兼优的学生进入高职院校就读,也可以在社会舆论方面营造高技术人才受尊敬、贡献大、待遇高的良好环境。

目前,高技术人才的高就业率、高薪酬已经对一些家庭、学生的人力资本投资决策产生了相当大的影响。同时,我们还应该看到,我们的高职教育是社会主义市场经济体制下的教育,要保证航向的正确,就要体现马克思主义中国化和社会主义主流价值观的主导作用,就要将大学生思想政治工作放在首要位置。高职院校均有专门的负责大学生思想政治教育的领导及机构,高职院校通过在教学上开设大学生思想政治课程、在党团组织活动中开展马克思主义政治理论课程的学习与活动、鼓励品学兼优的高职学生积极加入中共共产党等形式,对大学生进行社会主义核心价值观教育,保证社会主义的办学方向。

（二）引进外援，缓解高职院校经费紧张局面

从理论上而言，高职教育在实训部分如实习基地、实习设备购置等方面花费比普通高等院校高，因此高职教育办学需要比普通高等院校更多的经费，但实际上，国家对高职教育的经费投入与普通高等院校相比，还有较大的差距。政府已然认识到这点，在逐步加大对高职教育的经费投入力度，在高职示范院校建设上，明确规定了示范院校经费以地方为主的投入责任，也规定了中央财政专项资金的使用范围，这一措施极大地鼓舞了高职院校办学的积极性。但是囿于经费的限制，示范高职院校数毕竟有限，为了推动高职教育的良性发展，政府应引进外援，鼓励多主体参与高职办学，主办方的多元化决定了职业技术学院财政收入来源的多样化。[①]此举有助于缓解高职院校经费紧张的局面。

教育部《关于全面提高高等职业教育教学质量的若干意见》指出："针对区域经济发展的要求，灵活调整和设置专业，是高职职业教育发展的一个重要特色，面向市场办学，以就业为导向，为经济发展服务。"[②]高职教育实质上是服务于地方经济与企业的人才孵化器，为缓解高职教育经费不足的问题，也为满足不断发展的企业需求，可鼓励企业、行业等参与到高职教育中来，由行业、企业根据自身的需求提出人才培养的规格与标准，与高职院校共同参与人才培养，由行业、企业为高职教育的发展提供实训、实习的设备、场地等问题。政府可以借鉴国外的财税政策来鼓励多主体办学，对于积极参与多主体办学的企业，给予财政经费的支持及税收优惠。政府可以设立专门的财政专项拨款，用于企业接收教师深入企业一线、企业接收学生到单位顶岗实习以及在企业建设实训基地等；对于积极参与多主体办学且效果良好的企业，给予该企业荣誉与物质奖励，在承接政府项目、融资等方面，给予这些企业优先考虑政策；企业接收实习学生，企业向高职院校捐赠实训设施、设备应减免税收。

鼓励多主体办学，通过公办高职院校与民办高职院校共同发展的原则，在充分发挥现有公办高等职业学校作用的同时，推进高等职业教育办学主体的多元化，缓解高职院校经费紧张的局面。

（三）角色转换，实现政府从管理到服务的角色转换

新常态背景下，高职教育要适应经济、社会的发展需要，高职院校要培养出适

---

① 许云昭：《中外职业教育比较研究》，湖南教育出版社 2009 年版，第 170 页。
② 中华人民共和国教育部：《关于全面提高高等职业教育教学质量的若干意见》，2010 年 9 月 13 日。

销对路的人才,需要政府的积极参与。但是,政府的参与不是政府管理,而是要转变政府角色,实现从管理者到服务者角色的转换。公共服务是政府为满足社会公共服务而提供的产品和服务的总称,它是由政府机关为主的公共部门生产的、供全社会所有公民共同消费、平等享受的社会产品。① 政府为高职教育的服务主要体现在监督高职教育的办学质量,政府为高职教育的发展提供良好的社会环境和社会氛围,为高职教育提供公共服务和公共产品。

1. 政府监督高职教育办学质量

办学质量是高职教育发展的关键,政府可以通过对高职院校的办学质量监督来推动高职院校改进教学、改善教学质量,使高职教育能够培养出适应社会和市场发展需求的高职人才。目前,我国高职教育的评估主要由政府教育行政部门实施,这种单一的评估机制容易使高职院校的人才培养更倾向于满足政府需求,而忽略了企业、行业代表的参与。首先,为体现政府的服务功能,保障高职教育办学质量,政府可以建立完善的高职教育行政监督制度。高职教育督导是我国教育行政监督的基本制度,是上级督导部门对下级政府教育工作、下级教育行政部门和各学校工作进行监督、检查、评估和指导的督导制度。督导制度从高职教育的性质、特点出发,结合高职教育的长、短期目标制定督导的职权范围及具体措施。其次,实施高职教育质量监督的主体多元化。高职教育质量的高低事关学校、学生、企业等各方的利益,这不仅要求政府参与到质量监督中,更要求学校、学生、企业代表参与到质量监督中来。对于高职学生及家长而言,高职教育的质量直接关系到学生的就业;对于企业而言,作为高职人才的接收者,高职教育的质量关乎员工的技能、企业效益的最终实现;对于高职院校而言,高职教育的质量关于学校的知名度与美誉度。若各方作为主体参与到高职教育质量监督中,定能有效提高高职教育质量。最后,建立专门的高职教育质量评价和验收机构。确定多元化的监督主体后,由政府建立专门的高职教育质量评价和验收机构,定期收集、发布高职教育的信息、办学情况,对高职院校的办学情况进行验收和评估。

2. 政府为高职教育的发展提供良好的社会环境和社会氛围

良好的社会环境是高职教育发展的必要因素。为了确保高职教育的良性发展,多年来,各级政府、教育部门相继出台了职业教育发展、示范院校建设、家庭经济困难学生资助等多项政策,为高职教育的发展提供了良好的社会环境。此外,

---

① 李军鹏:《公共服务型政府建设指南》,中共党史出版社 2006 年版,第 19 页。

由于传统的文化和社会观念制约,高职教育一直处于高等教育中的劣势地位,是学生不能考上普通本科院校之后的无奈之举。中央和各级地方政府虽加大了高职教育优势的宣传力度,但高职教育仍未能改变根本处境。政府从物质和宣传力度上加大投入,形成全社会崇尚技术的风尚,为高职教育营造良好的氛围,方能改变公众对于高职教育的印象,让更多优秀生源投身高职教育,成为符合社会需求的高技能应用型人才。

3. 政府为高职教育提供公共服务和公共产品

政府为高职教育提供公共服务和公共产品还体现在政府加大对高职教育公共服务的财政投入,努力改善高职教育所处的处境上。在经费允许的情况下,政府可逐年提高高职院校的生均经费标准,使高职教育与普通高等院校、高职院校内的各主体之间实现真正意义上的平等,满足各层级的高职院校生存和发展的需要。

第十章

高职院校学生特质培养模式

新常态下国家和社会对人才培养的新要求,需要高职院校转变传统思维,形成新型人才培养模式,即高职院校学生特质培养模式。这种培养模式以新常态下国家和社会对高职学生的特质需求内容为依据,要满足高职学生特质三个方面的要求:一是传授高职学生一定的知识;二是培养学生适应岗位的职业能力;三是培养影响学生职业生涯的发展能力。遵循这一思路,高职院校学生特质培养应完成三个转变:一是从计划培养向市场需求驱动转变;二是从专业学科本位向职业岗位和就业本位转变;[①]三是从全能型人才向专业技术型人才转变。要完成这三个转变,实现高职学生特质适应社会需求的目标,必须采取一系列相应的措施。

如图 10-1 所示,高职院校学生特质培养应在先进教育理念的支撑下,为高职学生的特质进行准确定位。为了实现高职学生特质培养的目标,高职院校要完善教学环节、加强新常态下学生所需的素质和能力培养、构筑多元化的实践育人体系,从加强师资队伍建设、构建高职学生特质培养的综合实践平台、营造良好的高职学生特质培养环境、构建多元化的高职人才培养评价机制等方面,实现特质人才培养。

---

① 彭元:《高技能人才培养模式的理论与实践》,科学出版社 2008 年版。

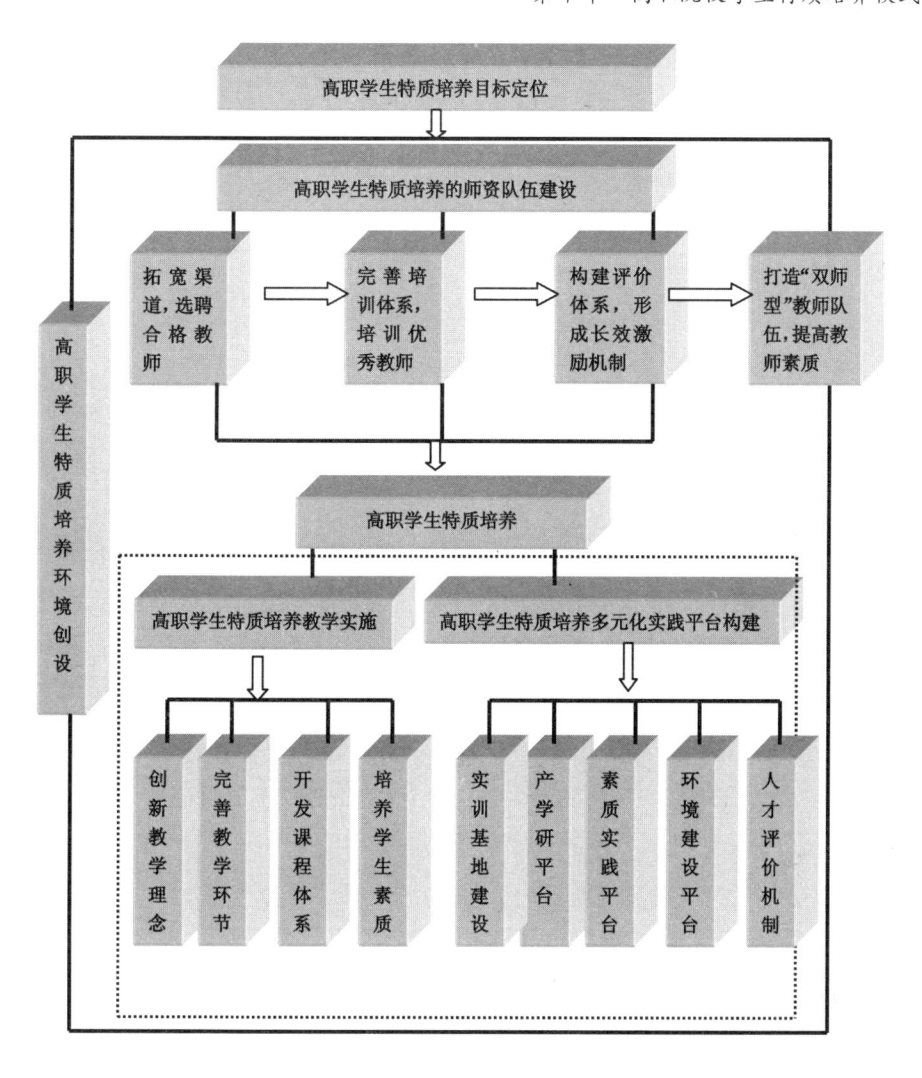

图 10-1　高职院校学生特质培养模式

一　高职学生特质培养的新理念

教育实践,理念先行。教育理念是人们对于教育现象的理性认识和理想追求,正确的教育理念是高职学生特质培养的基本前提和保证,它通过价值期望来规范、指导教学行为,通过文化氛围的营造来陶冶学生,从而实现高职学生特质培养的最优化。

"科学的教育理念是一种'远见卓识',它能正确地反映教育的本质和时代的特征,科学地指明前进方向。"①高职学生特质培养的教育理念,也必须适应新形势下教育改革的需求,正确反映当前我们所处的时代特征,树立新常态意识,体现新常态思维,满足政治、经济、文化、科技新常态下对职业教育的新要求,为人才培养指明方向。

(一)全面发展教育理念

现代教育的根本目的是促进学生的自由全面发展。全面发展理论关注人发展的完整性、全面性,它以促进每一个学生在德智体美劳等方面的全面发展与完善,造就全面发展的人才为己任。在中国经济进入转型升级的新常态时期,国家和社会不仅需要一线的高技能人才,还需要具有宽厚基础、身心健康、能应对时代变革的全面发展人才。高职教育作为高等教育的组成部分,承担着培养国家在经济转型关键时期急需的一线技能人才的重任。这一线技能人才,不仅要求具有高技能,同时也要求具有高素质,能满足企业转型升级对创新型人才的要求。因此,对高职教育而言,树立全面发展教育理念,不仅是教育本身应有之义,也是适应新常态下经济转型升级时期人才培养的新要求。

高职教育中贯彻全面发展教育理念,要求高职教育既要突出专业能力培养,更要重视对学生德育和身心健康培养,重视学生人文科学素质培养。具体来说,就是要帮助学生牢固树立和践行社会主义核心价值观,培养高职学生社会责任感,在不断提高学生技能培养的同时,注重学生人文素质和综合能力的提高,健全学生人格,帮助学生形成积极的人生态度与情感体验,实现全面发展。

(二)以人为本教育理念

以人为本的教育理念,是从高等教育培养人的根本任务和终极目标出发的。以人为本的核心所指是人,其出发点是人,归结点也是人。它关注的包括关于人的一切自然生理因素和过程,也包括人与自然、人与社会、人与人之间的行为关系和精神活动的内容,这一切中人是核心,也是根本。只有坚持以人为本的教育理念,高职教育才能坚持走高职教育道路,办出自己的特色,才能顺应高职教育的发展规律,发挥动力源作用,承担起培养人才、发展科技、服务社会和引导社会进步的职责和使命。

高职院校贯彻"以人为本"的发展理念,就要贯彻以学生为中心,坚持科学发展观,努力提高思想政治教育的针对性、实效性和吸引力、感染力;要重视教学实

---

① 王冀生:《现代大学的教育理念》,《辽宁高等教育研究》1999年第1期。

施和教学评价过程,将理解人、尊重人、爱护人、提升和发展人的精神贯注于教育教学的全过程、全方位;要将以专业为本、以教师为中心转向以人为本、以大学生为中心,着重考虑大学生的发展,致力于培养有创新精神和创新能力的多元化人才;以人为本,就是要尊重学生主体性学习选择,注重开发和挖掘人自身的禀赋和潜能,重视人自身的价值及其实现,从而不断提高人的生存和发展能力,促进人自身的发展与完善。

(三)生态和谐教育理念

从生态学视角来研究高职学生特质培养,它可以被视为一个由教师、学生、教学内容等子系统构成的相互联系、相互制约的系统,同时,这个系统又受到学校系统、社会系统等大系统的影响。学校教育、家庭教育和社会教育构成了大教育体系,教育活动也成为一个有机的生态整体。这一生态整体既包括教育活动内部如教师、学生、教学内容、教学方法、课外实践等诸要素的融洽统一,又包括学校与社会各行业、各部门的密切联系与融洽统一,还包括教育活动、育人环境设施和整个文化氛围的和谐统一。

在高职学生特质培养的过程中,必须将生态和谐的教育理念贯注于教育的每一个环节、每一个参与个体,才能形成利于学生成长的教育生态链,使学生健康成长所需要的阳光、雨露、土壤等诸要素充分地发挥作用,达到生态和谐,在整体上营造出学生成长的最佳环境,促进学生的健康和谐发展。

(四)主体性教育理念

随着教育的不断发展,主体性教育的理念越来越受到人们的重视。主体性教育充分肯定并且尊重学生的主体性价值,高扬主体性旗帜,通过充分调动并且发挥学生的主观能动性,使教育成为学生自身的能动活动。

主体性教育理念的核心是尊重每一位学生的主体地位,教师的教学始终围绕学生的学习来开展,最大限度地开启学生的内部学习动机,让学生从"要我学"变成"我要学",由被动的接受性学习变成主动的发现性学习,使教育过程真正地成为学生的自觉行为。主体性教育理念承认学生的个性差异,强调尊重学生的不同个性,正视学生的个性差异,鼓励学生的个性发展。因此,在教育过程中,要将传统的教师中心理念、教材中心理念转变为以学生为中心、以活动为中心的理念,要创设和营造个性化的教育氛围,为每位学生的个性展示和发展提供平等的机会,以此点燃学生的学习热情,使他们能够积极主动地学习。

(五)创造性教育理念

科学技术的飞速发展,科技和教育对于世界经济和人类社会的发展发挥着越来越重大的作用。各个国家综合国力的竞争,最终都会归结于人才的竞争;人才间的竞争,又归结于各自的创新能力之间的竞争。可以断言,谁拥有了更强的创造力,谁就能在日益激烈的竞争形势中占据主动地位。

创造力潜能是人宝贵的资源,创造性教育理念要求在教育过程中大力培养和开发学生的创造力。教育活动中的教师,要转变传统的教育观念,通过创造性的教育手段,营造教学环境,在教育实践中鼓励学生大胆质疑、训练学生的发散思维、训练学生的解决问题的能力、允许学生对问题有不同的意见和看法,以此来培养学生的创新精神、创新能力,最终将学生培养成为创新型人才。

(六)开放性教育理念

基于时代的空前开放和信息的公开化、透明化,开放性理念也凸显在高职教育领域。开放性的教育理念意味着教育全方位的开放性,具体体现在以下几个方面:①教育观念的开放性。教育观念的开放性意味着要吸纳古今中外、世界各国的优秀的教育思想、教育理论与教育方法,要有"扬弃"的精神,取其精华、弃其糟粕。②教育目标的开放性。教育目标的开放性则是指教育要致力于开启人的潜能,不断提升人的自我发展能力和生存空间。③教育内容的开放性。教育要面向世界、面向未来、面向现代化,这就要求教学内容的设置要更加开放、更加生动、更加具备现实包容性和新颖性。④教育过程的开放性。教育过程的开放性强调教育是"终身教育",是从出生到死亡都要涉及的过程;教育过程的开放性强调教育要从课堂教育走向实践教育、信息网络化教育,要从学校教育向社会教育拓展,要开放利用一切可以利用的资源,以激活学生接受教育的积极性。

习近平总书记关于经济新常态的战略判断,为高职教育人才培养工作提出了新的要求,这就要求高职院校人才培养要主动适应新常态,培养出当前经济转型升级时期国家和市场想要的高职人才,这是思想观念的根本转变。高职人才培养要全面深化改革创新,适应技术进步和生产方式变革以及社会公共服务需要,促进职业教育与社会需求紧密对接,为经济社会发展提供有力的支撑。[①] 高职学生特质培养是主动的、富有前瞻性的人才培养模式,富有针对性,考虑劳动力市场的直接需要,缩短高职学生就业的适应期,坚持"有所为、有所不为"的原则,在高职

---

① 鲁昕:《职业教育,加快适应经济新常态》,《光明日报》2015年2月3日第15版。

教育的共性中寻求个性,提升素质教育中企业特质的操作性,打造特色鲜明的学科和专业。

二 新常态下高职学生特质培养的目标定位

大学是创新知识、融合与应用知识、传播知识的社会机构,在学校类型和办学特色划分的问题上,潘懋元先生提出了大学的类型划分是高校定位和确定发展方向的前提,解决高校类型划分的方法在于:一是转变观念,二是推向市场。① 邹晓平提出从三维视角来进行院校分类:从政府的宏观视角,院校类型由教育模式组合决定;从院校的微观视角,院校类型由人才培养目标与课程体系决定;从社会的效果检验的视角,院校服务的对象与市场的评价也决定院校的类型。② 不同类型的高等教育机构承载着不同的社会功能,也具备不同的目标定位和办学特色。高职教育涉及职业教育领域和高等教育领域,在时代背景下,高职教育要在"保证质量"的前提下"大力发展"。新常态下高职院校的高职学生特质培养,就是要解决教育培养方式的方向性问题,因此在整个学生特质培养教学体系当中,教学目标的确立和设计尤其重要,它是教育培养意欲达到的归宿所在。

教学目标的确立根源于国家对高职教育目标的定位。随着中国经济从劳动密集型到知识密集型、从中国制造到中国创造的转型升级,高等职业教育的教学目标也经历了从培养技术型人才到培养综合型人才再到培养高素质人才的转变。2012年6月,教育部发布的《国家教育事业发展第十二个五年规划》指出高职教育要"重点培养产业转型升级和企业技术创新需要的发展型、复合型和创新型的技术技能人才"。这一新的教育目标明确传递出国家对高职人才培养定位的转移,从单纯地注重技术,到注重能力与素质并重的人才培养目标转变,这既是对职业教育增强服务经济社会能力的关注与要求,更是对学生未来发展的期望与诉求。③ 新的高职教育目标提升促进高职教育人才观、价值观的转变,促进高职教育教学目标的转变,从而促进教学模式的转变。在新的高职教育目标的指导下,教学目标的树立应从以下几个方面着手:

第一,新常态下的学生特质培养,其教学目标应坚持以社会主义核心价值体

---

① 潘懋元、吴玫:《高等学校分类与定位问题》,《黄河科技大学学报》2005年第1期。
② 邹晓平:《高等院校分类的三维视角》,《教育发展研究》2005年第12期。
③ 马树超:《职教体系建设应加强顶层设计》2012年3月24日(http://news.xinhuanet.com/politics/2012-03/24/c_122875580.htm)。

系为指引。这是由立德树人、培养社会主义合格接班人这一教育的根本任务所决定的。在全球化和网络化时代,各种价值观特别是西方价值观通过网络快捷地涌入学生视野,冲击着大学生价值观、职业观的形成。因此,高职教育人才培养首先就是要坚持以核心价值体系为指引,将培育和践行社会主义核心价值观融入教育教学的各个环节,帮助学生树立起正确的价值观、职业观,建立符合社会发展和职业需要的职业道德理念,培养出符合社会和时代发展需要的人才,为社会主义经济建设服务。

第二,新常态下学生特质的培养,其教学目标应当是具体的。不同的行业有不同的职业入职标准和基本的职业素质,在教学目标的选择过程中,要具体问题具体分析,要根据不同的行业,确定明确的、具有明显行业甄别效果的教学目标,而不能按照一个模式来培养。在教学设计时,要充分考虑到企业对人才的需要,全面分析该专业职业角色所需要的基本要求,提炼出履行该岗位工作职能所需的基本能力结构,并以具体的能力培养为出发点来设计教学目标。

第三,新常态下学生特质的培养,其教学目标的设计应该是辩证和发展的。随着经济和科技的不断发展,用人单位对人才的需要也会发生变化。教学目标的设计要根据行业和就业形式的变化不断地进行调整。要以市场需求为风向标,市场所需人才、素质、能力要求都在不断地变化,应当根据市场的实际情况及时调整教学目标,不能一刀切,更不能一成不变,在教学目标确立之后,才能在教学实施的过程中严格按照目标执行,达到预期的教学成果。

第四,新常态下学生特质的培养,应该加强文化素质教育,奠定学生特质形成的基础。新常态下学生特质的培养,绝不仅仅为了就业,通过学生特质的培养促进就业只是高等职业技术教育的功能之一,高等职业技术教育的最终本质不只是培养合格的建设者和接班人,更重要的是促进学生个体的全面发展,从而推动社会的进步。基于学生特质的培养并不是一种短视的功利的教育模式,而是一种基于学生长期发展的新的教育方式的探讨,如果过分强调技术教育而忽视了学生的人格和可持续发展能力,就背离了这种教育模式的初衷。以往的高职教育具有明显的功利导向,过分强调教育的功利性和实用性,使高职教育蜕化为工具教育,忽视了人本身的情感需要和可持续发展。而文化素质教育的价值在于可培养学生健全的人格、丰富的个性、健康的心理、积极的人生态度、高尚的生活情趣。在高职教育中贯彻文化素质教育目标,要注意避免将素质教育简单化,同时要注意将文化素质教育与专业技能教育相结合,统一于培养社会主义经济建设所需的合格人才中,促进人的全面可持续发展。

三 高职学生特质培养的师资队伍建设

清华大学梅贻琦先生认为,大学之大,不在于有大楼,而在于有大师。师资队伍是学校的首要资源,师资队伍建设的好坏决定着高职院校学生质量的好坏。从这一层面而言,师资队伍建设是高职学生特质培养的关键。因而,高职学生特质培养的前提,是要做好高职院校的师资队伍建设。

(一)拓宽高职院校师资队伍来源渠道,选聘合格的高职教育教师

深受儒家传统文化影响的中国教育,注重人的内在修养而轻视对外在事物的客观规律的探索。这一传统的价值理念体现在具体的行为上,则是国人的重道轻器,轻视工艺技术和生产知识。基于此,一般在没有选择的情况下,老师才勉强选择到高职院校任教。授课老师工作得不情愿,教学质量就可想而知了。因此,拓宽高职院校师资队伍的来源渠道,将老师们的"要我教"转变为"我要教",是提高高职学生特质培养的关键。

从宏观的角度看,教育部门要通过新闻媒介等方式加大对高职教育的宣传力度,从根本上转变人们"普通教育是一流教育,高职教育是二流教育"的观念,提高高职教育的社会认同度,激发人们关注高职教育的热情;要充分发挥政策和措施的导向作用,制定有利于高职教育健康发展的政策和措施,为高职院校的师资队伍建设提供更多的物质保障和政策支持,以此吸引更多的优秀人才投身高职教育事业。

从学校的角度而言,高职院校应充分认识到高职教育与一般教育的不同。高职院校的教师既是教师,又是高职院校的教师。基于此,高职院校应制定自己独特的教师选聘标准,任教者必须具备基础理论知识和专业实际操作技能,还要具备教师的教育教学能力,才能被选聘为高职院校的教师。

(二)完善高职教育师资队伍培训体系,培养优秀的高职教育教师

高职教育的师资队伍建设是系统工程,讲究协调和关联。在教师入职后,要从系统的角度加强对师资队伍的培训。从培训内容而言,高职教育师资队伍培训要让教师树立"与时俱进"的观点,教育内容会随着社会的需要以及企业的需求变化而发生变化。因此,要从整体上转变教师的教育教学思想,提高其理论修养,使其形成与时俱进的现代教育观;要从技术和知识随时都在更新的角度,完善高职教育师资队伍的认知结构和思维方式;要通过培训,使教师们掌握现代教育技术

和教学手段;要全面提高教师的综合素养,使他们能够适应不断变化的社会需求。

第一,要抓好新入职教师的培训工作。高职院校的教师主要来自综合性大学、师范类大学、企业这三个领域,要尽快让这些教师们符合工作需要,需要对他们进行入职教师的岗前培训工作。学校要明确,老师的来源不同,需要强化的方面也就不同。因此,学校要将新手型老师进行分类,或者对他们重点进行师范生素质培训,或者对他们进行专业理论知识培训或者对他们进行实践技能培训。要通过不同类别的培训,使新入职的教师树立起高职教育的理念,同时也具备专业的理论知识与实践技能。

第二,要抓好骨干教师的培训工作。骨干教师拥有先进的教育教学理念,拥有深厚的专业理论功底,具备丰富的教学经验,也具备教学实践能力。骨干教师能够在师资队伍建设中起到榜样示范作用、激励作用。因此,在高职教育师资队伍培训中,要抓好骨干教师的培训工作。通过制定和健全完善骨干教师培训制度,使骨干教师的培训能够真正做到有计划、有步骤;有针对性地对有不同需要的骨干教师进行集中培训和重点培训,使骨干教师的培训能够做到对症下药;通过健全和完善骨干教师参与社会实践的制度,使骨干教师能够将行业领域中的新技术、新方法引进课堂。

第三,要对兼职教师进行必要的培训。教育部在《关于加强高职(高专)院校师资队伍建设的意见》中指出,高职院校的兼职教师是能够独立承担某一门专业课教学或实践教学任务、有较强实践能力或较高教学水平的校内外专家。[①] 兼职教师作为高职教育的师资队伍,既有利于发挥人才资源的作用,提高学校的办学效益,又有利于拓宽学生的信息来源,提高学生的实践动手能力。正所谓有利必有弊,由于兼职教师多来自企业一线,他们虽然具备一定的理论基础和丰富的实践工作经验,但由于工作性质的不同,他们常常缺乏从事教育工作所必备的教育理论知识和教学基本功。因此,要加强对兼职教师的教育学、教育心理学、教育技术等方面的培训。

(三)构建科学的评价体系,形成高职教育师资队伍建设的长效激励机制

对高职教育师资队伍的评价,其基本目的是为了促进教师的专业成长与教学技能的提高,从而最终有利于高职学生特质的培养。高职教育教师角色的多样性

---

① 《五年制高职院校聘任兼职教师的现状与对策》,2009 年 7 月 14 日,资源天下(http://www.kj008.com/paper/pp5327.html)。

决定了对其评价的复杂性和特殊性,应根据职业教育的特点单独制定高职教育教师队伍的评价体系。只有科学的评价体系,才能对高职教育师资队伍建设形成长效的激励机制、最大程度地调动教师的积极性,对高职学生特质的培养起到积极作用。

从评价的主体而论,任何单一的评价主体要对高职教育的教师进行评价都有局限。因此,为全面客观地进行教师评价,评价主体应多元化。评价主体的多元化一方面体现了教师评价的公平与公正,使教师评价能够满足各方面的利益需求,另一方面也通过多方的参与促进了教师评价的内在活力,提高了教师教学的质量。具体而言,高职教师的评价主体包括领导评价、同行评价、学生评价、教师自我评价以及社会评价等。教师的自我评价是教师对自我进行反思的过程,是教师更新自我观念的重要途径。通过教师的自我评价,可以让教师更深刻地认识和理解自己的任务,激发教师的内在动机,在自我评价中自觉规范和约束自己的教学行为,最终获得自我成长和自我完善。同行作为对教师的课堂教学活动、科研活动非常熟悉的群体,能够了解到教师职业的性质和存在的问题。从评价教师的学术水平与能力而言,他们处在非常有利的地位。通过同行评价,能够对教师的教学和科研提出许多具体、实用的建议,从而有利于教师的成长。学生是与教师接触最多的人,他们的评价会比其他评价人员更全面。通过学生对教师的评价,教师可以了解自己对学生的影响程度,改进自己的教学,提高教学质量。

从评价的内容而言,高职教师的评价内容涵盖教师素质、教师能力与教师发展三方面。其中,教师素质又包括教师的思想品德素质、文化素质、专业素质和身心素质;教师的能力包括教师的教学能力、教师的科研能力以及教师的服务社会能力;教师的发展则是教师的可持续、后续成长的能力。教师的素质是所有老师都需具备的一般素质。教师的教学能力是教师把学科专业知识与教育专业知识结合起来的能力,"教师的学科专业学术丰厚,并不意味着学生能从他那里学到渊博而深入的知识。失去对学生的尊重与关注,缺乏对课堂的理解与把握,没有对教学法的研究与创造,大学教学就难以促进学生的全面发展"[1]。教师的科研能力反映在教师的发表论文、出版著作、申报课题以及其他学术研究活动情况。教师的服务社会能力是教师在校内外团体中参与活动与社会服务的情况,例如与企业的合作、与政府部门的合作等等。

---

[1] 时伟:《大学教学的学术性及其强化策略》,《高等教育研究》2007年第5期,第71-75页。

教育活动是动态的过程,它具有特殊性、复杂性和模糊性。因此,根据高职教师评价内容建立的高职教育教师评价体系不能盲目地追求评价的准确性和客观性,而要采取定性评价和定量评价相结合的方式,对其进行教师评价体系的设计。此外,在对高职教育教师进行评价的时候,不能囿于某一种方法。评价主体不同,需要采用的评价的方式也就随之而变化。只有评价主体与评价方法的最佳匹配,才能最大限度地使评价贴近事实本身。因此,在设计高职教育师资队伍评价体系时,评价的方式也要多样化。

(四)打造"双师型"教师队伍,提高教师素质

高职教育重视培养适应企业需求的高职学生特质,其中学生的知识结构、职业能力离不开企业环境的熏陶,除了课内的教育和校内实践基地的锻炼外,更需要在真实的企业环境中锻炼。这就对高职教师提出了更高的要求。高职教师不仅需要具有本专业扎实的理论知识和丰富的教学经验,还必须具有从事本专业实际工作的能力。高职院校要特别重视教师实践经验的积累,教师的技术应用和开发能力的提高,以及教师的产业背景等。

高职院校在建设"双师型"教师队伍过程中可采取下列措施:①积极聘请行业、企业和社会中(含离退休人员)有丰富实践经验的专家或专业技术人员作为兼职教师。拨出专项经费,对生产第一线技术骨干到学校任教的教师进行教学基本功培训。②高职院校教师按计划到企业参加实践锻炼,在这期间,学校在经济上给予适当补助,获得企业好评的教师,学校给予奖励。③对获得"双师型"称号的教师,在晋升、评先等方面,同等条件下优先推荐。[1] ④教育行政部门要根据高等职业教育的特点,在职称评定、教师聘任等方面单独制定适合"双师型"教师发展的评聘制度,为"双师型"教师队伍建设提供政策支持。

---

[1] 彭元:《高技能人才培养模式的理论与实践》,科学出版社2008年版。

第十一章

搭建实践平台,构建实践育人的多元化体系

实践育人对于完善人才培养方案,提高学生的知识转化能力,提高大学生的社会适应能力,促进学生全面发展,推动社会的经济发展,具有积极的现实意义。"深化实践育人,是提高人才培养质量的重要举措,是大学生思想政治教育创新发展的重要路径。"[①]国家高度重视实践育人的重要作用,多次就如何做好实践育人工作做出指示。2013年"五四"青年节,习近平总书记在同各界优秀青年代表座谈时指出,广大青年要坚持学以致用,深入基层、深入群众,在改革开放和社会主义现代化建设的大熔炉中,在社会的大学校里,掌握真才实学,增益其所不能。《国家中长期教育改革和发展规划纲要(2010—2020年)》明确提出:"教育要注重知行统一,坚持教育教学与生产劳动、社会实践相结合。要坚持能力为重,优化知识结构,丰富社会实践,强化能力培养,着力提高学生的学习能力、实践能力和创新能力。"《教育部关于全面提高高等教育质量的若干意见》《教育部等部门关于进一步加强高校实践育人工作的若干意见》强调要"进一步加强高校实践育人工作",并把实践育人作为建设创新型国家和人力资源强国的重要举措。因此,加强实践育人工作,构建多元化实践育人体系,对于高等院校更好地履行社会职能,服务区域及地方经济社会发展,培养全面发展的高技能复合型人才,具有重要意义。

一 高职学生特质培养的教学实施

教学是教师有组织、有计划地将教学内容传授给学生的过程,教学实施保证学生能够在短时间内学到系统的知识与技能,并随之养成对该门课程的情感与态度。教学实施是实现高职学生特质培养的基本途径。在高职学生特质培养的过

---

① 杜玉波:《推动制度化、常态化、科学化,不断开创实践育人工作新局面》,《中国高等教育》2014年第19期,第4–6页。

程中,教学实施的过程显得尤为重要。

(一)创新教学理念,探索高职学生特质培养教学模式

高职学生特质培养是一项实践活动,实践活动需要理论的指导和规范。从这一层面而言,教学理念的创新不是为创新而创新,而是为了引导实践,为更好的教学实践提供新视角与新方法。

创新教学理念,要有扬弃的精神:既要在不断深化已有的正确理念的基础之上,继承前人已有的教育理念,也要敢于冲破传统教育理念的束缚,与时代需要相结合,服务于时代需要;既要汲取我国的教育文明成果,也要具备国际视野与战略思维,善于吸收世界各国先进的教学理念;既要考虑到教育的一般性问题,也要考虑到职业教育的特殊性问题,从高职教育的特殊性出发,创新教学理念。

(二)开发适应市场需求的专业和课程体系,提高培养实效性

高职院校的专业设置是社会需求与高等职业教育教学工作紧密结合的纽带,是学校教学工作主动、灵活适应社会需求的关键环节。高职院校在调整和设置专业时,要认真开展市场调研,准确把握市场对各类人才的需求情况,根据人才市场和职业部门的需求变化以及学校的办学条件有针对性地调整和设置专业。高职院校的专业设置要明确地反映企业对高职学生特质的要求,要有明确的职业针对性,针对职业岗位或岗位群,面向实际应用,以求最大限度地满足社会用人部门的要求。高职院校的专业设置要形成以专业指导委员会为轴心,以培养适应企业需求的高职学生特质为目标,专业发展主动为企业服务,企业积极参与高职院校专业建设的机制。① 适应市场需求的专业设置和课程安排对于学生就业起着极为关键的作用。

同时,不断加强专业课程建设。能否培养出适合企业或行业需求的高技能型人才,专业是否适销对路成为关键,而构成专业的课程又是主要因素,因此,课程开发是培养模式的核心内容。任何新专业的设置和课程开发必须接受市场的检验和挑选。根据特质模块进行课程开发,从知识结构、职业能力和发展能力等特质维度构建课程模块,对课程进行优化衔接、定向选择、有机整合和合理排序,课程的整合要打破学科界限,针对高职学生应具备的特质要素构建核心课程,通过核心课程的教学,培养学生的核心能力。核心课程的建设应以高职学生特质内涵及标准为指导,力求课程标准与特质要求相适应,突出课程的针对性、实用性、先

---

① 彭元:《高技能人才培养模式的理论与实践》,科学出版社 2008 年版。

进性和就业岗位群的适应性,从而达到培养学生特质的目标要求。

（三）围绕学生特质培养的需要,调整课程体系,完善教学环节

课程体系的设计是所有教学开展的基础,因为课程体系的设计决定了教学的内容,即我们"教什么"。基于需要导向培养学生的特质,课程体系设计的环节尤其重要。首先,课程体系要依据技术领域和职业岗位群的任职要求来设计。应用性强和针对性强一直是高职教育的特点,只有根据具体任职要求来确定课程编制和课程安排,通过教育所培养形成的学生特质才能适应社会发展的需要。其次,要参照相关的职业资格标准,来设计课程体系和教学内容,建立突出学生特质培养的课程标准,高职学生的特质区别于普通高校学生的综合素质,它具有根据职业需要进行调整的行业针对性。专业不同的学生,其毕业后面临的工作要求不同,在课程设置过程中所设立的课程标准就应该有所差异,在此基础上制定的课程标准就应该体现出差异性和针对性。再次,课程体系的设计还要紧跟时代和市场需求,反映时代发展特点。从经济全球化和促进中国企业走出去的战略考量,高职教育还应与国际高职教育接轨,开发与国际标准接轨的专业标准和课程体系,培养能适应在国际化背景下开展工作的技能人才。最后,课程体系设计还必须融入人文素质教育内容,使学生对心理学、社会学、政治学、伦理学等人文科学、文化背景都有必需的了解,帮助学生树立正确的世界观、人生观、价值观、道德观、唯物史观,使学生成为适应社会要求的全面和谐发展的"全人"。

在课程实施阶段,可以采用一种的"宽基础、活模块"课程模式进行组织和实施。针对形成学生特质的基础能力的培养,采用宽基础、适应面大的基础性课程设计策略,采用公共课的方式,以必修课和选修课两种类型进行,主要是针对绝大多数学生的基础性教育;针对学生特质中的综合职业能力的培养,采用学科渗透式的课程设计策略,强调在特定环境中学生综合能力的培养和应用,安排一些职业认知引导课程、职业规划课程、思维训练课程、人际沟通课程等。在课程实施的过程中,注重课程实施的完整性和系统性,保证教学内容、教学大纲、教学计划、教材以及配套师资的完备有序,对学生的特质进行有针对性和实效性的培养。另外,还要将专业技能培养渗透到学生特质培养的过程当中,使学生在"做中学,学中做",知识结构和能力结构协调形成,相互促进,不断发展。

如果说"教什么"的问题是在课程体系设置中解决的,那么,"怎么教"的问题就在教学方法的过程中解决。教育教学的原则和教学方法的选择都要以培养学生的特质为基点,采用多样的教学手段和方式进行教学活动。传统的讲授法虽然

可以在单位时间内系统地教授大量的系统的知识,但是在知识成功地转化为学生具备的特质方面,缺乏必要的过渡环节,难以满足学生特质培养的需要。"改革大学的课程教学范式。重点是打破'以知识传递为目标、以教师为主体、以教材为中心、以课堂为阵地'的传统教学范式,彰显现代课程教学的三大理念,即学术性、民主性、协作性,同时注重综合性、创新性和实践性。"①因此,在教学的过程中,需要采纳多种教学方式予以补充,比如练习法、情境教学法、发现法等都应在教学过程中作为辅助方法甚至主干方法广泛运用,以激发学生学习的主动性、创新性和情感体验,转变传统应试教育思维,将理论灌输型单向教学向双向交互型教学转变,充分尊重学生在课堂上的主体地位,以帮助学生构建知识体系、掌握学习方法和技巧、培养学生学习兴趣为教学重点,切实提高理论教学质量。同时,适应大数据时代的发展需要,在教学过程中提高职业教育的信息化水平,充分利用网络教育平台,扩充更新教学内容,同时通过采用学生乐于接受的新媒体教学形式,推进教学方式改革,实现学习方式和教育模式的创新,实现高职教育的信息化发展。

高职教育的重点是以传授技术、技能、技巧、技艺为主的教学模式,提高实践教学模式所占的比重,在教学中可采用"任务驱动、项目导向、顶岗实习"等模式来达到"教、学、做"融为一体,达到学生特质培养的目的。

(四)适应新常态人才培养需求,加强高职学生相关素质和能力培养

面对新常态下国家对人才在政治、法律、信息技术等方面的素质要求,人才培养也要有新举措。要针对原有课程体系设计对新的人才培养要求,加强大学生的相关素质的培养。

1. 加强社会主义核心价值观教育,提高高职学生的道德修养

注重宣传和引导,营造育人的良好气氛。发挥校园传媒的宣传阵地作用,利用校刊、网站、广播、电视、橱窗、标语等载体,通过专栏、主题报道、征文等活动弘扬社会主义主旋律,传播社会主义核心价值观;牢牢把握网络主动权,完善校园网的管理体制,加强网络舆情监管,坚持正确的网络舆论导向,加强校园网的建设;充分发挥新媒体的优势,扩展社会主义核心价值观的宣传渠道,利用微博、微信等新的传播形式做好社会主义核心价值观的引导。

加强课堂教学,提高育人质量。教学是大学生获取知识的主要途径,高职院

---

① 光明教育:《高等教育新常态与教育改革创新》,2015年1月6日,光明网(http://edu.gmw.cn/2015-01/06/content_14409755.htm)。

校要充分发挥课堂教学的主渠道、主阵地作用,推动社会主义核心价值观进教材、进课堂、进学生头脑。这就要求学校在进行社会主义核心价值观教育过程中,合理安排与社会主义核心价值观内容相关的教学课程,形成科学的课程体系;不断丰富教学内容,紧密联系实际,以实际问题为导向,与时俱进,引导学生深入思考;要积极改革教学方法,改变传统的讲授式、一言堂的教学模式,以启发式教学、师生互动、学生互动、小组讨论、课堂优秀等形式开展教学,激发学生学习的积极性;改进教学手段,充分发挥网络教学的作用,构建网上学习课堂,扩展社会主义核心价值观教学的时间和空间,增强学生对核心价值观的认知认同。

加强社会实践,提高服务社会能力。以核心价值观引领人才培养,关键在社会实践。通过社会实践,把社会主义核心价值观教育融入学生的日常生活、学习和社会交往,把理论教育和实践教育结合起来,使社会主义核心价值观教育更加贴近实际、贴近生活、贴近学生。要将校内实践和校外实践活动相结合,积极发挥学校、社区、企业在协同育人中的重要作用,不断丰富学生参与社会实践的形式和内容,拓宽社会实践资源;鼓励学生走出课堂、走入社会,通过投身到大学生志愿服务、爱心公益、科技服务等实践活动中奉献自我,提升自我,自觉践行社会主义核心价值观。

2. 加强高职学生法制教育,提高高职学生法律素养

加强思政课、法律专业课、法律选修课等课堂教育主渠道建设。高职院校应将思政课、法律专业课、法律选修课等纳入教学计划和教学大纲,保证课程课时,精心挑选教材,加大法律课程的数量与质量把控。通过课程学习,引导学生了解掌握法律基本知识,增强学法、知法、守法、用法的自觉性和法制观念,把握权利与义务、民主与法治、教育与惩戒的平衡。在教学方法上,结合具体事件,围绕课堂教学反映的热点、难点、重点,从单一的灌输法律知识过渡到解决现实法律问题,调动学生学习热情。

着力打造日常规范教育等隐形渠道,有效利用传媒强化法制宣传,拓宽法治教育平台。高校要充分运用传统载体,创新形式和内容,发挥高校校园广播台、电视台、校园网、校报校刊、电子屏、橱窗展板、横幅海报等宣传阵地作用。在教学楼、雕塑等教学建筑物上适当地增加法律元素。围绕学校中心工作,结合社会热点、法治现象、法规法条的内容,大力推进校园法治文化建设,形成人人学法、知法、守法的局面,实现师生法治教育的互动效应,在潜移默化中熏陶和培养学生的法治意识。充分利用网络新媒体,拓展法治教育手段。高校要充分利用网络新媒

体,对大学生开展法治教育。高校要通过新媒体开展便捷法制宣传,有效利用论坛主页、官方微博、微信、工作QQ群和贴吧等新媒体,滚动发送与学生密切相关的法律法规、法律故事,设置话题讨论区,设立法律知识问题等,实现法律宣传的有效互动。

开展校园法治建设,营造法治文化氛围。一是搭建平台,开展丰富的法治教育活动,将平等意识、权利义务观念、契约精神等理念渗透到学生的日常行为规则中。高校要利用新生入学教育、军训、法制宣传日等契机,邀请法律专业人士为师生做法律知识讲座。开设针对毕业生就业签订劳动合同、劳动维权、学生管理及安全教育等法规知识与实务讲座。加强学生的纪律安全、交通安全、人身财产安全、饮食安全、女大学生安全等法制主题宣讲,积极组织模拟法庭、旁听庭审、参观监狱等法治实践提升大学生法治意识。二是组织形式多样的学生活动,把法治文化作为校园文化建设的重要组成部分。组建法律社团,依托学生组织、学生讲堂等载体,开展以法治为主题的征文比赛、辩论赛、诗歌朗诵、文艺演出、书画作品展、知识竞赛等活动。通过法律实践,引导大学生产生法治价值理论认知,对法治产生认同感、亲近感。

3. 提高职业教育信息化水平,加强高职学生信息技术素养

信息技术是当今世界创新速度最快、通用性最广、渗透力最强的高技术之一,以信息技术为代表的新技术群体涌现和协同融合深刻影响着生产方式和组织方式的变革,影响着教育改革,影响着高职教育人才培养。培养高职学生信息技术素养,对于高职学生适应信息社会的学习、工作和生活,获取终身学习和合作学习的能力,适应岗位变化、适应改革发展变化,都具有积极作用。

建设数字校园,创造信息素养培养的优良环境。加大信息基础设施投入与建设,建设高校校园网络和各种数字化教学设备,构建信息工作平台。学校行政管理、教学管理、学生管理全部通过信息化完成。学校可通过网络及时了解教学和管理的整个过程,逐步完成从数据整合、分析、挖掘到展示的完整链条,可对教学和学生管理进行实时监控,形成职业教育人才培养质量动态监控体系,形成精细化的管理,也为学生信息素养的养成提供良好的外部环境。加大图书馆信息化建设,大力建立和发展数字化图书馆,建设和改进多媒体阅览室,增加数字图书馆的资源储量,不断扩大数字库的数量规模,提高资源质量。

进行信息素养课程改革,加强信息素养培养。通过新生入馆教育,开展文献检索讲座,培养学生多渠道获取信息和判断、应用、传播和交换信息的能力;开展

有层次的信息素养培养课程,通过不同年级学生、不同专业和类型学生开展通识信息素养培养、专业信息素养培养、实践与创新信息素养的培养,全面提高学生的信息素养水平;加强学生信息伦理道德培养,尊重他人的知识产权,依法、合理地使用信息,不断提高信息伦理道德修养。

二 高职学生特质培养综合实践平台构建

实践能力具有实践性、动态性、生成性、习得性和具体性等重要特征,实践能力在具体的实践活动中形成,也只能在实践活动中才能得到检验,更多地强调直接经验在实践活动中内化为学生特有品质的过程;实践能力必须在动态的过程中培养,也就是在做中学,脱离了具体的工作学习背景就谈不上实践能力的培养;同时实践能力的培养必须不断强化练习,才能稳定在一定水平并达到较为熟练的层次。实践能力的培养应当经过精心的设计,更多地以提供具体环境和平台的方式提供刺激予以强化。

(一)加强实训基地建设,促进学生职业技能提高

高职院校应充分利用自身在实训基地建设和实践能力培养方面的优势和经验,围绕实训基地建设打造学生实践能力培养的综合实践平台。综合实践平台的搭建是教师进行教学、学生形成实践能力的基础。通过购置能力提高所需要的具体设施设备,引导学生在具体工作环境中提高职业核心能力,同时配备优良充足的师资对学生的学习活动进行指导,在创造性的环境当中引导学生独立学习并内化为自身的能力结构,形成稳定的学生特质。同时,根据行业发展变化和劳动就业市场的需要不断调整实践内容和实践方式,采用多样化和个性化的教学手段激发学生兴趣和主动提高实践能力的向性。

基于需求导向的学生特质的培养,不仅需要相匹配的教学环境,同时还需要相应的培养学生特质所需要的平台和场所,有效利用学校现有有限资源,可采用校企合作在校内建设实训基地的模式,由学校提供场地和管理,企业提供设备、技术和师资支持,以企业为主组织实训,按此方式进行可摆脱传统学校教育固有模式的束缚,发挥企业训练目标明确、效果好、效率高的特点。同时,以此为平台为企业进行员工培训,提升企业员工的整体结构和素质,形成良性互动,达到良好效果。

(二)搭建产学研一体化平台,开展技术应用研究

产学研是高校和企业依托自身的优势资源,实现各种要素的资源最佳配置,

它既可以增强企业的创新能力，又可以提升高校的科研水平，其教师也能够不断了解行业技术的新发展与新动向，了解企业对于人才的需求，并最终根据企业对人才的需求，有计划、有目的地培养学生的特质。基于此，校企合作，搭建产学研平台是高职院校开展科研工作的途径，也是高职学生特质培养的重要手段。

从产学研一体化平台搭建促进高职院校发展方面，高职院校要充分发挥主观能动性，利用政府资源、企业资源，为产学研一体化平台的搭建创造必要的财力和物力保障；要根据高职院校区别于本科教育的特殊性，设置明确而具体的产学研一体化目标定位；要积极利用法律规范合作各方的行为，保护合作各方的合法权益。

从产学研一体化平台搭建促进学生特质培养方面，高职院校要深化教学改革，构建适应产学研一体化的人才培养模式。高职院校的教师在培养学生的过程中，要以培养学生的基本素质和应用能力为主线，将理论教学与实践教学相联系，按照人才培养的要求，对学生进行职业技术应用能力的训练；要坚持学做合一的理念，引导学生从学以致用的角度去思考学习中遇到的各种问题，学与做有机结合；要坚持因材施教的原则，通过让不同个性、不同潜力的学生参与老师的研究课题，让他们在课题与研究中培养学生特质；要通过与企业的沟通，了解企业对于人才的"个性化"需求，从而培养出与企业需求相吻合的、能够尽快适应岗位角色的应用性人才。

(三) 构建综合素质教育实践平台，促进高职学生综合发展

建设大学生校内特质培养平台，促进学生综合素质发展。为促进高职学生特质培养教学实践，提升学生的职业能力和发展能力，可按照专业实训室的建设方式，建立促进学生综合素质发展的特质培养平台，实施素质实践教学，教学结果计入学分。平台可根据学生素质培养需要，开发系统的实践教学课程，采用"思想认知，情景体验，行为实践"同步式特质教育方法，构建人际沟通、演讲与口才、音乐欣赏、团体辅导、心理疏导、主题班会等多个实训室，开展特质主题班会及职业兴趣分析、职业性格测试、能力探索等，进行相应教学实践，推行辅导员与校友导师双师队伍，强化实训环节，变传统被动式课堂为全互动和自主式平台，激发学生对学习、生活、生命的热爱与珍视，使学生达到"磨炼意志、陶冶情操、完善自我、熔炼团队"的培训目标，提高个体的环境适应与发展能力，培养坚毅的心理素质、人际交往沟通能力、团队协作意识以及高尚的情操和卓越的人文修养等特质，为学生提供科学的职业生涯规划和就业指导，提升学生的核心竞争力，同时加强班级特

色主题活动建设,形成完整的高职学生特质培养模式。

构建大学生社会实践平台,提高大学生适应社会、服务社会能力。首先,要加强社团建设,培养学生自我学习和自我塑造的能力。社团活动是锻炼学生综合能力,形成学生特质的行之有效的重要方式。学生通过参加各种社团活动,培养在学习和工作中所需要的管理能力、协调与沟通能力、问题解决能力等。高职院校应加强对社团建设的引导和规范,从学生劳动就业的需要和兴趣爱好两个方面入手,对社团的类型和功能进行合理的规划,通过社团为学生创造培养特质所必需的情境。其次,加强对第二课堂的管理。对第二课堂进行体系化建设,将第二课堂纳入高职的课程体系,根据不同年级和专业,综合学生自身发展需要,制定相应的学分标准和考核机制,实现第二课堂的分层分类教育,从而促进学生参与第二课堂的积极性和针对性,提高学生素质培养的实效。最后,加强校内外素质教育实训基地建设。从校内来讲,要积极挖掘本校资源,如本校的校史馆、文体中心、助学中心等,为学生素质实践提供平台和指导;校外要积极联系爱国主义教育基地和国防教育基地、城市社区、农村乡镇、工矿企业、驻军部队、社会服务机构等,建立多种形式的社会实践活动基地,使每个教学单位都能有固定的实训基地。

三 构建实践育人的多元化体系

环境心理学认为,人的行为与环境是相互联系、相互作用的。人塑造了环境,但同时又受到环境的影响,环境对人的行为具有一定的导向和约束的作用。[①] 因此,作为培养高素质应用型人才的场所,高职院校环境建设的情况对学生的成长起着举足轻重的作用。

(一)构建特色校园文化,促进学生特质培养

校园文化是在学校长期的教学和管理实践活动中形成的,具有本校特色的校园精神、特色活动、校园建筑等。校园文化是社会主义文化的一部分,校园文化具有育人和引领的重要作用。校园文化一旦形成,就具有了传承性和吸引力,将校园文化的精神实质和丰富内涵一代一代传递下去,吸引和影响学校的学生和老师将其精神内涵落实到具体的校园。每个学校的校园文化都具有其独特性,校园文化直接影响到师生的精神风貌。有的校园文化催人奋进向上,培养人的高尚道德

[①] 马金城、杨筱:《浅析加强校园环境建设的重要性》,《高等教育研究》1999年第5期,第91-92页。

情操,发掘人才的潜能;有的校园文化教人学会反思,提升个人素质,增强文化气息,培养人文主义精神。每个高校在其发展过程中,其办学历史、办学理念、校园建筑都会深深烙下历史的印迹,形成本校的特色,并成为培养学生特质的最宝贵的文化财富。高职院校因其自身定位和发展历史,也有不同于其他高等学校的特色文化,形成了高职特色的校园文化。因此,高职院校应充分发挥校园文化在高职特质人才培养上的功能,促进特质人才的培养。

1. 坚持正确指导思想,建设与时俱进的校园文化

特色校园文化建设应与大学生思想政治教育、素质教育等紧密结合,在继承和发扬优秀传统文化的基础上,及时学习和传播马克思主义中国化最新成果,积极建设与时俱进的校园文化。校园文化建设必须以先进文化为根本方向,坚持以社会主义核心价值体系作为理论基础。全员要积极主动深入学习先进思想和理论,在学校的各项活动中予以传播及贯彻落实。高职院校要引导师生员工树立正确的世界观、人生观和价值观,通过校园文化建设为全体师生提供精神保障。

2. 深入挖掘教育资源,建立校园文化建设特色品牌

特色校园文化要准确提炼校园精神,确定体现学校办学理念、办学特色的校风、教风、学风及各种精神象征。以校刊、网站、广播、电视、橱窗等文化阵地建设为重点,以文化图书、音像制品等文化产品为载体,实施文化精品工程,扩大校园文化的延伸面,增强校园文化积累,提高学校师生对学校的认同感和归属感,构建学校品牌。同时,深入挖掘学校特色文化资源,并深化利用,如成都工业学院作为陈毅元帅的母校,蕴藏着用陈毅精神育人的丰富资源,学校在"与伟人同校,学伟人精神"理念指导下,始终坚持研究和丰富陈毅精神内涵,充分利用陈毅精神教育广大青年学生,促进陈毅精神进课堂,打造弘扬陈毅精神系列品牌活动,建成"弘毅思政网",切实开展陈毅精神主题教育活动,使陈毅精神不断强化并发展成为校园文化建设的宝贵资源,也成为学校的特色品牌文化。

3. 拓展校园文化载体,举办丰富多彩的校园文化活动

丰富多彩的校园文化活动是校园精神文化的主要表现形式,是高校构建校园文化最富有吸引力和活力的载体。

开展独具匠心的主题教育活动。在重要纪念日组织主题教育活动,如春节、元宵节、端午节、重阳节、中秋节等传统纪念日,五四运动、"一二·九"运动、"八一"建军节、"十一"国庆节以及"三月五日"学雷锋纪念日等,深入挖掘这些重要纪念日的文化内涵,结合现实开展主题教育活动,生动而深入,具有广泛的影响

力。在重大国家时政、体育文化盛会时组织主题教育活动,关注时事,关注社会发展热点话题,对学生展开及时的引导和教育,使学生了解社会动态。结合学校实际、学科特点组织主题教育活动,定期举行主题班会,撰写主题班会教材,配合团体活动及辅导并开展主题班会课,形式多元化发展。

开展丰富多彩的文艺体育活动,提高活动品位。打造以开学典礼、毕业典礼、表彰大会为代表的特色典礼文化;以大学生文化艺术节、大学生文明修身工程、技能操作比武等活动为主线,大力开展先进评比活动,营造寓教于文、寓教于乐的校园文化氛围;开展高雅文化进校园活动,引进体现先进文化的高水准的文化艺术活动,提高学生的鉴赏力和文化品位。

开展大学生志愿服务实践活动。以"五个一工程"、三月学雷锋、大学生三下乡、大学生西部计划等活动的开展为契机,积极组织学生服务师生,服务社会主义建设,贡献社会,在服务他人的同时实现自己的价值。

4. 加强校园文化机制建设,为校园文化建设提供机制保障

加强网络平台建设,充分发挥网络的优势,抢占校园网络文化阵地,形成校园网络体系,构建独特的校园网络文化环境,把学校校园网建成有吸引力的主流网站。健全网络管理的制度建设,加强监管工作,规范上网行为,合理利用网络资源,积极开展健康向上、丰富多彩的网络文化活动。搭建网络沟通平台,通过网络来实现学校领导、教师和学生之间的平等对话和交流,及时了解和解决师生存在的思想困惑和心理矛盾,突出先进文化的主导地位,促进校园文化的和谐发展。

加强制度建设。加强校园文化建设的统筹和规划,确立校园文化建设的社会主义方向和在思想政治教育中的地位,有序推进,讲求实效,提高质量,促进学生健康成长;加强师资队伍制度建设,旗帜鲜明地提出社会主义高等教育老师的师德要求,使爱岗敬业、努力上进、讲求奉献成为老师的自觉追求;在学校的各项规章制度建设,特别是涉及学生管理的制度中,要充分体现公开、公正、公平竞争、机会均等、尊重知识、尊重人才、尊重劳动、尊重创造,让体现社会主义核心价值观的管理制度在引导学生行为时成为学生将来行为的自觉选择,使学生成长为社会主义需要的人才。

(二)优化学习环境,促进学生特质形成

苏联苏霍姆林斯基认为,"只有创造并且经常得到充实的教育人的环境,才能使教育手段收到预期的效果"①。在加强课程设置和实践能力培养的同时,学习环境在培养高职学生特质方面的作用也不容忽视。

1. 建立学风建设的激励和约束机制

激励和约束机制对于促进学风建设极为重要。既要注重对学生个人的激励引导,又要注重对学生班级集体的激励和引导。同时,要加强对学风状况的了解和监督。对于各类违纪违章的学生要坚决和及时地进行批评和教育,对于学风不好的班级则要采取措施及时进行重点治理和整改。

2. 积极开展大学生学科竞赛活动,培养学生创新能力

开展别具一格的特色学风活动,校园文化建设与学风建设紧密结合。结合专业学习,定期开展与专业相关的学科竞赛活动,建设品牌特色,养成爱科学和尊重创造的氛围;定期举办学术文化交流活动,制订年度学术交流计划,开展专业学术讲座,丰富学生第二课堂,扩大学生视野,形成浓郁的学术氛围。

3. 以学风建设为核心,抓好学生管理工作

完善各种与学生有关的制度。所有制度必须体现"以学生为本"的理念,使学生的教育管理工作做到有法可依,有章可循,有的放矢。加强学生社团建设,大力支持有利于促进专业学习、提高素质教育的社团组织,给学生社团创造良好的外部发展环境,为学生提供锻炼和发挥才华的空间。加强班集体建设,增强班级的团结力,注重促进学习气氛的营造。以班集体为单位,各班建立学习小组,以主题班会和主题活动的方式引导学生学习,经常举行各种活动和学习经验交流会,激发学生的学习兴趣。

4. 转变工作作风,深入学生,建立与学生的有效交流与沟通

切实落实辅导员、班主任进课堂、进宿舍制度,进一步修改和完善辅导员与学生谈话、与家长联系制度,加强对辅导员和班主任的管理和考核,积极发挥学生在辅导员和班主任考核中的作用,积极开展师风建设,加强师德培养,加强硬件设施建设,创造辅导员班级辅导和与学生深度交流的条件,通过多种措施来促进良好氛围的形成。

---

① [苏]苏霍姆林斯基:《和青年校长的谈话》,赵玮译,教育科学出版社2009年版,第78页。

(三)学校、家庭、社区结合,培养学生特质

加强学校同家庭、社会之间的联系,形成相互配合协调一致,在时空上紧密衔接,在方向上高度一致,有利于提高学生特质培养和形成的综合教育环境。充分发挥家庭作为首席教师的重要作用,通过家长会等多种方式宣传学生特质培养的重要性和紧迫性,使家庭教育在学生特质培养过程中体现其先主性和深刻性的特点。同时,加强学校同校外教育组织、工矿、企业等部门之间的联系,为学生特质培养创造良好的条件。学校可采用校外顶岗实习为提高培养学生特质提供场所和方式,让学生置身于具体的工作环境之中,以实际工作者的要求来要求学生,提供公司所需的相对低廉的人力资源,同时使学生得到难得的实地锻炼机会,知识结构和能力结构得到进一步完善。另外,可以将这种顶岗实习与就业联系起来,采用"预就业"的方式,最后半年学生根据社会需求,选择就业岗位,到签约的企业实习,接受学校和用人单位的双重管理,按照所从事的岗位能力需求来设置实习内容,由专业老师和企业技术人员共同指导,以企业为主,完成上岗前的实践教学。

随着高职院校的扩容和快速发展,高职教育的质量问题、培养的学生质量问题,逐渐成为人们关注的重点。"发展数量必须有发展质量的保证,发展数量是发展质量的外在形式,发展质量是发展数量的内在表现",[1]可持续发展是高职教育自身发展、促进经济发展的选择。因此,高职教育的发展必须符合社会发展的需要,以企业需求为导向;高职院校在培养学生特质时,必须符合学生成长的需要,不仅关注学生就业的数量,更关注学生就业的质量,从"可持续"的角度前瞻企业对于人才的需求,将学生培养成为掌握现代科学技术、适应社会发展、与时俱进的高技能人才。

以高职学生特质培养目标为指导,企业、学校、学生三者在高职学生特质培养中扮演的角色各自不同。企业是高职学生特质培养的领导者,负责对学生特质培养提出具体要求,为学生职业能力、职业素质的培养提供实训基地;学校是学生特质培养的主要实施者,负责开发培养方案和具体的培养工作;学生是特质培养的接受者,同时又是特质培养的主体,只有学生积极配合和主动参与,特质培养才能取得实质性成效。另外,三者不仅要联动,还要打通界限,保持信息渠道的畅通,形成有效的反应机制。学校要走出去、请进来,加强与企业的沟通

---

[1] 王明伦:《高等职业教育发展论》,上海教育出版社2006年版,第6-8页。

交流,及时准确了解企业需求及变化,定期邀请企业人力资源部领导来校向学生讲解企业对人才素质的需求特征,让学生明确自身素质培养目标,从而主动地、有针对性地培养自身素质,完善自我。这样高职院校才能紧跟市场步伐,培养市场欢迎的人才。

(四)构建多元化的高职人才培养评价机制

人才培养评价体系机制建设是体现人才培养目标和确保人才培养质量的重要举措。良好的评价体系可以促进学生自主学习,形成积极的学习态度和良好的学习习惯;可以为教师的教学设计和学校的教学决策提供反馈与参考;也对促进人才的全面发展具有积极的作用。高职人才培养目标是多元的,不仅是高技能,而且要求具有良好的综合素质,具有持续发展的能力;高职教育的教学过程也是多元的,课堂教学、教师讲授仅是教学实施过程的一部分,实践教学、顶岗实习、课外活动等都是教学的有机组成部分。因此,人才培养目标的多元和教学形式的多元决定了对高职人才培养的评价机制也应该是多元的。构建多元化的人才培养评价体系,要从以下方面着手:

1. 评价主体多元化

"要加快形成行业企业、用人单位和第三方机构等多方深度参与的质量评价机制,完善职业教育质量评价制度。"[1]这就要求改变通常人才评价主体单一、评价侧重学校内部的教师、缺乏外部评价力量的参与的情况,丰富学校内部评价主体,引进外部第三方评价,构建起校方、教师、学生、社会等多方参与的人才培养评价机制。通过学生自评与学生之间的互评、教师评价与师生之间的互评、学生小组评价与对小组中每一个学生的评价、学校评与家长评、社会评以及就业单位评结合起来进行多元化的评价,通过搭建校企合作专业建设指导委员会、学生家长委员会和校友会等平台,通过研讨会、走访调研、问卷调查等形式获取学校、企业、学生、家长对学校人才培养的意见和建议,及时、全面、客观地反馈学生的学习成效和培养质量,实现对高职学生综合能力和素质培养的改进与提升。

2. 评价方式和手段多元化

传统的评价方式注重考察学生课堂学习能力,以分数来判定学生合格与不合

---

[1] 鲁昕:《职业教育,加快适应经济新常态》,人民论坛(http://politics.rmlt.com.cn/2015/0203/370873_3.shtml)。

格,不利于学生其他能力的发展;而多元化的评价方式帮助学生及时了解自己在人才标准体系中的位置、自身的学习方法是否合理,从而促进学生发展,矫正不适合的学习习惯。

多样化的评价方法与评价手段,首先,应将定量评价与定性评价结合起来。定性评价可以更广泛地关注学生教育目标及学习结果,更符合现代教育人本主义和发展性评价思想,但是要注意定性评价要建立在有效数据分析基础上,对无法用数字简单描述的属性和特征可以结合实证方法,进行科学的分析和评价,力图避免定性评价结果弹性大、模糊性笼统的不足。

其次,评价应将智力因素评价同非智力因素评价结合起来。人的成长是由智力因素与非智力因素不断影响作用的过程,非智力因素对学生的成长成才活动起到重要的影响作用,因此要注重对学生开展非智力因素评价。非智力因素主要评价学生的意志力、道德修养、自信、自立、自强的良好心理素质等,引入非智力因素评价更加关注学生综合素质培养,有助于培养学生良好的兴趣、情感、态度和意志与良好的学习习惯及科学的思维方式。

最后,评价应将终结性评价和过程性评价有机集合起来。注意通过学生课堂表现、作业情况、期末报告、期末考试等,及时了解学生学习过程的表现,并对最终学习效果做出全面评价。过程性评价注重学生学习的过程性,它将评价过程与过程评价融为一体,最大限度地发挥了高职院校学生学业评价对其教学活动的导向、诊断、反馈以及激励等功能,最终促使这种学生考核评价起到不断激励学生学习的作用。

3. 评价维度多元化

高职学生的发展不仅是专业发展,而是涵盖了道德、智力、体格、审美等多方面的全方位发展,因此高职学生的评价也应涵盖学业、品德、人文素质等多方面,即从学生思想道德品质、理论基础、技能水平、实习表现等多个维度对学生发展状况进行评价,以正确全面反映人才培养情况。在学业评价上,高职教育应该跳出以考试成绩评价学生学业的模式,从学业成绩、技能竞赛成绩和职业证书三个方面来对学生的综合实力进行评价,并可根据技能竞赛成绩和等级按比例折算学分,同时可将职业证书等级放在突出的位置来看待,证书达到一定等级就能免试通过相应课程或获得加分;在学生综合素质评价上,从思想道德品质、社会实践、实习综合表现等角度综合评价,把第二课堂、传统的课外活动纳入正规的教育教学体系,建立必要的考核、规范和激励措施。

新常态下,经济的多元化发展、人才的多元化发展对人才培养多元化提出了要求,在高职人才培养模式的建构中引进多元化观念,从评价主体多元、评价方式多元、评价维度多元等方面进行高职学生人才培养体系的多元化构建,有助于进一步完善高职人才培养工作,使高职教育更好地适应新常态对高职人才培养质量的要求。

参考文献

[1] 景奉杰:《市场营销调研》,高等教育出版社 2010 年版。

[2] [美]H. 克雷格·彼得森等:《管理经济学》,中国人民大学出版社 1998 年版。

[3] academic officers Washington, DC: American Association for Higher Education. American Council on Education.

[4] Ahier, J. & Esland, G. (eds.). *Education, Training and the Future Of Work*. London: Rout—ledge, 1999.

[5] Ahier, J. & Esland, G. (eds.). *Edueation, Training and the Future Of Work*. London: Rout—ledge, 1999.

[6] Alan Clardy. "Human Resource Development and the Resource – Based Model of Core Competencies", *Methods for Diagnosis and Assessment*, Towson University.

[7] Albert Bandura, Self – Efficacy, Toward a Unifing Theory of Behavioralchange, *Psychological Revive*, 1997.

[8] Alumni Survey Cornell University Classes of 89' and 94', *Intra – Institutional Analysis Executive Summary Report*. http: /Inell. edu/irp/pdf/SurveylAlumnilalumni_ survey. pdf

[9] Ana Rute Cardoso, "Jobs for Young University Graduates: Is It Worth Having a Degree?" *Discussion Paper*. No. 1311, September 2004.

[10] Andrew Gonczi: International Perspectives On Competency Based Education J·of University Sidney, 1994.

[11] Anthony Kelly, "The Evolution of key Skills: Towards a Tawney Paradigm", London: *Journal of Vocation and Training*, 2001.

[12] Arriagada, A. M. and A. Ziderman. "Vocational Secondary Schooling Occupational

Choice and Earnings in Brazil", *Population and Human Resources Department Working Paper Series*, 1037, Washington, D. C. World Bank. 1992.

[13]Arthur M. Cohen, Florence B. Brawer, *The American Community College*, San Francisco:Jossey – Bass Publishers, 1996.

[14]Australian National Training Anthority: *Policy for Taining Packages*, 2001.

[15]Bailey ,T. *Learning to Work: Employer Involvement in School – to – Work TransitionProgram*, Washington D. C: The Brookings Instituion, 1995.

[16]Bellman R. , ZadehLA,*Decision – makingin a fuzzy en – vironment* [J]Mgt. Se 1970, (17): pp. 68 – 93.

[17] Bennell, Paul, Mukyanuzi, Faustin, Kasogela, Maurice, Mutashubirwa, Francis, Klim, Mikkel, Artisan Training and Employment Outcomes in Tanzania, *Compare: A Journal of Comparative Education*; Mar 2006, 36 1: pp. 73 – 84.

[18]Betsy Stevens, What Communication Skills Do Employers ? Silicon Valley Recruiters Respond, Journal of Employment Counseling, March 2005, 42,pp. 2 – 9.

[19]Bjarne Espedal, Management Development: Using Internal or External Resources in Developing Core Competence, *Human Resource Development Review*, 2005, 4(2): pp. 136 – 158.

[20] Block, Z. , Stumpf, S. A. "Entrepreneurship Education Research: Experience and Challenge", in Sexton, D. L. , Kasarda, J. D. (Eds), *The State of the Art of Entrepreneurship*, Boston, MA: PWS – Kent Publishing Company, 1992: pp. 17 – 42.

[21]Bruce Chapman,Mark Rodrigues,Chris Ryan: "An Analysis of Fee – Help in the Vocational Education and Training Sector", *Australian Economic Review*, Vol. 41, Issue 1, 2008,pp. 1 – 14.

[22]BYU – Idaho: Accounting – Alumni Skills Assessmentha/wwtv. byui. edu/ Accounting/ assement

[23]Calfrey C. Calhoun, Alton V. Finch, *Vocational Education: Concepts and Operations*, Wadsworth, Inc, 1982.

[24]Cathy Howleson & David Raffe, "The'unification'of post – l6 education", *Journal of Education and Work*, 1999.

[25]Charles Wjoyner, *The DACUM Technique and Competency Based Education*, 1994.

[26] Charney, A. , Libecap, G. , "Impact of Entrepreneurship Education, Insights", *A Kaufmann Research Series*, Los Altos, CA:1999.

[27]Chich – Jen Shieh, *The Study of the Role and Effects of Vocational Education on the Local*

Economic and Social Development in China, 2003.

[28] Chris Sakellariou, "Rates of Return to Investments in Formal and Technical/ Vocational Education in Singapore", *Education Economics*, 2003, 11(1).

[29] Chung, Y. P, "Educated Misemployment: Earnings Effects of Employment in Unmatched Fields of Work", *Economics of Education Review*, 1990, 1(4), pp. 331 – 342.

[30] Ciarán T. Bradley, *MD American Journal of Hospice and Palliative Medicine*, 2008, 24(6), pp. 499 – 507.

[31] Conter. L, "Vocationale Ducation and Training in The Developed World", *Acomparative Study*, London: Rout Ledge, 1989.

[32] Cope, Watts, G. , "Learning by Doing. An Exploration of Experience, Critical incidents and Reflection in Entrepreneurial Learning", *International Journal of Entrepreneurial Behaviour and Research*, 2000, 6(3), pp. 104 – 24.

[33] CORE – ABILITIEShttp/honolulu. h_awa_ii. eduJintranet/ committees/ FacDevCom/}uidebk/ teachtip/cor – abil. htm

[34] Cox, L. W, *The Goals and Impact of Educational Interventions in the Early Stages of Entrepreneur Career Development*, Proceedings of the Internationalising Entrepreneurship Education and Training Conference, Arnhem, 1996.

[35] Curran, J. , Stanworth, J. , "Education and Training for Enterprise: Some Problems of Classification, Evaluation, Policy and Research", *International Small Business Journal*, 1989, 7(2), pp. 11 – 23.

[36] David C Mare, Yun Liang, "Labour Market Outcomes for Young Graduates, Motu Economic and Public Policy Research", *Motu Working Paper*, June 2006.

[37] De Clereq, D. , Crijns, H. , Ooghe, H. , "*How a Management School Deals With the Innovation in Entrepreneurship Education*", paper presented at the Conference: Internationalizing Entrepreneurship, Education and Training, IntEnt97, CA, June 25 – 27.

[38] Deakins, D. , *Entrepreneurship and Small Firms*, McGraw – Hill, London: 1996.

[39] Debra Gmelin, Personality Traits of Executive Women, *A Descriptive Study*, George Washington University. 2005.

[40] Diarmuid De Faoite Colette Henry Kate Johnston Peter van der Sijde, Education and training for Entrepreneurs: A Consideration of Initiatives in Ireland and The Netherlands, *Education + Training*, Vol. 45, Number. 8/9, Year. 2003, pp. 430 – 438.

[41] Everett W. Lord, "Character of Graduate Work", *The Journal of Business of the Universi-*

ty of Chicago, 2005, 5(4), p. 2.

[42] Fiet, J. O., "Education for Entrepreneurial Competency: A Theory Based Activity Approach", paper presented at the Conference: Internationalising Entrepreneurship Education and Training, IntEnt97, CA, June 25 – 27, Vol. IntEnt97.

[43] Finegold, D. "Breaking out of the Low Skill Equilibrium", *Briefings of the National Commission on Education*, London, Heinemann, 1993.

[44] Francesc Pedró, Comparing Traditional and ICT – Enriched University Teaching Methods: Evidence from Two Empirical Studies, *Higher Education in Europe*, 2005, 30, pp. 3 – 4.

[45] Fresko, Barbara, Nasser, Fadia, "Interpreting Student Ratings: Consultation, Instructional Modification and Attitudes Towards Course Evaluation", *Studies in Educational Evaluation* Volume: 36, Issue, 4, 2001, pp. 291 – 305.

[46] Further Education Unit, *Principles for the Development of Core Skills Across the Curriculum*, London: FEU. 1993

[47] Gary Echternacht, "Characteristics Distinguishing Vocational Education Students from General and Academicstudents", *Multivariate Behavioral Research*, 1532 – 7906, Volume 11, Issue 4, 1976, pp. 477 – 491.

[48] Gibb, "Enterprise Culture – Its Meaning and Implications for Education and Training", *Journal of Small Business and Entrepreneurship*, 1987, 4(3), pp. 42 – 70.

[49] Gibb, A. A., Cotton, J., "*Entrepreneurship in Schools and College Education – the Creating of the leading Edge*", background paper to the Conference on Work Futures and the Role of Entrepreneurship and Enterprise in Schools and Further Education, 1998.

[50] H. Collins, *European Vocational Education System*, Kugan Page, 1993.

[51] Hans Heijke, Mieke Koeslag, *Education Economics*, 1999, 7(3), pp. 259 – 276.

[52] Hans Heitke & Mieke Koeslag, "The Labor Market Position of University Education and Higher Vocational Education in Economics and Business Administration", *A Comparison*, *Education Economics*, 1999, 7(3), pp. 259 – 276.

[53] Harkin, J. & Davis, P., "The Communications Styles of Teachers in Post Compulsory Education", *Journal of Further and Higher Education*, 1996a, pp. 25 – 34.

[54] Harkin, J. & Davis, P., "The Impact of GNVQs on the Communication Styles of Teachers", *Research in Post – Compulsory Education*, 1, 1996, pp. 97 – 107.

[55] Harkin, Joe, "Technological Change, Employment and the Responsiveness of Education and Training Providers", *Compare: A Journal of Comparative Education*; 1997, 27 (1),

pp. 95, 99.

[56] Helen Collins, *European Vocational Education Systems*, London: Kogan Page, 1993.

[57] Hessel Oosterbeeka, Dinand Webbink, "Wage Effects of An Extra Year of Basic Vocational Education", *Economics of Education Review* 26, pp. 408 - 419.

[58] Hoogenboom, R., De Jong, K., "*Stimulation of Entrepreneurship in Professional Higher Education in The Netherlands*", paper presented at the Internationalising Entrepreneurship Education and Training Conference, Vienna, 1993, pp. 5 - 7.

[59] Hair, Black, Sabin, Anderson, Tatham, Multivariate Data Analysis (6th, 2006)

[60] Hyland, T., *Competence, Education and NVQs*, London: Cassell, 1994.

[61] Ian Finlay, Stuart Niven and Stephnie Young, *Changing Vocational Educationand Training: an International Comparative Perspective*, London: Routledge, 1998.

[62] Jacobs J. Grubb W. N: The federal Role in Vocational - Technical Education, *Community College Research Center Brief*.

[63] Jay W. Rojewski. *Preparing the Workforce Of Tomorrow: A Conceptual Frameworkfor Career and TechnicalEducation*, National Dissemination Center, The Ohio State University, February, 2002.

[64] Jeremy A. Polk. *Arts Education Policy Review Traits of Effective Teachers*, 2006, 107 (4).

[65] Jessup, G., Outcome Based Qualifications and the Implications for Learning, J. BURKE (Ed.) *Outcomes, Learning and the Curriculum*, London: Falmer, 1995.

[66] John W. Meyer. Joane Nagel, & Conrad W. Snyder. JR, "The Expansion of MassEducation in Botswana: Local & World Society Perspectives", *Comparative Education Review*, Nov. 37, No. 4

[67] Jones, Rachel Lynn, *The Effects of Principals' Humor Orientation and Principals' Communication Competence on Principals' Leadership Effectiveness as Perceived by Teachers*, Doctor of Education, University of Akron, Educational Administration, 2006.

[68] Kathleen M. Shaw and Jerry A. Jacobs, "Community college: New Environment, New Direction", *The American Academy of Political and Social Science*, 2003, pp. 49 - 84.

[69] Kim Hoque, Scott Taylor, Emma Bell, "Investors in People: Market - led Voluntarism in Vocational Education and Training", *British Journal of Industrial Relations*, 2005, pp. 135 - 153.

[70] L·A·珀文. 人格科学[M]. 黄希庭等译. 上海: 华东师范大学出版社, 2001.

[71] Lasonen, J. "*Entrepreneurship and Self Employment Training in Technical and Vocation-

al Education", paper presented at the Second International Congress on Technical and Vocational Education, Seoul, 1999, pp. 26 – 30.

[72] Lawrence S. Krieger, Psychological Insights, "Why Our Students and Graduates Suffer, and What We Might Do About It", *Journal of the Association of Legal Writing Directors*, 2002, pp. 258 – 265.

[73] Lencairns & John Stephenson, "Peripheral Social Learning in the Workplaceand the Development of Corporate Capability: the Role of National Vocational Qualifications", *Journal of Vocational Education and Training*, 2001. 5. 3.

[74] Lenning O. T. (1977), *Previour Attempts to Structure Educational Outcomes and Outcomes Related Concepts: Acompilation and review of the literature*, Boulder, Colorado: National Center for Higher Education Management Systems.

[75] Leonard Cantor," The American Community Colleges: A Time of Reappraisal", *Studies inHigher Education*, 1989, 14(3).

[76] Lisa B. Kahn, *The Long – Term Labor Market Consequences of Graduating from College in Bad Economy*, September 12, 2006.

[77] M. Harkins, *The Future Of Career and Technical Education in a ContinuousInnovation Society*, National Dissemination Center, The Ohio State University, February, 2002.

[78] M. Harkins. The Futureof Career and Technial Education in a Continuous Innovation Society National Dissemination Center, The Ohio State University, February, 2002.

[79] Marilyn Gilroy, *America's Community College* 100, *A Century ofInnovation Hispanic Outlook in Higher Education*, 2002, 11, 11.

[80] Martin Carnoy, "Efficiency and Equipty in Vocational Education and Training Policies", *International Labour Review*(1994) 133, 2; ABI/INFORM Global, p. 221.

[81] MaxAbbott, Chnanging perspectives in Educational Administration, Ala: Auburn University, 1965.

[82] Mayer, E. , "Employment – Related Key Competencies for Post – Compulsory Education and Training", *A Discussion Paper*, Melbourne: The Mayer Committee. 1992.

[83] Moock, P. and R. Belle, "Vocational and Technical Education in Peru", *Economics of Education Review*, 1990, 9(4): 365 – 375.

[84] Mullen, D, "Graduates in Need of A Helping Hand: the Experiences of Durham Students Highlight How Training Could Benefit Entrepreneurs", *Financial Times*, 1997, 20, p. 16.

[85] Newman, S. and A. Ziderman. , "Vocational Schooling, Occupational Matching and La-

bor Market Earnings in Israel", *Journal of Human Resources*, 1991, 26(2), pp. 256 – 281.

[86] Oates, T & Harkin, J. , "From Design to Delivery: the Implementation of the NCVQ Core Skills Units, J. Burke (Ed.) *Outcomes, Learning and the Curriculum*, London: Falmer, 1995.

[87] OECD, *Education at A Glance*, available through the OECD Education database.

[88] Oecd, Centre for Educational Research and Innovation (Paris, OECD), 1978.

[89] Pace, R(1984), "Hisitorical Perspectives on Student Outcomes: Assessment: with Implication with Future", *NASPA journal*, 22(2), pp. 10 – 18.

[90] Pavliga, Gail K, "Toward a Conceptual Definition for Social Competence: An Exploratory Study", *Doctor of Philosophy*, University of Akron, Secondary Education, 2008.

[91] Pepin, Y. , *Practical Knowledge and School Knowledge: A Constructivie presentation of education*, In Larochelle, M. (etc) (ed.) Constructivism and education, Cambridge University Press, 1998.

[92] Peter knight, *Assessment for Learning in High Education*, published in assoeiation with the Stand Educational Development Assoeiation, First Published in1995, p. 52.

[93] Philip Oreopoulos, *Till von Wachter and Andrew Heisz The Short – and Long – Term Career Effects of Graduating in a Recession: Hysteresis and Heterogeneity in the Market for College Graduates*, Discussion Paper No. 3578, 2008.

[94] Pring R. A. Closing the Gap, Liberal Educationand Vocational Preparation, London: Hodder & Stoughton, 1995.

[95] Psacharoupoulos, G. & Woodhall, M, *Education for Development*, Washington DC: The World Bank, 1985.

[96] Robin M. Drummond McClure, *Developing Core Job Competencies for Payment Service Role and Associating Them With Personality Traits Using the Workplace Big Profile*, Capella University February 2005.

[97] Roger Harris, Hugh Guthrie, Barry Hobart and David Lundberg, *Competency – based Education and Training: between A Rock and A Whirlpool*, published by Macmillan Education Australia pty ltd 107 Moray Street, South Melbourne 3205, 1995.

[98] Rosa Dias, Dorrit Posel, "Unemployment, Education and Skills Constraints in Post – Apartheid South Africa", *Development Policy Research Unit Working Paper*, 07/120, 2007.

[99] Ross Finnie, Christine Laporte, Maud – Catherine Rivar, *Setting up Shop: Self – Employment Amongst Canadian College and University Graduates*, Statistics Canada No. 11F0019 No.

183, 2002.

[100] S·布鲁姆. 教育评价[M]. 邱渊等译. 华东师范大学出版社, 1990

[101] Saaty T. L, *The Analytic Hierarchy Process* [M], New York: N. Y, McGraw Hill, 1980.

[102] Serbernia J. Sims, *Student Outcome Assessment: A Historical Review and Guide to Program Development*, Greenwood Press, 1992: 15 - 16.

[103] Sheu Hua Chen, Hung Tso Lin, Hong Tau Lee, "Enterprise Partner Selection for Vocational Education: Analytical Network Process Approach", *International Journal of Manpower*, 2004, p. 25, pp. 7 ~ 8.

[104] Shlomo MizrAhi, AbrAhAm. Mehrez, "Managing Quality in Higher Education Systems via Minimal Quality Requirements: Signaling And Control", *Economics of Education Review*, 21, pp. 53 - 62.

[105] Shoshana Neuman, Adrian Ziderman, "Can vocational Education Improve the Wages of Minorities and Disadvantaged Groups? The Case of Israel, *Economics of Education Review* 22, 2003, pp. 421 - 432.

[106] Shoshana Neuman, Adrian Ziderman, "Can vocational Education Improve the Wages of Minorities and Disadvantaged Groups? The Case of Israel, *Economics of Education Review* 22, 2003, pp. 421 - 432.

[107] Shoshana Neuman, Adrian Ziderman, "Vocational Education in Israel Wage Effects of the VocEd - Occupation Match", *The Joumal of Human Resources*, 1998.

[108] Stephen Lamb, Merryn Davies, "Richard Teese International Indicators for Vocational Education and Training an Vocational Education Research", *Australian perspective*, 1998.

[109] Stubbs, Elizabeth Christine, *Emotional Intelligence Competencies in the Team and Team Leader: a Multi - level Examination of the Impact of Emotional Intelligence on Group Performance*, Case Western Reserve University, Organizational Behavior, 2004.

[110] Student Surveys Alumni Employment Outcomes http www. ga. unc. edul IJNCGA/ assessmend uncsurveys/reports|df/alumni99. pdf - UNC

[111] Suzanne Grazier, Nigel C. O'Leary, Peter J. Sloane, *Graduate Employment in the UK: An Application of the Gottschalk - Hansen Model*, IZA Discussion Paper No. 3618, 2008.

[112] Taeck - duck kim, *Case Studies on Technical and Vocational Education in Asiaand the Pacific*, Republic of Korea, UNESCO, 1996

[113] Tamura S, Higuchi S, Fanaka K, *Pattern Classification Based on Fuzzy Relations*.

IEEE.

[114] *Technical and Vocational Education and Training Proceeding of the Regional Seminaron Technical and Vocational Education and Training.* Published by Asian Development Bank, 1991.

[115] Thammarak Moenjak, Christopher Worswick, "Vocational Education in Thailand: A study of Choice and Returns", *Economics of Education Review* 22, 2003, pp. 99 – 107.

[116] "Theodore Lewis, Towards a Liberal Vocational Education", *Journal of Philosophy of Education*, 1997.

[117] Thomas J. Kane and Cecilia Elena Rouse, "The Community College: Educating Students at the Margin between College and Work", *The Journal of Economic Perspectives*, 1999, 13(1), pp. 63 – 84.

[118] Tom Karmel, *Future Skill Requirements and Implications for TAFE*, Institutes National Centre for Vocational Education Research, 2003

[119] "Training", *British Journal of Industrial Relations*, 2005, pp. 135 – 153.

[120] J. Burke (Ed.), Tuxworth, E., "Competence – based Education and Training: Background and Origins", *Competency Based Education and Training*, London: Falmer, 1989.

[121] Wen Lang Li, *Vocational Education and Social Inquest in the United States*, University Press of America, Inc, 1981.

[122] Weston, P., Christophers, U., Schagen, I. & Lines, A. *Core Skills at Work* (*Slough*, *NFER*), 1996.

[123] William A. Olivas, *The Law and Higher Education*, Jossey – Bass Publication, 1990.

[124] World Bank, *Thailand's Education Sector at the Crossroads*, Selected Issues, Washington, D. C: World Bank. 1990.

[125] Xiaogang Wu, *Embracing the Market: Entry into Self – Employment in Transitional China*, 1976 – 1996. William Davidson Working Paper Number 512, 2002.

[126] Yana van der Meulen Rodgers, Teresa Boyer: "Gender and Racial Differences in Vocational Education: An International Perspective", *International Journal of Manpower* 2006, 27(4), pp. 308 – 320.

[127]《澳大利亚的TAFE——中国高等职业技术学校校长赴澳跟班学习团报告》,2000年12月。

[128] 陈玉琨:《教育评价学》,人民教育出版社1999年版。

[129]《辞海》,上海辞书出版社1979年版。

[130] 董长瑞:《微观经济学》,山东大学出版社2005年版。

[131]董光前:《以市场需求为导向的高等教育人才培养模式创新研究》,《西北成人教育学报》2007年第3期。

[132]杜良行:《高职院校学生评价体系探讨》,《南京工业职业技术学院学报》2007年第3期。

[133]段志坚:《以就业为导向,构建高职人才培养模式》,《职业技术教育》2004年第28期。

[134]范向前:《论高校毕业生选择性待业问题》,《中国高教研究》2005年第3期。

[135]方德英等:《校企合作创新:博弈、演化与对策》,中国经济出版社2007年版。

[136]符娟:《高职学生综合素质评价体系的研究》,《山东行政学院山东省经济管理干部学院学报》2006年第115期,第37-41页。

[137]高健:《德国双元制职业教育体系探究》,《江门职业技术学院学报》2006年第12期。

[138]关晶:《关键能力在英国职业教育中的演变》,《外国教育研究》2003年第1期。

[139]郭彬:《高职院校学生综合素质评价体系探析》,《天津职业院校联合学报》2008年第4期。

[140]郭杨:《近年来高职教育人才培养模式的七大转变》,《中国高教研究》2009年第5期。

[141]侯光明:《管理博弈论》,北京理工大学出版社2005年版。

[142]黄会明、李君、陈宁、赵匀:《基于加权TOPSIS法的高职学生综合素质评价研究》,《高等职业教育—天津职业大学学报》2009年第3期。

[143]黄紫华:《当前大学生就业问题的对策分析》,《辽宁教育研究》2005年第6期。

[144]姜惠:《当代国际高等职业技术教育概论》,兰州大学出版社2002年版。

[145]蒋国华、张莉:《新时期的大学生评价观》,《中国冶金教育》2008年第5期。

[146]教育部:《08年高校毕业生就业率实现稳中有升》(http://edu.qq.com/a/20081204/000031.htm)。

[147]教育部:《关于以就业为导向,深化高等职业教育改革的若干意见》(http://www.moe.edu.cn/edoas/website18/72/info13572.htm)。

[148]教育部高教司:《高职高专教育改革与建设》,高等教育出版社2003年版。

[149]寇业富:《大学生素质评价的模糊聚类分析》,《辽宁师范大学学报(自然科学版)》2003年第2期。

[150]黎诣远:《西方经济学:微观经济学》,高等教育出版社2007年版。

[151]李国桢:《论高职院校学生综合素质评价体系的构建》,《教育与职业》2008年第

18期。

[152]李海宗:《高等职业教育概论》,科学出版社2009年版。

[153]李慧英:《对当代大学生评价方法的思考与实践》,《湖南科技学院学报》2008年第8期。

[154]李明成、丁秀东:《大学生素质综合测评的探索与实践》,《南京航空航天大学学报(社会科学版)》2001年第1期。

[155]李逸凡:《高职学生核心能力要素及评价体系构建研究》,《浙江教育学院学报》2008年第2期。

[156]林东:《论高职学生关键能力与素质的培养》,《福建信息技术教育》2006年第8期。

[157]刘坚、苏军:《因子分析在综合素质评价中的应用》,《华东交通大学学报》2004年第5期。

[158]刘坚、朱红岩、柳春:《大学生综合素质评价指标体系及其数据采集的研究》,《山东教育学院学报》2005年第2期。

[159]刘兰明:《高等职业教育办学特色研究》,华中科技大学出版社2002年版。

[160]刘伟清:《纪实性评价:大学生评价的主导方针》,《南京航空航天大学学报(社会科学版)》2001年第1期。

[161]刘新奇:《高职学生质量评价体系的构建》,《化工职业技术教育》2007年第4期。

[162]刘映池、张平:《基于目标设置理论的大学生创新素质评价指标体系研究》,《四川教育学院学报》2007年第12期。

[163]刘勇:《高职院校学生综合素质评价体系探究》,《文史博览》2006年第8期。

[164]刘昭斌:《高职人才培养水平评估的模糊综合评价研究》,《苏州市职业大学学报》2007年第2期。

[165]马斌:《基于"鸟窝搭建"的高职生职业能力构筑》,《无锡职业技术学院学报》2008年第8期。

[166]马有栋:《办好高职教育的几点做法》,《中国职业技术教育》2005年第2期。

[167]聂荣鑫:《"多元智能"理论对学生评价提出的挑战》,《中小学管理》2002年第8期。

[168]彭元:《高技能人才培养模式的理论与实践》,科学出版社2008年版。

[169]乾达门:《大学生素质评价体系的创新研究》,《内蒙古师范大学学报(教育科学版)》2005年第11期。

[170]冉义明:《中国高等职业教育体制的改革——路径依赖与创新》,《中南财经政法

大学研究生学报》2006年第1期。

[171] 任君庆:《发达国家高等职业技术教育发展的特点分析》,《宁波大学学报》2003年第6期。

[172] 任敏、江国云、曹秋、钱惠:《关于高职学生评价体系的研究与实践》,《中国校外教育(理论)》2009年第2期。

[173]《瑞典托斯坦·胡森论教育质量》,《华东师范大学学报(教育科学版)》1987年第3期。

[174] 沈玉顺:《现代教育评价》,华东师范大学出版社2002年版。

[175] 石伟平:《比较职业技术教育》,华东师大出版社2001年版。

[176] 史晓燕、周瑞芳、寇学臣:《开展多元化发展性评价》,《中国教育学刊》2002年第3期。

[177] 孙福东:《浅谈4C营销理论在高职院校中的应用》,《职业技术》2009年第1期。

[178] 孙双华:《综合职业能力为本的高职教育课程开发研究》,《福州福建师范大学学报》2005年第3期。

[179] 孙卫:《加强高职高专计算机教学中应用能力的培养》,《福建电脑》2006年第1期。

[180] 泰勒:《方案评价原理.教育学文集·教育评价》人民教育出版社1989年版。

[181] 汤宇烽:《对大学生综合素质评价方案的探索》,《哈尔滨学院学报》2005年第7期。

[182] 陶书中:《多元智力理论观照下的高职教育学生评价研究》,《教育与职业》2008年第30期。

[183] 田宝忠:《关于高职学生评价体系的研究》,《天津市财贸管理干部学院学报》2007年第1期。

[184] 涂思义:《大学生就业难的原因与对策分析》,《成都教育学院学报》2005年第1期。

[185] 万光玲:《大学生素质评价体系特征分析》,《辽宁教育行政学院学报》2006年第7期。

[186] 王从容、丁燕:《基于层次分析法的高职学生全面素质评价模型研究》,《高教高职研究》2008年第17期。

[187] 王敏勤:《由能力本位向素质本位转变——职业教育的变革》,《教育研究》2002年第5期。

[188] 王伟忠:《大学生发展性评价体系的构建与实施》,《教育探索》2008年第6期。

[189]吴晓、韦影等:《社会资本在企业开展产学研合作中的作用探析》,《科学学研究》2004年。

[190]武正林:《高职院校学生综合素质评价体系研究》,《教育与职业》2006年第12期,第13-22页。

[191]西奥多·W·舒尔茨:《人力资本投资———教育和研究的作用》,商务印书馆1990年版。

[192]夏怡新:《构建高校学生综合素质评价体系的思考》,《教育探索》2003年第8期。

[193]谢识予:《经济博弈论》,复旦大学出版社2002年版。

[194]徐建平:《模块化大学生素质评价体系构想》,《高教论坛》2004年第2期。

[195]杨金士:《职业技术院校毕业生的就业质量问题和对策建议》,《职教论坛》2008年第4期。

[196]杨薇:《论我国高等职业教育的定位与特色》,《湖南师范大学教育科学学报》2005年第3期。

[197]余春玲:《大学生就业难的经济学分析及对策》,《理论园地》2008年第2期。

[198]余向平:《高职教育以就业为导向的人才培养模式探讨》,《职业技术教育》2005年第4期。

[199]虞丽娟、孟宪明:《大学生才质模糊评价系统的研究》,《中国高教研究》2005年第7期。

[200]曾金娥:《高等教育体制下知识失业成因的经济学分析》,《科教前沿》2009年第8期。

[201]曾孟军:《疏浚企业理财效益指标体系的完善》,《交通财会》2008年第65期,第16-20页。

[202]詹美求、潘杰义:《校企合作创新利益分配问题的博弈分析》,《科研管理》2008年第1期。

[203]张刚刚:《关系营销与高校可持续发展》,《理论与实践》2008年第9期。

[204]张光跃:《中英职业资格证书教育的比较与借鉴》,《职业技术教育》2003年第31期,第20-22页。

[205]张纪:《高新技术产业发展与人才需求问题研究》,《中国高新技术》2009年第6期。

[206]张卫东:《国外高等职业教育发展的思考与启迪》,《中国成人教育》2006年第3期。

[207]郑军:《论高职院新的学生综合素质评价体系的建立》,《市场周刊管理探索》2005

年第113期,第23-25页。

[208] 郑喜群:《高职生职业能力培养的思考》,《职业技术教育》2004年第4期。

[209]《中国共产党第十七次全国代表大会文件汇编》,人民出版社2007年版。

[210] 周标、刘鲁平、叶赏和、吴一玲:《高职学生职业能力评价体系及建模的研究》,《金华职业技术学院学报》2007年第6期。

[211] 朱文雄:《校企合作教育模式的构建》,《中国职业技术教育》2008年第1期。

附录1　高职高专学生特质需求调查问卷

（面向用人单位的调查问卷）

尊敬的用人单位：

非常感谢您对我校毕业生的青睐与录用！为准确把握市场对高职人才的需求，实现学校育人与企业用人的无缝对接，为现代企业培养和输送符合市场需求的高素质技术技能型人才，我校特制定本调查问卷，诚挚了解贵单位的人才需求，听取贵单位对我校毕业生的综合评价，特别是对于高职高专学生特质的评价。真诚期待贵单位对我校人才培养工作多提意见和建议，我校将根据调查分析结果，加快学校人才培养模式创新与改革。请您在百忙之中根据贵单位的实际情况填写此问卷。

声明：本调查问卷仅供学校发展改革相关研究使用，问卷内容将严格保密，保证所有信息均不外流。

再次感谢贵单位的支持与帮助！

成都电子机械高等专科学校
2009 年 4 月

填写要求：请选择您认为合适的选项，将序号填入"（　）"内。

一、贵单位基本信息

1. 贵单位名称：_____

贵单位职工人数是_____人

2. 贵单位性质（　）

A. 国有企业　B. 民营企业　C. 外资企业　D. 合资企业　E. 党政机关

F. 部队　G. 事业单位　H. 其他（请注明）_____

3. 贵单位业务领域（　）

A. 制造业　B. 建筑业　C. 交通运输业　D. 服务业　E. 餐饮业

F. 其他(请注明)_____

4. 贵单位年营业额是(　　　)元(以万为单位)

A. 1000万以下　　　B. 1001万—5000万　　　C. 5001万—10000万

D. 10001万—50000万　　E. 50001万—100000万　　F. 100001万以上

二、贵单位人才需求情况

1. 贵单位急需什么类型人才？(　　)

A	B	C	D	E	F	G
应用电子技术类	通信与信息技术类	机电一体化技术类	计算机软件技术类	金融保险类	市场营销类	艺术设计类

H
其他(请写出)：

2. 贵单位认为高职学生应具备怎样的特质？

(1)请您对高职高专学生应具备的基本素质进行评价(在相应栏划√)

项 目	内 容	非常重要 5	比较重要 4	一般 3	不重要 2	非常不重要 1
思想道德素质	思想品德					
	遵纪守法					
	社会公德					
	诚实守信					
职业素质	工作态度					
	爱岗敬业					
	吃苦耐劳					
	服从管理					
	责任感强					
	职场礼仪					
身心素质	身体健康					
	心理健康					
其他(请写出)						

(2) 请您对高职高专学生应具备的发展能力进行评价(在相应栏划√)

项 目	内 容	非常重要 5	比较重要 4	一般 3	不重要 2	非常不重要 1
自我拓展能力	独立思考能力					
	自我评价能力					
	自我学习能力					
	综合分析能力					
	创新意识					
	竞争意识					
心理调适能力	环境适应能力					
	情绪管理能力					
	抗挫折能力					
组织管理能力	判断能力					
	决策能力					
	监控能力					
	执行能力					
	应变能力					
其他(请写出)						

(3) 请您对高职高专学生应具备的职业能力进行评价(在相应栏划√)

项 目	内 容	非常重要 5	比较重要 4	一般 3	不重要 2	非常不重要 1
信息处理能力	获取信息					
	整合信息					
	传递信息					

续表

项目	内容	非常重要 5	比较重要 4	一般 3	不重要 2	非常不重要 1
解决问题能力	及时发现问题					
	整合资源,提出方案					
	分析对比,选择方案					
	监督控制,实施方案					
	总结经验					
团队合作能力	树立沟通意识					
	掌握表达技巧					
	明确职业角色					
	遵守合作承诺					
	理解合作目标					
	协调合作关系					
	合力应对意外事件					
	相互激发工作热情					
实践操作能力	实际动手能力					
	外语应用能力					
	计算机操作能力					
其他(请写出)						

(4)请您对高职高专学生具备的知识结构进行评价(在相应栏划√)

项目	内容	非常重要 5	较重要 4	一般 3	不重要 2	非常不重要 1
科学文化知识	人文基础知识					
	社会科学知识					
	自然科学知识					

续表

项　目	内　容	非常重要 5	较重要 4	一般 3	不重要 2	非常不重要 1
专业技术知识	专业理论知识					
	专业技能知识					
	特定职业知识					
其他(请写出)						

3. 贵单位在招聘高职高专毕业生时最关注的条件是(　　)

　　A. 职业能力　B. 文化成绩　C. 实践经验　D. 道德修养　E. 心理素质
F. 资格证书　G. 其他(请写出)_____

4. 您认为高职高专毕业生与企业所需人才之间有哪些差异？(　　)

　　A. 敬业精神　B. 服从管理　C. 动手能力　D. 团队合作　E. 知识技能
　　F. 心理素质　G. 其他(请写出)_____

三、毕业生综合评价

1. 从贵单位看,我校毕业生与其他本科院校毕业生相比(　　)

　　A. 有一定优势　B. 差不多　C. 有一定差距　D. 有明显差距　E. 各有所长

2. 您认为我校毕业生在下面列举的各方面中,做得比较好的是：_____；
做得比较欠缺的是：_____(多选)

　　A. 忠诚敬业　　B. 职业能力　　C. 工作态度　　D. 专业知识
　　E. 人际沟通　　F. 团队合作　　G. 适应环境　　H. 实践操作
　　I. 改革创新　　J. 自我调控　　K. 组织管理　　L. 道德修养

3. 我校毕业生综合能力、素质方面与贵单位需求之间的差距有多大？(　　)

　　A. 相当大　　B. 有一定差距　　C. 基本满足　　D. 配合得很好

4. 贵单位对我校人才培养工作和毕业生就业工作有何意见和建议：

_____

_____

谢谢贵单位的支持与合作！

请盖单位章

附录2　高职高专学生特质比较调查问卷
（面向高校专家和企业及人力资源部门老总的调查问卷）

尊敬的专家/企业老总：

您好！为准确把握市场对高职人才的需求，实现企业用人与学校育人的无缝对接，这次问卷调查是从四川省教育厅的重点课题"基于需求导向的高职学生特质评价研究"出发，特制定本调查问卷，了解高职高专学生的特质（与本科、中职的不同），为现代企业培养和输送符合市场需求的高素质技术技能型人才。恳请您积极支持，抽出宝贵时间，将您的见解告诉我们。本调查问卷匿名填写，不会对您的生活与工作造成不良影响。由衷地感谢您拨冗填答，谨致最大谢意！

问卷联系人：

联系电话：

电子邮箱：

填写要求：请选择您认为合适的选项，将序号填入"（　　）"内。

1. 您所在的单位：（　　）

    A. 高校（针对学生培养）　　　B. 企业（针对用人单位需求）

2. (1) 请您对不同层次的学生应具备的发展能力进行评价（在相应栏划√）

项目	内容	层次	需要 3	一般 2	不需要 1
自我拓展能力	独立思考能力	本科			
		高职高专			
		中职			
	自我评价能力	本科			
		高职高专			
		中职			

续表

项目	内　容	层次	需要 3	一般 2	不需要 1
自我拓展能力	自我学习能力	本　科			
		高职高专			
		中　职			
	综合分析能力	本　科			
		高职高专			
		中　职			
	创新意识	本　科			
		高职高专			
		中　职			
	竞争意识	本　科			
		高职高专			
		中　职			
心理调适能力	环境适应能力	本　科			
		高职高专			
		中　职			
	情绪管理能力	本　科			
		高职高专			
		中　职			
	抗挫折能力	本　科			
		高职高专			
		中　职			
组织管理能力	判断能力	本　科			
		高职高专			
		中　职			
	决策能力	本　科			
		高职高专			
		中　职			

续表

项目	内容	层次	需要 3	一般 2	不需要 1
组织管理能力	监控能力	本科			
		高职高专			
		中职			
	执行能力	本科			
		高职高专			
		中职			
	应变能力	本科			
		高职高专			
		中职			

(2) 请您对不同层次的学生应具备的职业能力进行评价(在相应栏划√)

项目	内容	层次	需要 3	一般 2	不需要 1
信息处理能力	获取信息	本科			
		高职高专			
		中职			
	整合信息	本科			
		高职高专			
		中职			
	传递信息	本科			
		高职高专			
		中职			
解决问题能力	及时发现问题	本科			
		高职高专			
		中职			
	整合资源,提出方案	本科			
		高职高专			
		中职			

续表

项 目	内 容	层次	需要 3	一般 2	不需要 1
解决问题能力	分析对比,选择方案	本科			
		高职高专			
		中职			
	监督控制,实施方案	本科			
		高职高专			
		中职			
	总结经验	本科			
		高职高专			
		中职			
团队合作能力	树立沟通意识	本科			
		高职高专			
		中职			
	掌握表达技巧	本科			
		高职高专			
		中职			
	明确职业角色	本科			
		高职高专			
		中职			
	遵守合作承诺	本科			
		高职高专			
		中职			
	理解合作目标	本科			
		高职高专			
		中职			
	协调合作关系	本科			
		高职高专			
		中职			

续表

项目	内容	层次	需要 3	一般 2	不需要 1
团队合作能力	合力应对意外事件	本科			
		高职高专			
		中职			
	相互激发工作热情	本科			
		高职高专			
		中职			
实践操作能力	实际动手能力	本科			
		高职高专			
		中职			
	外语应用能力	本科			
		高职高专			
		中职			
	计算机操作能力	本科			
		高职高专			
		中职			
其他(请写出)					

(3)请您对不同层次的学生应具备的知识结构进行评价(在相应栏划√)

项目	内容	层次	需要 3	一般 2	不需要 1
科学文化知识	人文基础知识	本科			
		高职高专			
		中职			
	社会科学知识	本科			
		高职高专			
		中职			

续表

项目	内容	层次	需要 3	一般 2	不需要 1
专业技术知识	自然科学知识	本科			
		高职高专			
		中职			
	专业理论知识	本科			
		高职高专			
		中职			
	专业技能知识	本科			
		高职高专			
		中职			
	特定职业知识	本科			
		高职高专			
		中职			
其他(请写出)					

(4)请您对不同层次的学生应具备的基本素质进行评价(在相应栏划√)

项目	内容	层次	需要 3	一般 2	不需要 1
思想道德素质	思想品德	本科			
		高职高专			
		中职			
	遵纪守法	本科			
		高职高专			
		中职			
	社会公德	本科			
		高职高专			
		中职			

续表

项　目	内　容	层次	需要 3	一般 2	不需要 1
职业素质	诚实守信	本　科			
		高职高专			
		中　职			
	工作态度	本　科			
		高职高专			
		中　职			
	爱岗敬业	本　科			
		高职高专			
		中　职			
	吃苦耐劳	本　科			
		高职高专			
		中　职			
	服从管理	本　科			
		高职高专			
		中　职			
	责任感强	本　科			
		高职高专			
		中　职			
	职场礼仪	本　科			
		高职高专			
		中　职			
身心素质	身体健康	本　科			
		高职高专			
		中　职			
	心理健康	本　科			
		高职高专			
		中　职			
其他(请写出)					

3. 您觉得对于高职高专的学生而言,最需要的素质是(　　)(多选,至多可以选 5 项)

　　A. 思想道德素质　　　B. 职业素质　　　　C. 身心素质
　　D. 自我拓展能力　　　E. 心理调适能力　　F. 组织管理能力
　　G. 信息处理能力　　　H. 解决问题能力　　I. 团队合作能力
　　J. 实践操作能力　　　K. 科学文化知识　　L. 专业技术知识

4. 您觉得对于高职高专的学生而言,最需要的素质是(　　)(多选,至多可以选 5 项)

　　A. 思想道德素质　　　B. 职业素质　　　　C. 身心素质
　　D. 自我拓展能力　　　E. 心理调适能力　　F. 组织管理能力
　　G. 信息处理能力　　　H. 解决问题能力　　I. 团队合作能力
　　J. 实践操作能力　　　K. 科学文化知识　　L. 专业技术知识

附录3　高职高专毕业生特质评价调查问卷
（面向用人单位的调查问卷）

尊敬的用人单位：

您好！我们是四川省教育厅重点课题"基于需求导向的高职学生特质培养模式研究"的课题成员。为准确把握市场对高职人才的需求，实现学校育人与企业用人的无缝对接，为现代企业培养和输送符合市场需求的高素质人才，特制定本调查问卷，诚挚了解贵单位的人才特质需求。请您在百忙之中根据贵单位的实际情况填写此问卷。真诚期待贵单位对我校人才培养工作多提意见和建议，我们将根据调查分析结果，加快高校高职高专特质培养模式创新与改革。

本调查问卷仅供高职院校发展改革相关研究使用，问卷内容将严格保密，保证所有信息均不外流。

再次感谢贵单位的支持与帮助！

问卷联系人：

联系电话：

电子邮箱：

四川省教育厅重点课题组

填写要求：请选择您认为合适的选项，将序号填入"(　　)"内。

一、贵单位基本信息

1. 贵单位名称：_____

贵单位职工人数是_____人，贵单位资产规模_____万元

2. 贵单位性质(　　)

A. 国有企业　　B. 民营企业　　C. 股份制企业　　D. 事业单位

H. 其他(请注明)_____

3. 贵单位业务领域(　　　)

A. 制造业　　B. 建筑业　　C. 交通运输业　　D. 服务业

E. 其他(请注明)_____

4. 贵单位近3年平均营业额是(　　　)元（以万为单位）

A. 1000万以下　　B. 1001万—5000万　　C. 5001万—10000万

D. 10001万—50000万　　E. 50001万—100000万　　F. 100001万以上

二、高职高专人才定位

1. 合格的高职高专人才其技术岗位定位是(　　　)

A. 高级工程师　　B. 工程师　　C. 技师　　D. 高级技工

2. 合格的高职高专人才其管理岗位集中在(　　　)

A. 高层　　　　B. 中层　　　　C. 基层

3. 合格的高职高专人才其社会地位定义是(　　　)

A. 技术研究人才　　　　　　B. 技术设计人才

C. 技术工艺人才　　　　　　D. 技术应用及管理人才

三、对高职毕业生的特质需求和近期毕业生特质评价

1. 贵单位此次评价的我校近3年毕业生人数约为_____人。

2. 请贵单位根据下面列出的三级特质指标,对毕业生的特质需求程度和近3年我校毕业生的总体评价,从低到高按0—10分赋值,填入相应栏中。

特质指标			企业对毕业生的特质需求程度（0—10分）	企业对我校近3年毕业生的总体评价（0—10分）
一级指标	二级指标	三级指标		
发展能力	心理调适能力	环境适应能力		
		抗挫折能力		
	自我管理能力	自我学习能力		
		执行能力		
职业能力	解决问题能力	及时发现问题		
		总结经验		
	团队合作能力	树立沟通意识		
		明确职业角色		
	实践操作能力	实际动手能力		
		计算机操作能力		

续表

特质指标			企业对毕业生的特质需求程度（0—10分）	企业对我校近3年毕业生的总体评价（0—10分）
一级指标	二级指标	三级指标		
知识结构	专业技术知识	专业技能知识		
		特定职业知识		

3. 您认为高职高专学生素质，按重要程度0—10分从低到高赋值，填入相应栏中。

  A. 思想道德素质（ ） B. 职业化素质（ ） C. 身心素质（ ）

  D. 自我拓展能力（ ） E. 心理调适能力（ ） F. 自我管理能力（ ）

  G. 信息处理能力（ ） H. 解决问题能力（ ） I. 团队合作能力（ ）

  J. 实践操作能力（ ） K. 科学文化知识（ ） L. 专业技术知识（ ）

谢谢贵单位的支持与合作！

请盖单位章

后 记

为了保证高等职业教育人才培养的质量能够满足社会经济发展与企业对高技能人才的需求,本书以市场需求为视角,着眼于人才未来走向,在高职教育的共性中寻求个性,构建企业对高职学生需求的特质要素评价体系,整合学校培养与企业特质需求导向,提升素质教育中符合企业特质的可操作性,探索具有实践指导意义的学生特质培养方案,培养高职学生独特的企业素质,创新人才培养模式,促进高职学生成为符合市场需要的高技能人才,最终实现学校供给与企业需求的最大可能的对接。

本书是在我的博士论文《基于需求导向的高职学生特质评价研究》的基础上研究完成的。在拙著付梓之际,特别感谢我的博士导师——华中科技大学景奉杰教授。景教授的博学、严谨治学作风令我永志难忘。

我要感谢山东省市场学会会长、山东大学博导胡正明教授,在我读博士期间就给予过指导性建议;在专著的研究视角、结构设计、框架确定上给予了详尽的指导;同时给予我思想上、学术上的殷殷关切和启迪。

我要感谢西南财经大学曾国安教授、西南交通大学博导王建琼教授、四川大学博导李蔚教授、四川教育厅博导唐小我教授,他们都为本书质量的提升给予了具体的指导。

因资质有限,本书尚有相当的拓展空间,实践仍在继续,探索的脚步不会停止。本书抛砖引玉,希以此与广大同仁共同交流,推动高职教育发展路径的探索与思考。本书在编写和出版过程中,得到了中国书籍出版社的大力支持,在此表示衷心的感谢。

郑予捷